SIÉGE DE PARIS

[1870-1871]

SIÉGE DE PARIS

[1870-1871]

Déclaration de guerre. — Mouvements de troupes.
Provinces envahies. — Décrets. — Dépêches. — Circulaires.
Proclamations du gouvernement de la défense nationale. — Formation
des corps d'armée. — Communications officielles. — Ordres du jour.
Rapports militaires. — Manifestations. — Bombardement des forts
et de la capitale. — Armistice. — Assemblée nationale.
Évacuation d'Orléans. — Conclusion.

SUIVI DE NOUVEAUX POUVOIRS (NON RECONNUS DE LA FRANCE)

INTITULÉS :

FÉDÉRATION RÉPUBLICAINE
DE LA GARDE NATIONALE
ET
COMMUNE

PUBLIÉS PAR JULES LEMELLE.

L'insurrection est un attentat au droit, une violation
du devoir.
La concorde fait croître et prospérer les plus petites
choses, mais la discorde renverse les plus grandes.

ORLÉANS
IMPRIMERIE DE GEORGES JACOB
4, Cloître Saint-Étienne, 4

1871

AVANT-PROPOS.

Une de mes occupations, avant de publier ce volume, a été, dès le début de la guerre déclarée contre la Prusse, de suivre jour par jour les préparatifs militaires, les événements survenus, l'envahissement de plusieurs parties de la France et la marche de l'ennemi sur Paris.

Je n'ai pas la prétention de vouloir me faire passer pour historien; seulement je dois compte au public des motifs qui m'ont inspiré cette entreprise.

Mon but est de faire connaître aux lecteurs qui n'ont pu recevoir de correspondances ni de journaux pendant le siége de la capitale, les dépêches, décrets, ordres du jour, manifestations, formation des corps d'armée, proclamations du gouvernement de la défense nationale, tous les détails du bombardement des forts et de la capitale.

Je ne veux qu'être utile; puissé-je réussir!

Je termine en disant que tout est loin d'être perdu; notre honneur est sauf, et l'avenir nous appartient. La France a été accablée, mais elle n'est pas humiliée. La façon dont elle a soutenu la lutte, et dont elle s'est moralement relevée des échecs qui seront à porter au compte de l'Empire, la garantit de toute honte.

Quelle est, d'ailleurs, la nation qui n'a pas eu ses jours de désastres, et qui, lorsqu'elle a su stoïquement et vaillamment les subir, ne s'est pas relevée souvent plus forte qu'auparavant?

La France aura encore de beaux jours, j'en ai la conviction; elle sortira bientôt, espérons-le tous, de la sanglante et terrible épreuve qu'elle traverse en ce moment.

SIÉGE DE PARIS.

DÉCLARATION DE GUERRE.

M. de Grammont, ministre des affaires étrangères, a lu successivement au Corps-Législatif et au Sénat la déclaration de guerre que voici :

« Messieurs,

« L'exposé qui vous a été présenté dans la séance du 15 juillet a fait connaître au Corps-Législatif les justes causes de guerre que nous avions contre la Prusse.

« Conformément aux règles d'usage et par ordre de l'Empereur, j'ai invité le chargé d'affaires de France à notifier au cabinet de Berlin notre résolution de poursuivre par les armes les garanties que nous n'avons pu obtenir par la discussion.

« Cette démarche a été accueillie, et j'ai l'honneur de faire savoir au Corps-Législatif qu'en conséquence l'état de guerre existe à partir du 19 juillet entre la France et la Prusse. Cette déclaration s'applique également aux alliés de la Prusse, qui lui prêtent contre nous le concours de leurs armes. »

Le 16 juillet, l'administration du chemin de fer de l'Est reçoit l'ordre de transporter 50,000 hommes, qui composent la division du général Douay.

Tous les convois de marchandises sont supprimés par ordre.

Les 17, 18, 19 juillet, grand mouvement et passage continu de troupes.

Le jour du départ de l'Empereur n'est pas encore fixé.

Nos troupes se massent sur Metz; on évalue à 150,000 le nombre des soldats transportés depuis le 17 par le chemin de fer de l'Est.

Première dépêche de guerre.

« Forbach, 19 juillet, soir.

« Quelques coups de feu ont été échangés entre des patrouilles prussiennes et des douaniers; mais jusqu'ici il n'y a eu rien d'important. »

22 juillet. — M. Schneider, à la tête d'une centaine de députés, est venu aux Tuileries prendre congé de l'Empereur; le Prince impérial était auprès de son père. M. Schneider, à la fin de son discours, terminait ainsi : « Sire, les vœux les plus ardents vous suivront à l'armée dont vous allez prendre le commandement, accompagné de votre fils, qui, devançant les devoirs de son âge, apprendra à vos côtés comment on sert son pays. »

L'Empereur a répondu :

« A la veille de partir pour rejoindre l'armée, je remercie la nation et ses représentants du concours unanime que vous avez donné aux préparatifs de la guerre. J'emmène avec moi mon fils qui, au milieu de l'armée, apprendra comment on sert la France. »

L'Empereur est parti le 28 juillet, à dix heures du matin; le Prince impérial accompagne son père; le prince Napoléon a pris place dans le même train; l'Empereur était suivi de sa maison militaire.

Le *Journal officiel* publiait hier trois décrets :

Le premier institue l'Impératrice régente de l'Empire pendant le séjour de l'Empereur à l'armée; le second proclame l'état de siège dans les trois départements de la Moselle, du Haut-Rhin et du Bas-Rhin; le troisième appelle immédiatement à l'activité les 90,000 hommes du contingent de 1869.

L'Empereur est arrivé à sept heures à l'hôtel de la Préfecture de Metz. Avant même qu'il fût arrivé, il avait fait afficher cette proclamation à l'armée :

« Soldats !

« Je viens me mettre à votre tête pour défendre l'honneur et le sol de la patrie.

« Vous allez combattre une des meilleures armées de l'Europe; mais d'autres, qui valaient autant qu'elle, n'ont pu résister à votre bravoure. Il en sera de même aujourd'hui.

« La guerre qui commence sera longue et pénible; car elle aura pour théâtre des lieux hérissés d'obstacles et de forteresses; mais rien n'est au-dessus des efforts persévérants des soldats d'Afrique, de Crimée, de Chine, d'Italie et du Mexique. Vous prouverez une fois de plus ce que peut une armée française animée du sentiment du devoir, maintenue par la discipline, enflammée par l'amour de la patrie.

« Quel que soit le chemin que nous prenions hors de nos frontières, nous y trouverons les traces glorieuses de nos pères. Nous nous montrerons dignes d'eux.

« La France entière vous suit de ses vœux ardents, et l'univers a les yeux sur vous. De nos succès dépend le sort de la liberté et de la civilisation.

« Soldats! que chacun fasse son devoir, et le Dieu des armées sera avec nous!

« Au quartier impérial de Metz, le 28 juillet 1870.

« Napoléon. »

Avant de quitter Saint-Cloud, l'Empereur avait adressé cette lettre au commandant de la garde nationale :

« Mon cher général, je vous prie d'exprimer de ma part à la garde nationale de Paris combien je compte sur son patriotisme et son dévoûment.

« Au moment de partir pour l'armée, je tiens à lui témoigner la confiance que j'ai en elle pour maintenir l'ordre dans Paris et pour veiller à la sûreté de l'Impératrice. Il faut aujourd'hui que chacun, dans la mesure de ses forces, veille au salut de la patrie.

« Croyez, mon cher général, à mes sentiments d'amitié.

« NAPOLÉON. »

L'Empereur a pris le commandement en chef à partir d'hier 31 juillet ; il a travaillé avec le major général Lebœuf.

Voici le tableau complet des sept corps de l'armée française :

Garde impériale. — BOURBAKI.

1re division, général Deligny. — 2e division, général Picard. — 3e division, général Desvaux.

Premier corps d'armée. — Maréchal MAC-MAHON.

1re division, général Ducrot. — 2e division, général Abel Douay. — 3e division, général Raoult. — 4e division, général de Lartigue. — Division de cavalerie, général Duhesme.

Deuxième corps. — Général FROSSARD.

1re division, général Vergé. — 2e division, général Bataille. — 3e division, général de Laveaucoupet. — Division de cavalerie, général Lichtlin.

Troisième corps. — Maréchal BAZAINE.

1re division, général Montaudon. — 2e division, général Castagny. — 3e division, général Metmann. — 4e division, général Decaen. — Division de cavalerie, général de Clérambault.

Quatrième corps. — Général DE LADMIRAULT.

1re division, général de Cissey. — 2e division, général Rose. — 3e division, général de Lorencey. — Division de cavalerie, général Legrand.

Cinquième corps. — Général DE FAILLY.

1re division, général Goze. — 2e division, général de l'Abadie d'Aydrien. — 3e division, général Guyot de Lespart. — Division de cavalerie, général Brahaut.

Sixième corps. — Maréchal CANROBERT.

1re division, général Tixier. — 2e division, général Bisson. — 3e division, général Lafond de Villiers. — 4e division, général Martimprey. — Division de cavalerie, général de Salignac Fénelon.

Septième corps. — Général DOUAY (Félix).

1re division, général Conseil-Dumesnil. — 2e division, général Liébert. — 3e division, général Dumont. — Division de cavalerie, général Ameil.

---

3 août. — « Louis vient de recevoir le baptême du feu ; il a été admirable de sang-froid et n'a nullement été impressionné. Une division du général Frossard a pris les hauteurs qui dominent Sarrebruck ; les Prussiens ont fait une courte résistance. Nous étions en première ligne, mais les balles et les boulets tombaient à nos pieds. Louis a conservé une balle qui est tombée tout près de lui ; il y a des soldats qui pleuraient en le voyant si calme.

Signé : « NAPOLÉON. »

---

5 août. — Combat de Wissembourg. Trois régiments de la division du général Douay ont été attaqués à Wissembourg. Le général Abel Douay a été tué. Le corps du général Frossard est en retraite. Dans la bataille de Froschwiller, le maréchal Mac-Mahon a eu son chef d'état-major, le général Colson, tué à ses côtés ; le général Raoult a disparu.

---

7 août. — Le drapeau tricolore flotte sur le dôme des Tuileries ; l'Impératrice est à Paris. Le cri : « Des armes ! » est partout.

Proclamation et décret.

« Notre devoir est tracé. Nous faisons appel au patriotisme et à l'énergie de tous. Les Chambres sont convoquées. Nous mettons d'urgence Paris en état de défense ; pour faciliter l'exécution des préparatifs militaires, nous déclarons l'état de siège.

« Pas de défaillances ! pas de divisions ! Nos ressources sont immenses ; luttons avec fermeté, et la patrie sera sauvée !

« Paris, le 7 août 1870, six heures du matin.

« *Par l'Impératrice régente :*

« Émile OLLIVIER, duc de GRAMMONT, CHEVANDIER DE VALDROME, SEGRIS, gén. vicomte DEJEAN, LOUVET, amiral RIGAULT DE GENOUILLY, PLICHON, MEGE, Maurice RICHARD, E. DE PARIEU. »

« NAPOLÉON,

« Par la grâce de Dieu et la volonté nationale, Empereur des Français, à tous présents et à venir, salut ;

« Notre conseil des ministres entendu,

« Avons décrété et décrétons ce qui suit :

« ART. 1er. — Le Sénat et le Corps-Législatif sont convoqués pour le jeudi 11 août.

« ART. 2. — Notre garde des sceaux, ministre de la justice et des cultes, est chargé de l'exécution de ce présent décret.

« Paris, le 7 août 1870.

« *Pour l'Empereur, et en vertu des pouvoirs qu'il nous a confiés,*

« EUGÉNIE. »

Proclamation de l'Impératrice régente.

« Français,

« Le début de la guerre ne nous est pas favorable ; nos armes ont subi un échec. Soyons fermes dans ce revers, et hâtons-nous de le réparer.

« Qu'il n'y ait parmi nous qu'un seul parti, celui de la France ; qu'un seul drapeau, celui de l'honneur national. Je viens au milieu de vous. Fidèle à ma mission et à mon devoir, vous me verrez la première au danger pour défendre le drapeau de la France.

« J'adjure tous les bons citoyens de maintenir l'ordre. Le troubler serait conspirer avec nos ennemis.

« Fait au palais des Tuileries, le 7 août 1870, à onze heures du matin.

« *L'Impératrice régente,*

« Eugénie. »

Huit heures du soir. — Manifestations partout, sur les boulevards, place de la Bastille, place de l'Hôtel-de-Ville. Les boutiques sont fermées. On vient d'apposer rue Notre-Dame-de-Lorette une affiche officielle. On apporte des bougies, et la lecture se fait à haute voix :

« Habitants de Paris,

« La déclaration de l'état de siége me confère les pouvoirs nécessaires pour le maintien de l'ordre dans la capitale. Je compte sur le patriotisme de la population et de la garde nationale de Paris pour le maintenir. Tout attroupement est interdit.

« Paris, 7 août 1870.

« Maréchal Baraguay-D'Hilliers. »

Neuf heures. — Une colonne de plusieurs milliers de personnes descend de la Bastille, et suit les boulevards. En tête de la colonne, marche un citoyen qui porte un drapeau sur lequel on lit : *Armement immédiat du peuple de Paris.*

Décrets et proclamations.

« Napoléon,

« Par la grâce de Dieu et la volonté nationale, Empereur des Français,

« A tous présents et à venir, salut ;

« Notre conseil des ministres entendu,

« Avons décrété et décrétons ce qui suit :

« Art. 1er. — Tous les citoyens valides de trente à quarante ans qui ne font pas actuellement partie de la garde nationale sédentaire y seront incorporés.

« Art. 2. — La garde nationale de Paris est affectée à la défense de la capitale et à la mise en état de défense des fortifications.

« Art. 3. — Un projet de loi sera présenté pour incorporer dans la garde nationale mobile les citoyens âgés de moins de trente ans qui n'en font pas actuellement partie.

« Art. 4. — Nos ministres de l'intérieur et de la guerre sont chargés chacun en ce qui le concerne de l'exécution du présent décret.

« Fait au palais des Tuileries, le 7 août 1870.

« *Pour l'Empereur,*
« Eugénie. »

---

17 août. — « Le général Trochu est nommé gouverneur de Paris et commandant en chef de toutes les forces chargées de pourvoir à la défense de la capitale.

Signé : « Napoléon. »

Proclamation du général Trochu à la population parisienne.

« Habitants de Paris,

« Dans le péril où est le pays, je suis nommé gouverneur de Paris et commandant en chef des forces chargées de défendre la capitale en état de siége. Paris se saisit du rôle qui lui appartient, et il veut être le centre des grands efforts, des grands sacrifices et des grands exemples. Je viens m'y associer avec tout mon cœur ; ce sera l'honneur de ma vie et l'éclatant couronnement d'une carrière restée jusqu'à ce jour inconnue de la plupart d'entre vous.

« J'ai la foi la plus entière dans le succès de notre glorieuse entreprise, mais c'est à une condition dont le caractère est impérieux, absolu, et sans laquelle nos communs efforts seraient frappés d'impuissance. Je veux parler du bon ordre, et j'entends par là, non seulement le calme de la rue, mais le calme de vos foyers, le calme de vos esprits, la déférence pour les ordres de l'autorité responsable, la résignation devant les épreuves inséparables de la situation, et enfin la sérénité grave et recueillie d'une grande nation militaire qui prend en main avec une ferme résolution, dans ces circonstances, la conduite de ses destinées.

« Et je ne m'en référerai pas, pour assurer à la situation cet équilibre si désirable, aux pouvoirs que je tiens de l'état de siége et de la loi. Je le demanderai à votre patriotisme, je l'obtiendrai de votre confiance, en montrant moi-même à la population de Paris une confiance sans limites.

« Je fais appel à tous les hommes de tous les partis, n'appartenant moi-même, on le sait dans l'armée, à aucun autre parti qu'à celui du pays. Je fais appel à leur dévoûment, je leur demande de contenir, par l'autorité morale, les ardents qui ne sauraient pas se contenir eux-mêmes, et de faire justice, par leurs propres mains, de ces hommes qui ne sont d'aucun parti, et qui n'aperçoivent dans les malheurs publics que l'occasion de satisfaire des appétits détestables.

« Et pour accomplir mon œuvre, après laquelle, je l'affirme, je rentrerai dans l'obscurité d'où je sors, j'adopte l'une des vieilles devises de la province de Bretagne où je suis né : *Avec l'aide de Dieu, pour la patrie !*

« A Paris, 18 août 1870.

« Général TROCHU. »

Le général Trochu a adressé la proclamation suivante :

A la garde nationale de Paris, à la garde nationale mobile, aux troupes de terre et de mer de l'armée de Paris, à tous les défenseurs de la capitale en état de siége.

« Au milieu d'événements de la plus haute gravité, j'ai été nommé gouverneur de Paris et commandant en chef des forces réunies pour sa défense.

« L'honneur est grand; le péril pour moi l'est aussi; mais je me fie à vous du soin de relever par d'énergiques efforts de patriotisme la fortune de nos armées, si Paris venait à subir les épreuves d'un siége.

« Jamais plus magnifique occasion ne s'offrit à vous de montrer au monde qu'une longue suite de prospérités et de jouissances n'a pu amollir les mœurs publiques et la virilité du pays.

« Vous avez sous les yeux le glorieux exemple de l'armée du Rhin. Ils ont combattu un contre trois dans des luttes héroïques qui font l'admiration du pays et le pénètrent de gratitude.

« Elle porte devant vous le deuil de ceux qui sont morts.

« Soldats de l'armée de Paris, ma vie entière s'est écoulée au milieu de vous dans une étroite solidarité, où je puise aujourd'hui mon espoir et ma force. Je n'en appelle pas à votre courage et à votre constance, qui me sont bien connus; mais montrez, par l'obéissance, par une vigoureuse discipline, par la dignité de votre conduite et de votre attitude devant la population, que vous avez le sentiment profond des responsabilités qui pèsent sur vous. Soyez l'exemple et soyez l'encouragement de tous.

« Au quartier général, à Paris, le 19 août 1870.

« *Le gouverneur de Paris,*
« Général TROCHU. »

Ordre du jour de l'amiral La Roncière le Noury.

L'amiral La Roncière le Noury vient d'adresser l'ordre du

jour suivant aux marins chargés, sous ses ordres, de la défense des forts de Paris :

« Paris, le 19 août 1870.

« Officiers, Sous-Officiers, Mariniers et Marins,

« Vous êtes appelés à Paris pour concourir, avec nos frères de la garde nationale et de l'armée, à la défense de la capitale.

« La patrie compte sur votre courage, votre dévoûment et votre sentiment de la discipline. Vous ferez voir que ces vertus, qui animent l'homme de mer, ne sont pas moindres sur le terrain d'un bastion que sur le pont d'un vaisseau. Vous serez sur les remparts de Paris ce que vous avez été aux tranchées de Sébastopol.

« Et si l'heure devait sonner d'un effort suprême, votre patriotisme et votre valeur témoigneraient que vous êtes dignes d'être choisis pour défendre le cœur de notre chère patrie.

« *Le vice-amiral commandant en chef la division de marine détachée à Paris,*

« La Roncière le Noury. »

Proclamation aux gardes mobiles de Paris.

Après une revue, le général Trochu a adressé aux gardes mobiles la proclamation suivante :

« Gardes mobiles de Paris !

« J'étais impatient de vous voir. Je vous ai vus, et je suis content.

« Vous avez eu devant moi l'attitude des troupes prêtes à aborder l'ennemi ; vous l'aborderez avant longtemps pour la défense de vos foyers, et vos concitoyens verront les enfants de Paris à l'œuvre. Je vous avais appelé dans la capitale, parce que j'avais en vous une confiance entière.

« Vous y avez dignement répondu, et je vous demande de me confirmer encore dans les sentiments que j'ai pour vous en vous pliant de plus en plus aux exigences de la discipline et de la règle.

« Je félicite et je loue votre général des efforts qu'il a faits et des résultats qu'il a obtenus; ce sera mon honneur de vous conduire avec lui au feu, quand l'heure qui est proche sera venue.

« Préparez-vous!...

« Au camp de Saint-Maur, 24 août 1870.

Signé : « TROCHU. »

La marche de l'ennemi sur Paris paraît arrêtée. Le maréchal de Mac-Mahon continue son mouvement. Depuis Reichshoffen et Forbach, les Prussiens n'ont pas remporté un seul avantage notable, sauf l'invasion de l'Alsace et de la Lorraine, que l'ennemi, porté par la victoire, accomplit haut la main. Grâce au général Bazaine, nous avons un peu repris le dessus; il a su arrêter la marche de l'ennemi. Il a contraint toutes les armées prussiennes de se grouper autour de lui, sans excepter celle qui marchait sur la capitale; il a tenu cinq ou six cent mille hommes en échec.

A Strasbourg, la population en est réduite à se réfugier dans les égoûts.

L'Évêque a demandé la permission de faire sortir les femmes et les enfants; cela a été refusé. On bombarde la population avec la pensée de la forcer de se rendre; on n'a pas encore tiré sur les remparts; le point de mire a été la cathédrale.

Le général Uhrich, commandant à Strasbourg, fait connaître aujourd'hui même, 1er septembre, que, malgré le bombardement, qui continue nuit et jour, la ville tiendra contre toute attaque.

Les gardes nationales mobiles et sédentaires partagent avec enthousiasme les périls de l'armée. A Strasbourg, à Schlestadt, à Phalsbourg, à Toul, à Verdun, elles ont fait brillamment leur devoir.

Proclamation du Conseil des Ministres au peuple français.

« Un grand malheur frappe la patrie.

« Après trois jours de luttes héroïques, soutenues par l'armée du maréchal Mac-Mahon contre 300,000 ennemis, 40,000 hommes ont été faits prisonniers.

« Le général Wimpffen, qui avait pris le commandement de l'armée, en remplacement du maréchal Mac-Mahon, grièvement blessé, a signé une capitulation.

« Ce cruel revers n'ébranle pas notre courage. Paris est aujourd'hui en état de défense. Les forces militaires du pays s'organisent.

« Avant peu de jours, une armée nouvelle sera sous les murs de Paris; une autre armée se forme sur les rives de la Loire.

« Votre patriotisme, votre union, votre énergie sauveront la France.

« L'Empereur a été fait prisonnier dans la lutte.

« Le gouvernement, d'accord avec les pouvoirs publics, prend toutes les mesures que comporte la gravité des événements.

« *Le conseil des ministres,*

« Comte DE PALIKAO, M. CHEVREAU, amiral RIGAULT DE GENOUILLY, Jules BRAME, prince DE LA TOUR D'AUVERGNE, GRANDPERRET, Clément DUVERNOIS, MAGNE, BUSSON-BILLAULT, Jérôme DAVID. »

Ordre du jour du Gouverneur de Paris à la garde nationale.

« GARDES NATIONAUX DE LA SEINE,

« Le général de Lamotte-Rouge est appelé à l'honneur de vous commander, succédant au général d'Autemarre, qui emporte dans sa retraite votre affection, vos regrets et vos respects. Vétéran de Crimée et d'Italie, votre nouveau général reprend son épée pour défendre avec vous la cité et vos foyers. Vous mettrez en lui la confiance que vous accordiez à son digne prédécesseur. Cette confiance sera réciproque, et elle sera notre force quand l'heure des périls sera venue.

« Le moment approche où la France enverra en même temps au combat toutes les générations valides; les fils disputant pied à pied à l'ennemi l'Alsace, la Champagne et la Lorraine, les pères défendant Paris.

« Les événements me font le chef du général de Lamotte-Rouge, et il veut bien oublier qu'il a été le mien dans d'autres temps. C'est vous dire dans quelle affectueuse solidarité nous nous associons tous deux à vos épreuves et à vos efforts.

« Au quartier général, à Paris, le 2 septembre 1870.

« *Le général gouverneur de Paris,*

« Trochu. »

---

4 septembre. — Au Corps-Législatif, séance de nuit.

La séance, annoncée pour minuit, est retardée de plus d'une grande heure. Des gardes de Paris à pied et à cheval se rangent autour du palais. A une heure les députés entrent en séance. M. Jules Favre dépose sur le bureau de la Chambre la proposition que voici :

« 1° Louis-Napoléon Bonaparte et sa dynastie sont déclarés déchus des pouvoirs que la Constitution leur avait confiés.

« 2° Il sera nommé par le Corps-Législatif une commission investie des pouvoirs et composée de....; vous fixerez vous-mêmes le nombre des membres qui composeront cette commission, qui aura pour premier devoir de repousser l'invasion et de chasser l'ennemi du territoire.

« 3° M. Trochu sera maintenu dans ses fonctions de gouverneur général de la ville de Paris. »

Le peuple avait devancé la Chambre, qui hésitait.
Pour sauver la patrie en danger, il a demandé la République.
La déchéance a été prononcée au Corps-Législatif.

La République a été proclamée à l'Hôtel-de-Ville.

Un gouvernement a été nommé d'acclamation : il se compose des citoyens Emmanuel ARAGO, CRÉMIEUX, Jules FAVRE, ROCHEFORT, Jules FERRY, GAMBETTA, GARNIER-PAGÈS, Jules SIMON, GLAIS-BIZOIN, PELLETAN, PICARD.

La révolution qui vient de s'accomplir est restée toute pacifique ; elle a compris que le sang français ne devait couler que sur le champ de bataille. Elle a pour but, comme en 1792, l'expulsion de l'étranger.

A Lyon et à Marseille, comme à Paris, la proclamation de la République n'a pas fait tomber une pierre ni couler une goutte de sang.

---

6 septembre. — Le gouvernement de la défense nationale décrète :

« Le Corps-Législatif est dissous.

« Le Sénat est aboli.

« *Les membres du gouvernement.* »

Le gouvernement de la défense nationale décrète :

« Amnistie pleine et entière est accordée à tous les condamnés pour crimes et délits politiques et pour délits de presse, depuis le 3 décembre 1852 jusqu'au 3 septembre 1870.

« Tous les condamnés encore détenus, soit que les jugements aient été rendus par les tribunaux correctionnels, soit par les cours d'assises, soit par les conseils de guerre, seront mis immédiatement en liberté.

« *Les membres du gouvernement.* »

A la garde nationale.

« Ceux auxquels votre patriotisme vient d'imposer la mission redoutable de défendre le pays vous remercient du fond du cœur de votre courageux dévoûment.

« C'est à votre résolution qu'est due la victoire civique rendant la liberté à la France. Grâce à vous, cette victoire n'a pas coûté une goutte de sang; le pouvoir personnel n'est plus. La nation tout entière reprend ses droits et ses armes. Elle se lève, prête à mourir pour la défense du sol. Vous lui avez rendu son âme, que le despotisme étouffait.

« Vous maintiendrez avec fermeté l'exécution des lois, et, rivalisant avec notre noble armée, vous nous montrerez ensemble le chemin de la victoire.

« *Le gouvernement de la défense nationale.* »

Élections de la garde nationale.

A la garde nationale de Paris.

« La République est proclamée.

« La patrie est en danger.

« Le nouveau gouvernement est avant tout un gouvernement de défense nationale.

« Les gardes nationaux de Paris, c'est-à-dire tous les électeurs inscrits sur les listes électorales, sont convoqués pour le mardi 6 septembre, à midi, à l'effet de procéder à la nomination des officiers et sous-officiers, dans les mairies de leurs arrondissements respectifs.

« Paris, le 5 septembre 1870.

« *Le membre du gouvernement de la défense nationale, délégué au ministère de l'intérieur,*

« Léon GAMBETTA. »

Le gouvernement de la défense nationale décrète :

« La fabrication, le commerce et la vente des armes sont absolument libres.

« *Les membres du gouvernement.* »

RÉPUBLIQUE FRANÇAISE.

« Hôtel de Ville.

« Citoyens,

« Je viens d'être appelé par le peuple et par le gouvernement de la défense nationale à la mairie de Paris.

« En attendant que nous soyons convoqués pour élire notre municipalité, je prends, au nom de la République, possession de cet Hôtel-de-Ville, d'où sont toujours partis les grands signaux patriotiques, en 1792, en 1830, en 1848. Comme nos pères ont crié en 1792, je vous crie : Citoyens, *la patrie est en danger!* serrez-vous autour de cette municipalité parisienne où siége aujourd'hui un vieux soldat de la République.

« Vive la République !

« *Le maire de Paris,*
« E. Arago. »

Ce qui caractérise la révolution du 4 septembre, c'est l'ordre absolu et l'unanime élan avec lesquels elle s'est accomplie.

La garde nationale, à peine reconstituée, a montré l'admirable puissance dont elle est douée ; elle a du même coup sauvé l'honneur de la France et l'ordre de la cité.

Il ne s'est produit, dans ce grand mouvement, ni un désordre, ni une résistance. A deux heures du matin, la paix la plus profonde règne dans Paris.

Le Sénat et le Corps-Législatif sont vides ; les scellés sont apposés sur la salle des séances de la Chambre. Paris est calme sur tous les points.

Les nouvelles de la guerre sont toujours graves. L'armée prussienne, après la victoire de Sedan, reprend son mouvement sur Paris. Nos troupes se replient vers la capitale.

Le siége de Strasbourg continue avec vigueur. La résistance de la ville de Toul continue, malgré l'effort de l'ennemi.

La proclamation suivante est adressée à l'armée par le gouvernement de la défense nationale :

A l'armée !

« Quand un général a compromis son commandement, on le lui enlève.

« Quand un gouvernement a mis en péril, par ses fautes, le salut de la patrie, on le destitue.

« C'est ce que la France vient de faire.

« En abolissant la dynastie qui est responsable de nos malheurs, elle a accompli d'abord à la face du monde un grand acte de justice.

« Elle a exécuté l'arrêt que toutes vos consciences avaient rendu. Elle a fait en même temps un acte de salut.

« Pour se sauver, la nation avait besoin de ne plus relever que d'elle-même et de ne compter désormais que sur deux choses : sa résolution, qui est invincible ; votre héroïsme, qui n'a pas d'égal, et qui, au milieu de revers immérités, fait l'étonnement du monde.

« Soldats ! en acceptant le pouvoir dans la crise formidable que nous traversons, nous n'avons pas fait œuvre de parti. Nous ne sommes pas au pouvoir, mais au combat. Nous ne sommes pas le gouvernement d'un parti ; nous sommes le gouvernement de la défense nationale. Nous n'avons qu'un but, qu'une volonté : le salut de la patrie, par l'armée et par la nation, groupées autour du glorieux symbole qui fit reculer l'Europe il y a quatre-vingts ans.

« Aujourd'hui comme alors, le nom de République veut dire : union intime de l'armée et du peuple pour la défense de la patrie ! »

La circulaire suivante a été adressée aux administrateurs provisoires et aux préfets des départements de la République par le membre du gouvernement de la défense nationale délégué au ministère de l'intérieur :

« Monsieur le Préfet,

« En acceptant le pouvoir dans un tel danger de la patrie, nous avons accepté de grands périls et de grands devoirs. Le peuple de Paris qui, le 4 septembre, se retrouvait, après une si longue absence, ne l'a pas entendu autrement, et ses acclamations veulent dire clairement qu'il attend de nous le salut de la patrie.

« Notre nouvelle République n'est pas un gouvernement qui comporte les dissensions politiques, les vaines querelles. C'est, comme nous l'avons dit, un gouvernement de la défense nationale, une République de combat à outrance contre l'envahisseur.

« Entourez-vous donc des citoyens animés, comme nous-mêmes, du désir immense de sauver la patrie et prêts à ne reculer devant aucun sacrifice.

« Au milieu de ces collaborateurs improvisés, apportez le sang-froid et la vigueur qui doivent appartenir au représentant d'un pouvoir décidé à tout pour vaincre l'ennemi.

« Soutenez tout le monde par votre activité sans limites, dans toutes les questions où il s'agira de l'armement, de l'équipement des citoyens et de leur instruction militaire. Toutes les lois prohibitives, toutes les restrictions si funestement apportées à la fabrication et à la vente des armes ont disparu.

« Que chaque Français reçoive ou prenne un fusil, et qu'il se mette à la disposition de l'autorité : *La patrie est en danger !*

« Il vous sera donné jour par jour des avis concernant les détails du service. Mais faites beaucoup par vous-même, et appliquez-vous surtout à gagner le concours de toutes les volontés, afin que, dans un immense et unanime effort, la France doive son salut au patriotisme de tous ses enfants.

« Léon Gambetta. »

La circulaire suivante a été adressée par le ministre des affaires étrangères aux agents diplomatiques de France :

« Monsieur,

« Les événements qui viennent de s'accomplir à Paris s'expliquent si bien par la logique inexorable des faits, qu'il est inutile d'insister longuement sur leur sens et leur portée.

« En cédant à un élan irrésistible, trop longtemps contenu, la population de Paris a obéi à une nécessité supérieure, celle de son propre salut. Elle n'a pas voulu périr avec le pouvoir criminel qui conduisait la France à sa perte. Elle n'a pas prononcé la déchéance de Napoléon III et de sa dynastie : elle l'a enregistrée au nom du droit, de la justice et du salut public. Et cette sentence était si bien ratifiée à l'avance par la conscience de tous, que nul, parmi les défenseurs les plus bruyants du pouvoir qui tombait, ne s'est levé pour le soutenir.

« Il s'est effondré de lui-même sous le poids de ses fautes, aux acclamations d'un peuple immense, sans qu'une goutte de sang ait été versée, sans qu'une personne ait été privée de sa liberté. Et l'on a pu voir, chose inouïe dans l'histoire, les citoyens auxquels le cri du peuple conférait le mandat périlleux de combattre et de vaincre ne pas songer un instant aux adversaires qui la veille les menaçaient d'exécutions militaires. C'est en leur refusant l'honneur d'une répression quelconque qu'ils ont constaté leur aveuglement et leur impuissance.

« L'ordre n'a pas été troublé un seul moment ; notre confiance dans la sagesse et le patriotisme de la garde nationale et de la population tout entière nous permet d'affirmer qu'il ne le sera pas. Délivré de la honte et du péril d'un gouvernement traître à tous ses devoirs, chacun comprend que le premier acte de cette souveraineté nationale, enfin reconquise, est de se commander à soi-même et de chercher sa force dans le respect du droit. D'ailleurs, le temps presse : l'ennemi est à nos portes ; nous n'avons qu'une pensée : le repousser hors de notre territoire.

« Mais cette obligation que nous acceptons résolument, ce n'est pas nous qui l'avons imposée à la France ; elle ne la subirait pas, si notre voix avait été écoutée.

« Nous avons défendu énergiquement, au prix même de notre popularité, la politique de la paix. Nous y persévérons avec une conviction de plus en plus profonde.

« Notre cœur se brise au spectacle de ces massacres humains dans lesquels disparaît la fleur des deux nations qu'avec un peu de bon sens et beaucoup de liberté on aurait préservées de ces effroyables catastrophes.

« Nous n'avons pas d'expression qui puisse peindre notre admiration pour notre héroïque armée, sacrifiée par l'impéritie du commandement suprême, et cependant plus grande par ses défaites que par les plus brillantes victoires.

« Car, malgré la connaissance des fautes qui la compromettaient, elle s'est immolée, sublime, devant une mort certaine, et rachetant l'honneur de la France des souillures de son gouvernement.

« Honneur à elle ! La nation lui ouvre ses bras ! Le pouvoir impérial a voulu les diviser ; les malheurs et le devoir les confondent dans une solennelle étreinte, scellée par le patriotisme et la liberté : cette alliance nous fait invincibles. Prêts à tout, nous envisageons avec calme la situation qui nous est faite. Cette situation, je la précise en quelques mots, je la soumets au jugement de mon pays et de l'Europe. Nous avons hautement condamné la guerre, et, protestant de notre respect pour le droit des peuples, nous avons demandé qu'on laissât l'Allemagne maîtresse de ses destinées. Nous voulions que la liberté fût à la fois notre bien commun et notre commun bouclier ; nous étions convaincus que ces forces morales assuraient à jamais le maintien de la paix. Mais, comme sanction, nous réclamions une arme pour chaque citoyen, une organisation civique, des chefs élus ; alors nous demeurions inexpugnables sur notre sol.

« Le gouvernement impérial, qui avait depuis longtemps séparé ses intérêts de ceux du pays, a repoussé cette politique. Nous la reprenons, avec l'espoir qu'instruite par l'expérience, la France aura la sagesse de la pratiquer. De son côté, le roi de Prusse a déclaré qu'il faisait la guerre, non à la France, mais à la dynastie impériale. La dynastie est à terre ; la France libre se lève.

« Le roi de Prusse veut-il continuer une lutte impie qui lui sera au moins aussi fatale qu'à nous ? Veut-il donner au monde du XIX° siècle ce cruel spectacle de deux nations qui s'entre-détruisent, et qui, oublieuses de l'humanité, de la raison, de la science, accumulent les ruines et les cadavres ?

« Libre à lui ; qu'il assume cette responsabilité devant le monde et devant l'histoire !

« Si c'est un défi, nous l'acceptons.

« Nous ne céderons ni un pouce de notre territoire, ni une pierre de nos forteresses.

« Une paix honteuse serait une guerre d'extermination à courte échéance.

« Nous ne traiterons que pour une paix durable.

« Ici, notre intérêt est celui de l'Europe entière, et nous avons lieu d'espérer que, dégagée de toute préoccupation dynastique, la question se posera ainsi dans les chancelleries.

« Mais fussions-nous seuls, nous ne faiblirons pas. Nous avons une armée résolue, des forts bien pourvus, une enceinte bien établie, mais surtout les poitrines de trois cent mille combattants décidés à tenir jusqu'au dernier. Quand ils vont pieusement déposer des couronnes aux pieds de la statue de Strasbourg, ils n'obéissent pas seulement à un sentiment d'admiration enthousiaste : ils prennent leur héroïque mot d'ordre ; ils jurent d'être dignes de leurs frères d'Alsace et de mourir comme eux.

« Après les forts, les remparts ; après les remparts, les barricades. Paris peut tenir trois mois et vaincre ; s'il succombait, la France, debout à son appel, le vengerait ; elle continuerait la lutte, et l'agresseur y périrait.

« Voilà, Monsieur, ce que l'Europe doit savoir. Nous n'avons pas accepté le pouvoir dans un autre but. Nous ne le conserverions pas une minute, si nous ne trouvions pas la population de Paris et la France entière décidées à partager nos résolutions.

« Je les résume d'un mot devant Dieu qui nous entend, devant la postérité qui nous jugera : nous ne voulons que la paix. Mais si l'on continue contre nous une guerre funeste que nous avons condamnée, nous ferons notre devoir jusqu'au bout, et j'ai la ferme confiance que notre cause, qui est celle du droit et de la justice, finira par triompher.

« C'est en ce sens que je vous invite à expliquer la situation à M. le ministre de la cour près de laquelle vous êtes accrédité, et entre les mains duquel vous laisserez copie de ce document.

« Agréez, Monsieur, l'expression de ma haute considération. »

« *Le ministre des affaires étrangères,*

« Jules FAVRE. »

8 septembre. — Le membre du gouvernement de la défense nationale délégué au département de l'intérieur vient d'adresser la circulaire suivante aux administrateurs provisoires et aux préfets des départements de la République :

« Monsieur le préfet, fonctionnaire institué dans un jour d'extrême péril par un gouvernement qui s'est donné le nom de gouvernement de la défense nationale, votre caractère et votre conduite se trouvent par là même aussi nettement définis que le comportent les pressantes nécessités du salut public.

« La défense du pays avant tout ! Assurez la, non seulement en préparant la mise à exécution sans retards ni difficultés de toutes les mesures votées sous le régime antérieur, mais en suscitant autour de vous les énergies locales, en disciplinant par avance tous les dévoûments, afin que le gouvernement puisse les mettre à profit suivant les besoins du pays. Toute votre administration se réduit pour le moment à déterminer le grand effort qui doit être tenté par tous les citoyens en vue de sauver la France.

« A cet égard, vous avez le droit de compter sur la ratification de toutes les mesures que vous aurez prises dans ce suprême intérêt. Si, comme je n'en doute point, vous concentrez rapidement et tournez toutes les forces vives de la nation vers ce grand but, vous écarterez du même coup toutes les divisions, tous les conflits entre les diverses administrations, ce qui est d'une importance capitale dans une crise comme celle où nous sommes.

« Pour ce qui est de vos relations avec l'ancien personnel du gouvernement déchu, maires, adjoints, conseillers municipaux et fonctionnaires, relevant exclusivement de l'ordre administratif, votre conduite est toute tracée dans les idées que je viens d'exposer. Ce qu'il faut à notre pays endormi et énervé depuis dix-huit ans, ce qui lui est nécessaire au jour de ce terrible réveil, c'est l'activité sans confusion, la vie, une vie régulière et organisée. Partout donc où se manifesteront des tendances à la propre initiative des citoyens assemblés dans leurs communes, encouragez-les en les réglant, si elles s'inspirent de l'esprit de patriotisme et de dévoûment qui anime les représentants des pouvoirs publics.

« Le gouvernement de la défense nationale a été composé par le peuple de ses propres élus : il représente en France le grand principe du suffrage universel. Ce gouvernement manquerait à son devoir comme à son origine s'il ne tournait pas dès l'abord ses regards sur les municipalités issues comme ses membres des urnes populaires.

« Partout où sont installés des conseils municipaux élus sous l'influence du courant libéral et démocratique, que les membres de ces conseils deviennent vos principaux auxiliaires. Partout au contraire où, sous la pression fatale du régime antérieur, les aspirations du citoyen ont été refoulées et où les conseils élus et les officiers municipaux ne représentent que des tendances rétrogrades, entourez-vous de municipalités provisoires, et placez à leur tête les chefs qu'elles auront choisis elles-mêmes dans leur sein, si dans leur choix elles ont su obéir aux nécessités patriotiques qui pèsent sur la France.

« En résumé, ne pensez qu'à la guerre et aux mesures qu'elle doit engendrer : donnez le calme et la sécurité pour obtenir en retour l'union et la confiance; ajournez d'autorité tout ce qui n'a pas trait à la défense nationale ou pourrait l'entraver; rendez-moi compte de toutes vos opérations, et comptez sur moi pour vous soutenir dans la grande œuvre à laquelle vous êtes associé et qui doit nous enflammer tous du zèle le plus ardent, puisqu'il y va du salut de la patrie.

« Recevez, etc.

« *Le ministre de l'intérieur,*

« GAMBETTA. »

Le gouvernement de la défense nationale a reçu un télégramme ainsi conçu :

« Ce qui reste de moi est à votre service; disposez.

« G. GARIBALDI. »

M. Thiers, dans les circonstances présentes, n'a pas voulu refuser ses services au gouvernement : il part en mission pour Londres, et doit se rendre ensuite à Saint-Pétersbourg et à Vienne.

Le corps d'armée du duc de Mecklembourg entoure Laon et somme la place de se rendre, en déclarant que si la citadelle ne s'est pas rendue avant dix heures du matin, la ville aura le sort de Strasbourg. Les autorités civiles, pour épargner le pillage et la vie des femmes et des enfants, consentirent à capituler.

Le gouvernement de la défense nationale au peuple français.

« FRANÇAIS,

« En proclamant il y a quatre jours le gouvernement de la défense nationale, nous avons nous-mêmes défini notre mission. Le pouvoir gisait à terre; ce qui avait commencé par un attentat finissait par une désertion. Nous n'avons fait que ressaisir le gouvernail échappé à des mains impuissantes. Mais l'Europe a besoin qu'on l'éclaire. Il faut qu'elle connaisse par d'irrécusables témoignages que le pays tout entier est avec nous. Il faut que l'envahisseur rencontre sur sa route, non seulement l'obstacle d'une ville immense résolue à périr plutôt que de se rendre, mais un peuple entier, debout, organisé, représenté, une assemblée enfin qui puisse porter en tous lieux, et en dépit de tous les désastres, l'âme vivante de la patrie.

« En conséquence, le gouvernement de la défense nationale décrète :

« ART. 1ᵉʳ. — Les colléges électoraux sont convoqués pour le dimanche 16 octobre, à l'effet d'élire une Assemblée nationale constituante.

« ART. 2. — Les élections auront lieu au scrutin de liste, conformément à la loi du 15 mars 1849.

« Art. 3. — Le nombre des membres de l'Assemblée Constituante sera de sept cent cinquante.

« ART. 4. — Le ministre de l'intérieur est chargé de l'exécution du présent décret.

« Fait à l'Hôtel-de-Ville de Paris, le 8 septembre 1870.

« *Les membres du gouvernement.* »

(Suivent les signatures.)

Un appel aux Allemands, de Victor Hugo, daté du 9 septembre, se terminait ainsi :

« Un dernier mot. Paris poussé à bout, Paris soutenu par toute la France soulevée, peut vaincre, et vaincrait ; et vous auriez tenté en pure perte cette voie de fait qui déjà indigne le monde. Dans tous les cas, effacez de ces lignes écrites en hâte les mots destruction, abolition, mort. Non, on ne détruit pas Paris. Parvînt-on, ce qui est malaisé, à le démolir matériellement, on le grandirait moralement. En ruinant Paris, vous le sanctifierez. La dispersion des pierres sera la dispersion des idées. Jetez Paris aux quatre vents, vous n'arriverez qu'à faire de chaque grain de cette cendre la semence de l'avenir. Ce sépulcre criera liberté, égalité, fraternité. Paris est ville, mais Paris est âme. Brûlez nos édifices, ce ne sont que nos ossements; leur fumée prendra forme, deviendra énorme et vivante, et montera jusqu'au ciel, et l'on verra à jamais sur l'horizon des peuples, au-dessus de nous, au-dessus de vous, au-dessus de tout et de tous, attestant notre gloire, attestant votre honte, ce grand spectre fait d'ombre et de lumière, Paris.

« Maintenant, j'ai dit, Allemands; si vous persistez, soit! vous êtes avertis : faites, allez, attaquez les murailles de Paris. Sous vos bombes et vos mitrailles, elle se défendra. Quant à moi, vieillard, j'y serai, sans armes. Il me convient d'être avec les peuples qui meurent; je vous plains d'être avec les rois qui tuent.

« Victor Hugo. »

12 septembre. — Les Prussiens entrent à Nogent-sur-Seine. Verdun est toujours investi. Deux fois l'ennemi a sommé la ville de se rendre. Avant-hier, Montmédy a repoussé une attaque de l'ennemi; la ville a beaucoup souffert.

L'incendie des forêts voisines de Paris a commencé. On a fait sauter les ponts de Bougival, de Croissy, de Chatou et dix-sept autres ponts sur la Seine.

Un grand exemple est donné en ce moment à Paris.

Huit villes fortes sont assiégées en ce moment par les Prussiens. Ces huit villes sont : Phalsbourg, Toul, Montmédy, Thionville, Verdun, Bitche, Metz et Strasbourg. Toutes sont investies ou bombardées; aucune n'est prise.

14 septembre. — Paris a présenté hier le plus formidable et le plus rassurant des spectacles. Jamais la grande ville n'avait vu un pareil déploiement de forces. La garde nationale, à elle seule, couvrait toute la longueur des boulevards, depuis la place de la Concorde jusqu'à la place de la Bastille.

A midi, le général Trochu, accompagné du ministre de la

guerre Le Flô et du chef d'état-major de la garde nationale, le général Tamisier, a paru sur la place de la Bastille. De là il a pris le boulevard et a traversé les trois cent mille gardes nationaux et les cent mille mobiles qui s'échelonnaient de la colonne de Juillet au pont de Neuilly. Aux fenêtres, les femmes agitaient leurs mouchoirs et jetaient des bouquets noués avec des rubans tricolores.

Gardes nationaux et mobiles chantaient la *Marseillaise* et le *Chant du Départ*. Les mobiles des départements y mêlaient des chansons de leur pays. J'ai retenu le refrain de celle des Normands :

> En avant, la Normandie !
> Marchons d'aplomb, les enfants !
> Elle n'est pas engourdie,
> La poigne des gars normands !

Ordre du jour du Gouverneur de Paris.

Aux gardes nationaux et aux gardes mobiles de la Seine; aux gardes mobiles des départements.

« Jamais aucun général d'armée n'a eu sous les yeux le grand spectacle que vous venez de me donner: trois cents bataillons de citoyens organisés, armés, encadrés par la population tout entière, acclamant dans un concert immense la défense de Paris et la liberté. Que les nations étrangères qui ont douté de vous, que les armées qui marchent sur vous ne l'ont-elles entendu ! Elles auraient eu le sentiment que le malheur a plus fait en quelques semaines, pour élever l'âme de la nation, que de longues années de jouissance pour l'abaisser. L'esprit de dévoûment et de sacrifice vous a pénétrés, et déjà vous lui devez le bienfait de l'union des cœurs, qui va vous sauver.

« Avec notre formidable effectif, le service journalier de garde dans Paris ne sera pas de moins de 70,000 hommes en permanence. Si l'ennemi, par une attaque de vive force, ou par surprise, ou par la brèche ouverte, perçait l'enceinte, il rencontrerait les barricades, dont la construction se prépare, et ses têtes de colonnes seraient renversées par l'attaque successive de dix réserves échelonnées.

« Ayez donc confiance entière, et sachez que l'enceinte de Paris, défendue par l'effort persévérant de l'esprit public et par 300,000 fusils, est inébranlable.

« Gardes nationaux de la Seine et gardes mobiles, au nom du gouvernement de la défense nationale, dont je ne suis devant vous que le représentant, je vous remercie de votre patriotique sollicitude pour les chers intérêts dont vous avez la garde.

« A présent, à l'œuvre dans les neuf sections de la défense! De l'ordre partout, du calme partout, du dévoûment partout! Et rappelez-vous que vous demeurez chargés, je vous l'ai déjà dit, de la police de Paris pendant ces jours de crise.

« Préparez-vous à souffrir avec constance. A cette condition vous vaincrez!

« A Paris, le 14 septembre 1870.

« *Le gouverneur de Paris,*

« Le général TROCHU. »

---

17 septembre. — Le ministre des affaires étrangères vient d'adresser aux représentants de la France à l'étranger la circulaire suivante :

« MONSIEUR,

« Le décret par lequel le gouvernement de la défense nationale avance les élections a une signification qui, certainement, ne vous aura pas échappé, mais que je tiens à préciser. La résolution de convoquer le plus tôt possible une Assemblée résume notre politique tout entière. En acceptant la tâche périlleuse que nous imposait la chute du gouvernement impérial, nous n'avons eu qu'une pensée : défendre notre territoire, sauver notre honneur et remettre à la nation le pouvoir qui émane d'elle, que seule elle peut exercer. Nous aurions voulu que ce grand acte s'accomplit sans transition; mais la première nécessité était de faire tête à l'ennemi, et nous devions nous y dévouer : c'est là ce que comprendront ceux qui nous jugent sans passion.

« Nous n'avons pas la prétention de demander ce désintéressement à la Prusse; nous tenons compte des sentiments que font naître chez elle la grandeur des pertes éprouvées et l'exaltation naturelle de la victoire. Ces sentiments expliquent les violences de la presse, que nous sommes loin de confondre avec les inspirations des hommes d'État. Ceux-ci hésiteront à continuer une guerre impie dans laquelle ont déjà succombé plus de 200,000 créatures humaines, et ce serait la continuer forcément que d'imposer à la France des conditions inacceptables.

« On nous objecte que le gouvernement qu'elle s'est donné est sans pouvoir régulier pour la représenter. Nous le reconnaissons loyalement : c'est pourquoi nous appelons tout de suite une Assemblée librement élue.

« Nous ne nous attribuons d'autre privilége que de donner à notre pays notre cœur et notre sang, et de nous livrer à son jugement souverain. Ce n'est donc pas notre autorité d'un jour, c'est la France immortelle qui se lève devant la Prusse; la France, dégagée du linceul de l'empire, libre, généreuse, prête à s'immoler pour le droit et la liberté, désavouant toute politique de conquête, toute propagande violente, n'ayant d'autre ambition que de rester maîtresse d'elle-même, de développer ses forces morales et matérielles, de travailler fraternellement avec ses voisins aux progrès de la civilisation; c'est cette France qui, rendue à sa libre action, a immédiatement demandé la cessation de la guerre, mais qui en préfère mille fois les désastres au déshonneur.

« Vainement ceux qui ont déchaîné sur elle ce redoutable fléau essaient-ils aujourd'hui d'échapper à la responsabilité qui les écrase, en alléguant faussement qu'ils ont cédé au vœu du pays. Cette calomnie peut faire illusion à l'étranger, où l'on n'est pas tenu de connaître exactement notre situation intérieure; mais il n'est personne chez nous qui ne la repousse hautement comme une œuvre de révoltante mauvaise foi.

« Les élections de 1869 ont eu pour mot d'ordre : paix et liberté. Le plébiscite lui-même s'est approprié ce programme, en confiant au pouvoir impérial la mission de le réaliser. Il est vrai que la majorité du Corps-Législatif a acclamé les déclarations belliqueuses de M. le duc de Gramont; mais quelques semaines avant, elle avait accordé les mêmes acclamations aux déclarations pacifiques de M. Ollivier.

« Il faut le dire sans récrimination : émanée du pouvoir personnel, la majorité se croyait obligée de le suivre docilement, même dans ses plus périlleuses contradictions. Elle s'est refusée à tout examen sérieux et a voté de confiance ; alors le mal a été sans remède. Telle est la vérité. Il n'y a pas un homme sincère en Europe qui puisse la démentir et affirmer que, librement consultée, la France eût fait la guerre à la Prusse.

« Je n'en ai jamais tiré cette conséquence que nous ne soyons pas responsables. Nous avons eu le tort — et nous l'expions cruellement — d'avoir toléré un gouvernement qui nous perdait. Maintenant qu'il est renversé, nous reconnaissons l'obligation qui nous est imposée de réparer, dans la mesure de la justice, le mal qu'il a fait. Mais si la puissance avec laquelle il nous a si gravement compromis se prévaut de nos malheurs pour nous accabler, nous lui opposerons une résistance désespérée, et il demeurera bien entendu que c'est la nation, régulièrement représentée par une Assemblée librement élue, que cette puissance veut détruire.

« La question ainsi posée, chacun fera son devoir. La fortune nous a été dure; elle a des retours imprévus. Notre résolution les suscitera. L'Europe commence à s'émouvoir; les sympathies nous reviennent. Celles des cabinets nous consolent et nous honorent. Ils seront vivement frappés, j'en suis sûr, de la noble attitude de Paris, au milieu de tant de causes de redoutables excitations. Grave, confiante, prête aux derniers sacrifices, la nation armée descend dans l'arène, sans regarder en arrière, ayant devant les yeux ce simple et grand devoir : la défense de son foyer et de son indépendance.

« Je vous prie, Monsieur, de développer ces vérités au représentant du gouvernement près duquel vous êtes accrédité; il en saisira l'importance et se fera ainsi une juste idée des dispositions dans lesquelles nous sommes.

« Recevez, etc.

« Paris, le 17 septembre 1870.

« *Le vice-président du gouvernement de la défense nationale, ministre des affaires étrangères,*

« Jules FAVRE. »

Le ministre de l'intérieur vient d'adresser aux préfets de la République, au sujet du renouvellement des conseils municipaux, la circulaire suivante :

« Monsieur le préfet, un décret du gouvernement de la défense nationale, en date du 16 septembre courant, ordonne qu'il soit procédé dans toutes les communes de France à une nouvelle élection des conseils municipaux, et porte que le nombre des conseillers à élire et le mode de l'élection sont réglés par la législation existante. Il est de mon devoir de vous faire connaître la pensée du gouvernement au sujet de ces élections nouvelles, qui, dans les circonstances périlleuses où se trouve aujourd'hui le pays, sont destinées tout à la fois à témoigner des sentiments de résistance indomptable qui animent tous les Français contre l'ennemi, et de leur résolution énergique de fonder un gouvernement vraiment libre, tout en défendant la patrie.

« Je vous disais, dans une précédente circulaire, qu'au point de vue même de la défense nationale, votre première tâche était de réveiller le pays de cette longue torpeur de vingt années qui lui a été si fatale ; d'encourager, en le réglant, l'esprit d'initiative ; de susciter partout autour de vous les énergies locales et de faire converger tous ces efforts disséminés vers le grand but que nous poursuivons tous : la délivrance du sol national. C'est pour satisfaire à ces besoins primordiaux de la France et pour vous seconder dans la tâche qui vous a été assignée, que le gouvernement de la défense a décidé le renouvellement des conseils municipaux dans toute l'étendue de la République. Il importe que tous les citoyens se pénètrent de cette idée, la seule juste et la seule féconde, que le salut de la patrie ne peut être attendu que de la vigueur et de la résolution de tous les Français.

« Les conseils municipaux sont les premiers et les plus naturels organes de cette volonté suprême de la France : c'est pour cela que nous avons tous besoin, à tous les degrés de la hiérarchie des pouvoirs, d'être appuyés et secondés par des assemblées directement issues du suffrage universel et librement élues au milieu et sous l'influence des événements terribles qui ont fondu sur notre pays par l'imprévoyance et l'ineptie coupable du gouvernement déchu. Avec le concours de telles assemblées, l'action du gouvernement de la défense nationale sera tout ensemble plus facile et plus efficace. Quand nous nous trouverons associés aux représentants les plus immédiats des populations, quelle force immense pour les pouvoirs publics, et surtout quelle inébranlable sécurité pour le pays !

« Il faut considérer d'ailleurs, Monsieur le préfet, qu'un des premiers actes du gouvernement de la défense nationale, en prenant possession du pouvoir, a été de convoquer le peuple français dans ses comices, à l'effet d'élire une Assemblée nationale qui puisse porter en tous lieux, et en dépit de tous les désastres, l'âme vivante de la patrie. La constitution de cette Assemblée, appelée, à raison même des circonstances, à faire face aux périls et aux responsabilités les plus redoutables, exige de la manière la plus impérieuse que l'élection de ses membres soit remise au pays rendu à lui-même, débarrassé des entraves de tout genre que le régime précédent avait imaginées pour asservir et corrompre le suffrage universel. De là la nécessité de constituer dans chaque commune de nouvelles municipalités, indépendantes de tous liens avec l'ancienne administration, et pénétrées du sentiment de la grandeur et des difficultés de la situation présente, afin que les représentants du peuple apportent dans l'Assemblée nouvelle les sincères résolutions de la France librement consultée.

« Enfin, les membres du gouvernement de la défense nationale ne peuvent oublier, dans le poste où les a placés la confiance du peuple de Paris, les idées et les principes à la défense desquels ils ont de tout temps dévoué leurs efforts et qui leur ont valu, pendant tant d'années, la confiance de la France libérale et démocratique. L'établissement de communes libres, la constitution de municipalités désormais soustraites à l'influence exagérée du pouvoir central, douées d'une vie propre et capables par leur initiative de refaire la France en refaisant ses mœurs publiques, ont toujours été au premier rang des justes réclamations de l'opinion démocratique, dont l'opposition se faisait honneur d'être l'organe. L'occasion se présente d'appliquer ces idées et ces principes, et de donner une satisfaction trop longtemps attendue à ces réclamations légitimes : pourquoi ne pas la saisir? Il est hors de doute que les conseils municipaux élus en août dernier, dans la plupart des communes, portent la marque de l'ancienne administration ; que les choix qui ont été faits l'ont été trop souvent sous la pression d'anciennes influences dont le joug peut et doit être aujourd'hui secoué, et que, dans tous les cas, la liberté vaut mieux que la contrainte administrative pour assurer la sincère représentation des intérêts du pays. Pourquoi, dès lors, n'appellerions-nous pas les citoyens à réviser des choix faits par eux sous un régime aujourd'hui détruit, et qui ne sont nullement en rapport avec les besoins nouveaux de la France et des communes elles-mêmes?

« Considérez en effet que, par l'extension nécessaire et progressive des attributions des conseils municipaux, les fonctions des conseillers à élire auront une tout autre importance que celle des conseillers récemment élus. Nous voulons jeter les bases d'une véritable et complète réorganisation des forces de la France : il nous faut des hommes pénétrés comme nous de cet intérêt supérieur ; nous voulons assurer, dans la mesure conciliable avec la constitution même de la nation, l'indépendance des corps municipaux, afin que l'activité, la vie arrivent à circuler dans toutes les parties du corps social. N'y a-t-il pas nécessité d'appeler à siéger dans les conseils des communes des hommes qui, ne relevant plus exclusivement de l'autorité abusive des préfets, soient prêts à accepter la juste responsabilité qui revient aux membres de conseils élus dans la plénitude de l'autorité du suffrage universel ?

« Telles sont les considérations, Monsieur le préfet, qui ont déterminé le gouvernement de la défense nationale à procéder sans retard au renouvellement des conseils municipaux dans toute la France. Je vous prie de vous en bien pénétrer, et d'en faire le texte des instructions et commentaires de tous genres qui pourront vous être demandés pour l'exécution de cette grave mesure. Je n'ai nul besoin de vous rappeler que, dans la pratique comme dans la théorie, la liberté est le premier principe du gouvernement et de ses agents, et surtout la liberté électorale. Nous appliquons aujourd'hui les idées que nous avons toujours défendues ; la France démocratique et libérale saura bien le reconnaître et y applaudir ; et les républicains, portés au pouvoir par l'émotion populaire au milieu de périls qui vont sans cesse en grandissant, se devaient à eux-mêmes, aussi bien qu'à la noble cause qu'ils ont toujours servie, de ne pas abandonner ces idées, surtout en face d'un ennemi qui ose se vanter d'anéantir, avec la France, la démocratie moderne et ses principes.

« Recevez, etc.

« *Le membre du gouvernement de la défense nationale, délégué au département de l'intérieur,*

« LÉON GAMBETTA. »

---

18 septembre. — Un train de la ligne d'Orléans, expédié hier à une heure de Paris, afin de déménager les gares d'Ablon et de Choisy, a été assailli à coups de fusil en face de Choisy-le-Roi. L'ennemi est campé en grande partie à Villejuif et aux environs.

Quelques escarmouches ont eu lieu sur le bord de la Marne.

A Saint-Denis on entend le canon gronder pendant une partie de la journée.

20 septembre. — Combat de Châtillon. Après un engagement assez vif, nos troupes ont dû se replier en arrière. Fusillade du côté de Villejuif. Combat de Stains. Nous avons eu l'avantage ; l'ennemi s'est replié sur Sarcelles. Vives canonnades du côté de Vincennes et de Charenton. L'ennemi depuis le matin s'est présenté sur plusieurs points à la fois, s'étendant de Vitry, Chevilly, Bourg-la-Reine, Châtillon et Clamart, et filant par Meudon sur Versailles.

Pour intercepter les communications, l'ennemi s'est seulement massé par groupes de 10,000 hommes, à quatre kilomètres de la ligne des forts. Les petits combats et les engagements qui ont lieu ont pour but de les empêcher d'occuper une seule de ces positions.

Il y a eu hier, dans plusieurs endroits de la rive gauche, un moment de panique. Quelques soldats qui avaient lâché pied devant l'ennemi essayaient de s'excuser en disant que leurs chefs les avaient laissé surprendre, qu'on ne leur avait pas distribué de cartouches, qu'ils s'étaient trouvés sans munitions devant des forces considérables, etc.

Cette conduite inqualifiable de quelques soldats n'a été qu'une imperceptible exception. Non seulement la ligne, mais la mobile s'est battue hier avec une grande bravoure, et il n'y avait qu'une voix, notamment, sur la solidité avec laquelle les mobiles bretons ont tenu contre le feu.

Proclamation de Gambetta.

« Citoyens, le canon tonne, le moment suprême est arrivé. Depuis le jour de la révolution, Paris est debout et en haleine. Tous, sans distinction de classes ni de partis, vous avez saisi vos armes pour sauver à la fois la ville, la France et la République.

« Vous avez donné dans ces derniers jours la preuve la plus manifeste de vos mâles résolutions; vous ne vous êtes laissé troubler ni par les lâches, ni par les tièdes; vous ne vous êtes laissé aller ni aux excitations ni à l'abattement; vous avez envisagé avec sang-froid la multitude des assaillants. Les premières atteintes de la guerre vous trouveront également calmes et intrépides; et si les fuyards venaient, comme aujourd'hui, dans la cité porter le désordre, la panique et le mensonge, vous resterez inébranlables, assurés que *la cour martiale qui vient d'être instituée par le gouvernement pour juger les lâches et les déserteurs* saura efficacement veiller au salut public et protéger l'honneur national.

« Restons donc unis, serrés les uns contre les autres, prêts à marcher au feu, et montrons-nous les dignes fils de ceux qui, au milieu des plus effroyables périls, n'ont jamais désespéré de la patrie.

« Gambetta. »

Ordre du jour.

A la garde nationale, à la garde mobile et aux troupes en garnison à Paris.

« Dans le combat d'hier qui a presque duré toute la journée, et où notre artillerie, dont la solidité ne peut être trop louée, a infligé à l'ennemi des pertes énormes, des incidents se sont produits que vous devez connaître dans l'intérêt de la grande cause que nous défendons en commun.

« Une injustifiable panique, que n'ont pu arrêter les efforts d'un excellent chef de corps et de ses officiers, s'est emparée du régiment provisoire des zouaves qui tenait notre droite. Dès le commencement de l'action, la plupart des soldats se sont repliés en désordre dans la ville, et s'y sont répandus en semant l'alarme. Pour excuser leur conduite, ces fuyards ont déclaré qu'on les avait menés à une perte certaine, alors que leur effectif était intact et qu'ils étaient sans blessures; qu'ils avaient manqué de cartouches, alors qu'ils n'avaient pas fait usage, je l'ai constaté moi-même, de celles dont ils étaient encore pourvues; qu'ils avaient été trahis par leurs chefs, etc. La vérité, c'est que ces indignes ont compromis, dès son début, une affaire de guerre dont, malgré eux, les résultats sont considérables. D'autres soldats d'infanterie de divers régiments se sont joints à eux.

« Déjà les malheurs que nous avons éprouvés dans le commencement de cette guerre avaient fait refluer sur Paris des soldats indisciplinés et démoralisés qui y portent l'inquiétude et le trouble, et échappent, par le fait des circonstances, à l'autorité de leurs chefs et à toute répression. Je suis fermement résolu à mettre fin à de si graves désordres. J'ordonne à tous les défenseurs de Paris de saisir les hommes isolés, soldats de toutes armes ou gardes mobiles qui errent dans la ville en état d'ivresse, répandent des propos scandaleux et déshonorent par leur attitude l'uniforme qu'ils portent. Les soldats et gardes mobiles arrêtés seront conduits à l'état-major de la place, 7, place Vendôme; les habitants arrêtés dans le même cas, à la préfecture de police.

« Ils seront traduits devant les conseils de guerre qui jugent en permanence, et subiront la rigoureuse application des dispositions ci-après édictées par la loi militaire :

« Art. 213. — Est puni de mort tout militaire qui abandonne son poste en présence de l'ennemi ou de rebelles armés.

« Art. 218. — Est puni de mort, avec dégradation militaire, tout militaire qui refuse d'obéir lorsqu'il est commandé pour marcher à l'ennemi.

« Art. 250. — Est puni de mort, avec dégradation militaire, tout pillage ou dégât de denrées, marchandises ou effets, commis par des militaires en bande, soit avec armes ou à force ouverte, soit avec violence envers les personnes.

« Art. 253. — Est puni de mort, avec dégradation militaire, tout militaire qui détruit des moyens de défense, approvisionnements en armes, vivres, munitions, etc., etc.

« C'est un égal devoir pour le gouverneur de défendre Paris, qui va subir directement les épreuves du siége, et d'y maintenir l'ordre. Par les présentes dispositions, il associe à son effort tous les hommes de cœur et de bon vouloir dont le nombre est grand dans la cité.

« A Paris, le 20 septembre 1870.

« *Le président du gouvernement de la défense nationale, gouverneur de Paris,*

« Général TROCHU. »

Le *Journal officiel* publie la déclaration suivante :

RÉPUBLIQUE FRANÇAISE.

GOUVERNEMENT DE LA DÉFENSE NATIONALE.

« On a répandu le bruit que le gouvernement de la défense nationale songeait à abandonner la politique pour laquelle il a été placé au poste de l'honneur et du péril.

« Cette politique est celle qui se formule en ces termes :

« *Ni un pouce de notre territoire, ni une pierre de nos forteresses.*

« Le gouvernement la maintiendra jusqu'à la fin.

« Fait à l'Hôtel-de-Ville, le 20 septembre 1870. »

La proclamation suivante a été affichée hier :

« CITOYENS,

« C'est aujourd'hui le 21 septembre.

« Il y a soixante-dix-huit ans, à pareil jour, nos pères fondaient la République, et se juraient à eux-mêmes, en face de l'étranger qui souillait le sol sacré de la patrie, de vivre libres ou de mourir en combattant. Ils ont tenu leur serment ; ils ont vaincu, et la République de 1792 est restée dans la mémoire des hommes comme le symbole de l'héroïsme et de la grandeur nationale.

« Le gouvernement installé à l'Hôtel-de-Ville aux cris enthousiastes de : Vive la République! ne pouvait laisser passer ce glorieux anniversaire sans le saluer comme un grand exemple.

« Que le souffle puissant qui animait nos devanciers passe sur nos âmes, et nous vaincrons.

« Honorons aujourd'hui nos pères, et demain sachons comme eux forcer la victoire en affrontant la mort.

« Vive la France! Vive la République!

« *Le ministre de l'intérieur,*

« Léon GAMBETTA. »

---

22 septembre. — On lit dans le *Journal officiel* :

« Avant que le siége de Paris commençât, le ministre des affaires étrangères a voulu connaître les intentions de la Prusse, jusque-là silencieuse.

« Nous avions proclamé hautement les nôtres le lendemain de la révolution du 4 septembre.

« Sans haine contre l'Allemagne, ayant toujours condamné la guerre que l'Empereur lui a faite dans un intérêt exclusivement dynastique, nous avons dit : Arrêtons cette lutte barbare qui décime les peuples au profit de quelques ambitieux. Nous acceptons des conditions équitables. Nous ne cédons ni un pouce de notre territoire, ni une pierre de nos forteresses. La Prusse répond à ces ouvertures en demandant à garder l'Alsace et la Lorraine par droit de conquête. Elle ne consentirait même pas à consulter les populations; elle veut en disposer comme d'un troupeau. Et quand elle est en présence de la convocation d'une assemblée qui constituera un pouvoir définitif et votera la paix ou la guerre, la Prusse demande comme condition préalable d'un armistice l'occupation des places assiégées, le fort du Mont-Valérien et la garnison de Strasbourg prisonnière de guerre. Que l'Europe soit juge! Pour nous, l'ennemi s'est dévoilé. Il nous place entre le devoir et le déshonneur; notre choix est fait.

« Paris résistera jusqu'à la dernière extrémité. Les départements viendront à son secours, et, Dieu aidant, la France sera sauvée. »

23 septembre. — Combat de Villejuif, belle et bonne journée. Les mobiles de Paris ont été admirables. Combat de la Butte-Pinson. Bataille du Bourget. N'étant pas en forces, nos troupes se sont repliées en bon ordre.

Ordre du Gouverneur de Paris.

« Des groupes de la garde nationale, quelques-uns sous le commandement de leurs officiers, se sont livrés ces jours-ci à des manifestations dont le caractère pacifique n'a pas troublé l'ordre dans Paris. Mais à ce moment-là même l'ennemi, dont les principales concentrations sont effectuées, construisait des batteries à portée de nos forts, qui ouvraient le feu contre ces travaux.

« Le siége est donc commencé; nous avons des blessés et des morts.

« Ce matin même un vif engagement a lieu en avant de Villejuif. La place de tous est sur les remparts ou dans les réserves; et ceux-là mêmes qui ne sont commandés pour aucun service doivent se tenir dans leurs quartiers respectifs prêts à répondre à l'appel de la défense. Ce n'est pas l'heure assurément des promenades à travers la ville et de ces manifestations qui portent atteinte au principe militaire, et font un pénible contraste avec la gravité de la situation où est le pays. Nous avons à présent d'impérieux devoirs qui dominent de bien haut toutes les préoccupations politiques, et je veux les résumer ici en quelques mots : *Il faut être au combat ou être prêt au combat.*

« *Le président du gouvernement, gouverneur de Paris,*

« Général TROCHU. »

Un armistice a été conclu ce matin pour que, de huit heures

à midi, Français et Prussiens pussent enterrer les victimes de la bataille d'hier. Nous avons à regretter la mort du général Guilhem; son corps a été remis à la Société internationale des secours aux blessés, et les derniers honneurs lui ont été rendus par l'ennemi avec une grande solennité.

Dépêche d'Orléans (22 septembre).

« Aucun Prussien ne s'est montré à Orléans ni dans l'arrondissement de Châteaudun. On annonce l'ennemi à Dourdan. »

24 septembre. — Par décision du gouvernement de la défense nationale, et à raison des obstacles matériels apportés à l'exercice des droits électoraux par les événements militaires, les élections municipales de Paris, fixées au 28 septembre, n'auront pas lieu à cette date.

Pour les mêmes motifs, les élections à l'Assemblée nationale constituante, fixées au 2 octobre, sont également ajournées.

(Journal officiel).

Par décision du gouvernement de la défense nationale, l'indemnité de 1 fr. 50 par jour sera payée directement aux gardes nationaux qui y ont droit.

Le ministre de l'intérieur a fait afficher la proclamation suivante :

« Une estafette, envoyée par la délégation du gouvernement établi à Tours, a réussi à pénétrer dans Paris. Elle a apporté la dépêche suivante, datée du 24 septembre :

PROCLAMATION A LA FRANCE.

« Avant l'investissement de Paris, M. Jules Favre, ministre des affaires étrangères, a voulu voir M. de Bismark pour connaître les dispositions de l'ennemi. Voici la déclaration du ministre du roi Guillaume :

« La Prusse veut continuer la guerre et réduire la France à l'état de puissance de second ordre. La Prusse veut l'Alsace et la Lorraine jusqu'à Metz, par droit de conquête.

« Pour consentir à un armistice, la Prusse a osé demander la reddition de Strasbourg, de Toul et du Mont-Valérien.

« Paris, exaspéré, s'ensevelirait plutôt sous ses ruines.

« A d'aussi insolentes prétentions, en effet, on ne répond que par la lutte à outrance. La France accepte cette lutte et compte sur tous ses enfants.

« Pour copie conforme :
« Le ministre de l'intérieur,
« Léon GAMBETTA. »

Le président du gouvernement, gouverneur de Paris, a ordonné l'institution de cours martiales à Vincennes et à Saint-Denis, et dans les 13e et 14e corps d'armée.

MINISTÈRE DE L'INTÉRIEUR.

« Citoyens,

« Le gouvernement vous doit la vérité sans détours, sans commentaires. Les coups redoublés de la mauvaise fortune ne peuvent plus déconcerter vos esprits, ni abattre vos courages.

« Vous attendez la France, mais vous ne comptez que sur vous-mêmes.

« Prêts à tout, vous pouvez tout apprendre : Toul et Strasbourg viennent de succomber. Cinquante jours durant, ces deux héroïques cités ont essuyé avec la plus mâle constance une véritable pluie de boulets et d'obus.

« Épuisées de munitions et de vivres, elles défiaient encore l'ennemi. Elles n'ont capitulé qu'après avoir vu leurs murailles abattues crouler sous le feu des assaillants.

« Elles ont, en tombant, jeté un regard vers Paris pour affirmer une fois de plus l'unité et l'intégrité de la patrie, l'indivisibilité de la République, et nous léguer, avec le devoir de les délivrer, l'honneur de les venger.

« Vive la France ! vive la République !

« Léon GAMBETTA. »

---

4 octobre. — L'ennemi continue à établir des tranchées de communication à grande distance de nos lignes. De fortes colonnes prussiennes se sont montrées hier soir du côté de Villejuif. On s'attend à une attaque. Au-delà de Saint-Ouen et de la presqu'île de Gennevilliers s'élève une chaîne de collines dont Argenteuil occupe le bas, et sur la crête de laquelle un moulin en maçonnerie attire le regard : c'est le moulin d'Orgemont, occupé par les Prussiens. A l'aide d'une lunette on aperçoit distinctement les soldats ennemis en faction. De Saint-Ouen, seize pièces de marine en acier ont déjà démoli sept fois une batterie que les Prussiens ont essayé d'installer au pied du moulin.

L'armée qui investissait Strasbourg se dirige, paraît-il, vers les régions du centre, où la guerre n'a pas encore exercé ses ravages.

Une dépêche annonce que les Prussiens occupent Pithiviers du 21 septembre.

---

5 octobre. — Manifestation du citoyen Flourens avec les 63e, 172e, 173e, 174e et 240e bataillons de la garde nationale formant sa légion. Cette manifestation avait pour but de demander la commune. Une protestation signée d'un grand nombre d'officiers et soldats de la 3e compagnie du 240e bataillon ont refusé de s'associer à la manifestation en armes provoquée par Flourens ; la protestation se termine ainsi :

« Les soussignés demandent à marcher contre l'ennemi commun, mais ils se refusent à toute démonstration de la nature de celle qui leur est commandée aujourd'hui ; ils veulent éviter des conflits dont nos ennemis ne manqueraient pas de profiter, et n'entendent servir que la République. Ils respectent la liberté de tous et veulent conserver la leur. »   *(Le Rappel.)*

Entre six et sept heures du matin, Paris a été réveillé par la canonnade. Le Mont-Valérien tonnait de toutes ses pièces ; le brouillard était si épais, qu'on avait peine à distinguer les objets. Le spectacle n'en était que plus étrange de voir au milieu d'une brume épaisse de petits nuages blancs d'où sortaient avec un fracas énorme d'effrayantes langues de feu. A un moment, ce n'a plus été qu'un bruit formidable. Les forts lançaient des obus ; Vanves croisait ses feux avec le Mont-Valérien, Issy envoyait des bombes dans la même direction que Montrouge. Les ouvrages que les Prussiens avaient mis dix jours à construire sont à recommencer.

6 octobre. — Le Mont-Valérien continue à tirer sur les points principaux où l'ennemi est signalé ; la portée des pièces de marine permet de l'atteindre à des distances énormes.

Orléans a dû être occupé par les Prussiens, après un combat près d'Artenay, où nous aurions eu l'avantage.

« Orléans, 27 septembre, 7 h. matin.
Préfet à guerre et intérieur, à Tours.

« Après un engagement victorieux, hier, à Artenay, les généraux d'Orléans, reconnaissant qu'ils ne peuvent plus tenir devant un corps d'armée nombreux, qui serait commandé, dit-on, par le prince Albert, quittent Orléans en bon ordre. Dans la journée du 27, l'héroïque cité aurait encore repoussé trois assauts avec de grandes pertes pour l'ennemi. »

7 octobre. — Proclamation aux départements. Le citoyen Gambetta, ministre de l'intérieur, est parti hier matin, emportant la proclamation suivante à l'adresse des départements :

« Français,

« La population de Paris offre en ce moment un spectacle unique au monde: une ville de deux millions d'âmes, investie de toutes parts, privée jusqu'à présent, par la criminelle incurie du dernier régime, de toute armée de secours, et qui accepte avec courage, avec sérénité, tous les périls, toutes les horreurs d'un siége. L'ennemi n'y comptait pas. Il croyait trouver Paris sans défense ; la capitale lui est apparue hérissée de travaux formidables, et, ce qui vaut mieux encore, défendue par quatre cent mille citoyens qui ont fait d'avance le sacrifice de leur vie. L'ennemi croyait trouver Paris à l'apathie ; il attendait la sédition qui, plus sûrement que le canon, ouvre les places assiégées. Il l'attendra toujours. Unis, armés, approvisionnés, résolus, pleins de foi dans la fortune de la France, les Parisiens savent qu'il ne dépend que d'eux, de leur bon ordre et de leur patience, d'arrêter pendant de longs mois la marche des envahisseurs.

« Français !

« C'est pour la patrie, pour sa gloire, pour son avenir, que la population parisienne affronte le fer et le feu de l'étranger.

« Vous qui nous avez déjà donné vos fils, vous qui nous avez envoyé cette vaillante garde mobile, dont chaque jour signale l'ardeur et les exploits, levez-vous en masse et venez à nous ! Isolés, nous saurions sauver l'honneur ; mais avec vous et par vous, nous jurons de sauver la France !

« Paris, le 7 octobre 1870.

« *Les membres du gouvernement de la défense nationale.* »

8 octobre. — Le matin, de sept à huit heures, le brouillard était très-intense : on ne se voyait pas à vingt mètres.

Une colonne ennemie, marchant à pas de loups, s'est tout à coup trouvée en présence du 51e de ligne, placé aux avant-postes. Aussitôt le feu a commencé de part et d'autre avec une égale énergie. Nos soldats ont dû se replier devant des forces considérables.

---

9 octobre (24e journée du siége). — Une manifestation en faveur de la commune était annoncée pour hier sur la place de l'Hôtel-de-Ville. A deux heures, il y a environ quatre mille personnes devant l'Hôtel-de-Ville. Un détachement de mobiles, ayant en tête le préfet de police Kératry, va prendre position dans la cour de l'Hôtel-de-Ville, où sont déjà massées deux compagnies de gardes républicaines. Des précautions sont prises contre toute attaque, mais on est sûr d'avance que le bon sens de la population les rendra superflues. Arrive le général Trochu suivi d'une escorte. Reconnu, il est entouré par plusieurs milliers de personnes qui crient : Vive Trochu ! A ce moment, le canon tonne dans la direction de l'ouest.

Trois heures. — On bat le rappel dans tout Paris. Les gardes nationaux se croyant appelés aux remparts sortent en toute hâte, fusil sur l'épaule, couverture en bandoulière.

Cinq heures et demie. — Le gouvernement reste maître du champ de bataille, grâce à la modération et au bon sens du peuple, grâce à l'horreur de la guerre civile, et grâce à l'éloquence de Jules Favre.

---

10 octobre (25e journée). — Les forts du Mont-Valérien et d'Issy canonnent continuellement pour détruire les travaux des Prussiens. On emploie les grandes pièces de marine.

---

11 octobre (26e journée). — Le canon gronde. Hier, de nombreux mouvements de troupes ont été signalés chez l'ennemi, en avant de nos lignes du sud, hors de portée de nos feux.

Le Mont-Valérien, la batterie Mortemart et la canonnière de Suresnes ont entretenu un feu assez vif sur Saint-Cloud. La batterie de Courbevoie a tiré sur Houilles, et celle de Saint-Ouen sur Orgemont.

Le conseil de guerre a commencé à juger les déserteurs de Châtillon. Hier, quatre artilleurs, dont un brigadier, du 4e régiment d'artillerie, et un soldat de la ligne ont été condamnés à mort.

---

12 octobre (27e journée). — Le Mont-Valérien continue de tirer; il a démonté trois batteries ennemies. On vient de monter sur le fort deux canons monstres dont la portée est de 9 à 10,000 mètres.

Le palais de Saint-Cloud portera quelque temps la preuve de la précision du tir de nos canonniers. Le Mont-Valérien lui a lancé avant-hier une bombe qui lui est arrivée en pleine façade et est entrée par la fenêtre au-dessous de l'horloge. Elle a dû éclater dans l'intérieur du palais et y faire un joli désordre.

---

13 octobre (28e journée). — Le château de Saint-Cloud est tout entier en flammes.

Reconnaissance de Châtillon. Il ne s'agissait pas d'une occupation définitive, mais seulement d'une reconnaissance offensive, qui a réussi de tous points. Le gouvernement de Paris a jugé qu'il fallait savoir si les masses prussiennes étaient restées sur le plateau ou l'avaient quitté, comme on l'assurait. Les villages de Bagneux, Châtillon et Clamart ont été envahis, et, après un vif combat de tirailleurs et d'artillerie, où nos troupes ont montré la plus grande énergie, les bataillons prussiens ont paru sur le plateau, leurs réserves accourant de toutes parts, et ils se sont trouvés exposés aux canons des forts de Montrouge, Vanves et Issy. La retraite s'est effectuée avec beaucoup d'ordre et de calme, sous le feu très-vif des forts, qui a fait beaucoup de mal à l'ennemi.

Il a subi des pertes considérables en tués et en blessés, laissant entre nos mains 50 prisonniers. Nos pertes ont été peu importantes; mais nous avons eu le regret de voir succomber le chef de bataillon de Dampierre, du 1er bataillon de l'Aube.

---

14 octobre (29e journée). — Les Prussiens ayant demandé un armistice pour relever leurs morts, une suspension d'armes a été accordée de onze heures à cinq heures.

Le calme le plus complet a succédé à la journée d'hier.

Du château de Saint-Cloud, il ne reste plus que les quatre murs; une fumée fort épaisse sort des décombres.

Bonnes nouvelles! béni soit le *Journal de Rouen!*

Nous sommes enfermés, claquemurés, clôturés. Les lignes prussiennes étouffent les bruits, tuent les échos, éteignent la lumière. Nous nous armons, nous nous instruisons, nous nous battons dans le silence, dans la nuit, sans voir et sans entendre nos frères, et voici qu'une feuille de papier, le *Journal de Rouen*, nous remet pour un instant en communication avec la France, et ce sont de bonnes nouvelles qui nous viennent :

Succès à Orléans. — Nous avions là le général de Lamotte-Rouge avec 80,000 hommes, de l'artillerie, de la cavalerie. On s'est battu; on a eu d'abord un échec. Il a fallu se replier. L'ennemi est venu jusqu'à Orléans brûler quelques maisons. Puis c'a été un soulèvement unanime. La ville et l'armée s'y sont mises. On s'est rué sur les Prussiens. Ils ont été battus; ils ont reculé. Versailles est plein de leurs blessés.

Succès en Normandie. — Là, c'est la levée en masse, les villes, les bourgs, les villages, qui se défendent. Rouen, Évreux, toutes les villes sont fortifiées, leurs citoyens armés. Les Prussiens ont voulu entrer à Évreux; ils ont été repoussés. Ils ont voulu entrer à Épernon; ils ont été repoussés. Des villages même se sont défendus de telle manière que l'ennemi a été obligé de reculer.

Il y a aujourd'hui soixante-quatre ans, Napoléon, des hauteurs d'Iéna, foudroyait l'armée prussienne.

---

15 octobre (30ᵉ journée). — Proclamation de Gambetta à la province :

RÉPUBLIQUE FRANÇAISE.
Liberté, Égalité, Fraternité.

« CITOYENS DES DÉPARTEMENTS,

« Par ordre du gouvernement de la République, j'ai quitté Paris pour venir vous apporter, avec les espérances du peuple renfermé dans ses murs, les instructions et les ordres de ceux qui ont accepté la mission de délivrer la France de l'étranger.

« Paris, depuis vingt jours étroitement investi, a donné au monde un spectacle unique : le spectacle de plus de deux millions d'hommes qui, oubliant leurs préférences, leurs dissidences antérieures pour se serrer autour du drapeau de la République, ont déjà déjoué les calculs de l'envahisseur, qui comptait sur la discorde civile pour lui ouvrir les portes de la capitale.

« La révolution avait trouvé Paris sans canons et sans armes; à l'heure qu'il est, on a armé 400,000 hommes de garde nationale, appelé 100,000 mobiles, groupé 60,000 hommes de troupes régulières. Les ateliers fondent des canons; les femmes fabriquent un million de cartouches par jour; la garde nationale est pourvue de deux mitrailleuses par bataillon; on lui fait des canons de campagne, pour qu'elle puisse opérer bientôt des sorties contre les assiégeants.

« Les forts occupés par la marine ressemblent à autant de vaisseaux de haut bord immobiles, garnis d'une artillerie merveilleuse et servie par les premiers pointeurs du monde; jusqu'à présent, sous le feu de ces forts, l'ennemi a été impuissant à établir le moindre ouvrage; l'enceinte elle-même, qui n'avait que 500 canons le 4 septembre, en compte aujourd'hui 3,800. A la même date, il y avait 30 coups de canon à tirer par pièce; aujourd'hui il y en a 400, et l'on continue à fondre des projectiles avec une fureur qui tient du vertige. Tout le monde a sa place marquée dans la cité et sa place de combat.

« L'enceinte est perpétuellement couverte par la garde nationale qui, de l'aube à la nuit, se livre à tous les exercices de la guerre avec l'application du patriotisme. On sent tous les jours grandir la solidité et l'expérience de ces soldats improvisés. Derrière cette enceinte ainsi gardée s'élève une troisième enceinte construite sous la direction du comité des barricades. Derrière ces pavés savamment disposés, l'enfant de Paris a retrouvé, pour la défense des institutions républicaines, le génie du combat des rues.

« Toutes ces choses, partout ailleurs impossibles, se sont exécutées au milieu du calme, de l'ordre, et grâce au concours enthousiaste qui a été donné aux hommes qui représentent la République.

« Ce n'est point une illusion, ce n'est pas non plus une vaine formule : Paris est inexpugnable; il ne peut plus être pris ni surpris. Restaient aux Prussiens deux autres moyens d'entrer dans la capitale : la sédition et la faim. La sédition ! elle ne viendra pas, car les suspects et les complices du gouvernement déchu, ou bien ils ont fui, ou bien ils se cachent. Quant aux serviteurs de la République, les ardents comme les tièdes trouvent dans le gouvernement de l'Hôtel-de-Ville d'incorruptibles ôtages de la cause républicaine et de l'honneur national.

« La famine ! prêt aux dernières privations, le peuple de Paris se rationne volontairement tous les jours, et il a devant lui, grâce aux accumulations de vivres, de quoi défier l'ennemi pendant de longs mois encore. Il supportera avec une mâle constance la gêne et la disette, pour donner le temps à ses frères des départements d'accourir et de le ravitailler.

« Telle est, sans déguisement ni détours, la situation de la France.

« Citoyens des départements, cette situation nous impose de grands devoirs. Le premier de tous, c'est de ne vous laisser divertir par aucune préoccupation qui ne soit pas la guerre, le combat à outrance. Le second, c'est, jusqu'à la paix, d'accepter fraternellement le commandement du pouvoir républicain sorti de la nécessité et du droit. Ce pouvoir, d'ailleurs, ne saurait sans déchoir s'exercer au profit d'aucune ambition. Il n'a qu'une passion et qu'un titre : arracher la France à l'abîme où la monarchie l'a plongée.

« Cela fait, la République sera fondée et à l'abri des conspirateurs et des réactionnaires.

« Donc, toutes autres affaires cessantes, j'ai mandat, sans tenir compte ni des difficultés ni des résistances, de remédier, avec le concours de toutes les libres énergies, aux vices de notre situation, et, quoique le temps manque, de suppléer à force d'activité à l'insuffisance des délais. Les hommes ne manquent point. Ce qui a fait défaut jusqu'ici, c'est la résolution, la décision, et la suite dans l'exécution des projets.

« Ce qui a fait défaut après la honteuse capitulation de Sedan, ce sont les armes. Tous nos approvisionnements de cette nature avaient été dirigés sur Sedan, Metz, Strasbourg, et l'on dirait que, par une dernière et criminelle combinaison, l'auteur de tous nos désastres a voulu, en tombant, nous enlever tous les moyens de réparer nos ruines. Maintenant, grâce à l'intervention d'hommes spéciaux, des marchés ont été conclus, qui ont pour but et pour effet d'accaparer tous les fusils disponibles sur les marchés du globe. La difficulté était grande de se procurer la réalisation de ces marchés : elle est aujourd'hui surmontée.

« Quant à l'équipement et à l'habillement, on va multiplier

les ateliers et requérir les matières premières, si besoin est. Ni les bras ni le zèle des travailleurs ne manquent. L'argent ne manque pas non plus. Il faut enfin mettre en œuvre toutes nos ressources, qui sont immenses, secouer la torpeur de nos campagnes, réagir contre de folles paniques, multiplier la guerre de partisans, et, à un ennemi si fécond en embûches et en surprises, opposer des pièges, harceler ses flancs, surprendre ses derrières et enfin inaugurer la guerre nationale.

« La République fait appel au concours de tous ; son gouvernement se fera un devoir d'utiliser tous les courages, d'employer toutes les capacités ; c'est sa tradition.

« A elle d'armer les jeunes chefs : nous en ferons. Le ciel lui-même cessera d'être clément pour nos adversaires. Les pluies d'automne viendront, et retenus, contenus par la capitale, les Prussiens, si éloignés de chez eux, inquiétés, troublés, pourchassés par nos populations réveillées, seront décimés pièce à pièce par nos armes, par la faim, par la nature.

« Non, il n'est pas possible que le génie de la France se soit voilé pour toujours, que la grande nation se laisse prendre sa place dans le monde civilisé par une invasion de 500,000 hommes !

« Levons-nous donc en masse, et mourons plutôt que de subir la mort du démembrement !

« A travers tous nos désastres et sous les coups de la mauvaise fortune, il nous reste encore le sentiment de l'unité française, l'indivisibilité de la République.

« Paris cerné affirme plus glorieusement encore son immortelle devise, qui sera aussi celle de toute la France :

« Vive la nation ! vive la République une et indivisible !

« *Le membre du gouvernement de la défense nationale, ministre de l'intérieur,*
« Léon GAMBETTA.
« Tours, 9 octobre 1870.
« Pour copie conforme,
« *Le préfet de la Seine-Inférieure,*
« DESSEAUX. »

16 octobre (31ᵉ journée). — Le Mont-Valérien et le fort de Vanves ont tiré pendant une partie de la journée. Ce dernier a dirigé son feu sur Clamart où des éclaireurs prussiens cherchaient à exécuter des travaux.

Parmi les nouvelles d'hier et confirmées par le *Journal officiel*, il en est une que les dépêches du *Journal de Rouen* ne font que pressentir d'une manière timide et presque dubitative : la victoire d'Orléans après l'échec d'Artenay.

Les Prussiens, après un premier avantage, ont voulu pénétrer dans Orléans. Ç'a été à la fois une bataille et une guerre des rues; les citoyens ont combattu avec les soldats ; l'ennemi a fait des pertes assez fortes et a dû se replier.

---

17 octobre (32ᵉ journée). — Hier, d'après les ordres du général Ducrot, le général Berthaut a porté en avant de Colombes une partie de sa brigade avec huit pièces d'artillerie, dans le but de reconnaître et de canonner les travaux de l'ennemi au pont d'Argenteuil.

Le Mont-Valérien a tiré aujourd'hui avec succès sur différents points : Bougival, La Celle, Saint-Cloud, Vaucresson, Garches, ont reçu de ses boulets.

Le *Journal du Loiret* considère le combat de Toury comme un avantage sérieux. Les Prussiens étaient environ 5,000. Nos soldats étaient moins nombreux ; ce n'est qu'après quatre engagements qu'ils sont parvenus à mettre l'ennemi en fuite. Ce sont les turcos et les chasseurs de Vincennes qui ont débusqué définitivement les Prussiens, qui ont abandonné 168 vaches et plusieurs centaines de moutons.

---

18 octobre (33ᵉ journée). — La lettre qu'on va lire a été

adressée par M. le général Ducrot au gouverneur de Paris, président du gouvernement de la défense nationale :

« Paris, le 17 octobre 1870.

« Monsieur le gouverneur,

« Je viens de lire l'article du *Standard* que vous avez bien voulu me communiquer. Il résulte de cet article que la presse allemande, inspirée sans aucun doute par les autorités compétentes, m'accuse de m'être évadé alors que j'étais prisonnier sur parole, d'avoir manqué à l'honneur et de m'être ainsi placé hors la loi, ce qui donnerait à l'ennemi le droit de me faire fusiller si je venais à retomber entre ses mains.

« Je me soucie peu de la menace : être fusillé par les balles prussiennes sur un champ de bataille ou à la sortie d'une prison, le résultat sera toujours le même. Je n'en aurai pas moins la conscience d'avoir rempli jusqu'au bout mes devoirs de soldat et de citoyen, et, à défaut d'autre héritage, je laisserai à mes enfants une mémoire honorée par tous les gens de bien, amis ou ennemis. Mais ce qui me touche cruellement, c'est l'accusation de félonie portée contre moi ! contre moi, qui n'ai pas hésité un instant à repousser les clauses d'une capitulation qui séparait mon sort de celui de ma troupe, et me donnait le triste droit de venir me réfugier à mon foyer domestique, alors que mes frères d'armes étaient emmenés dans les prisons de l'ennemi, et que mes concitoyens se levaient en masse pour concourir à la défense du pays. Non seulement j'ai repoussé pour mon compte personnel ces stipulations, mais encore j'ai exprimé hautement mon mépris pour ceux qui les acceptaient, soit avec l'intention de s'y conformer, soit avec celle de n'en tenir aucun compte.

« Je suis sorti de Sedan à la tête de mon corps d'armée ; je l'ai conduit et installé dans la presqu'île de la Meuse, où nous avons été parqués ; pendant plusieurs jours, j'ai partagé ses misères et ses cruelles humiliations ; j'ai usé de l'influence morale que me donnait mon titre de commandant de corps d'armée pour chercher à obtenir de l'ennemi quelques ressources alimentaires pour nos malheureux soldats ; j'ai présidé moi-même aux distributions, et je n'ai abandonné l'infect séjour de Glaire que sur l'ordre réitéré de l'état-major allemand, qui m'avait déclaré avoir besoin, pour cause de service, de la baraque où je m'étais réfugié avec tous mes officiers.

« J'ai accepté alors les conditions qui nous étaient offertes relativement aux moyens de nous transporter de Sedan à Pont-à-Mousson, c'est-à-dire que j'ai pris l'engagement sur l'honneur de me rendre librement et à mes frais dans cette dernière localité, avec tout mon état-major, un nombre d'ordonnances déterminé, nos bagages et nos chevaux. Un sauf-conduit en règle m'a été délivré, sur lequel j'étais inscrit nominativement, ainsi que mes officiers, avec indication numérique des soldats, chevaux et voitures. Il était stipulé que nous devions être rendus à destination, c'est-à-dire à Pont-à-Mousson, le 11 septembre avant midi, et qu'alors nous devions nous présenter à l'état-major allemand pour nous reconstituer prisonniers, et recevoir des ordres pour la continuation de notre voyage.

« Partis de Sedan le 8, nous avons été coucher au-delà de Carignan, à Margut, petit village situé à cinq kilomètres de la frontière belge. Au-delà de Carignan, la route était complètement libre ; nous n'avons rencontré que trois uhlans qui revenaient de Margut et sont passés à côté de nous sans nous adresser un mot. A coup sûr l'occasion était belle, s'il avait pu nous venir à l'idée de violer notre parole et de nous échapper des mains de l'ennemi. Les communications avec la Belgique étaient si faciles, que nous envoyâmes un habitant nous chercher quelques journaux français pour avoir des nouvelles dont nous étions privés depuis si longtemps. Mais pas un de nous n'a même eu cette coupable pensée. Le lendemain, nous tournions le dos à la Belgique pour reprendre la route de Pont-à-Mousson, où nous arrivions le 11, à dix heures du matin.

« Je m'étais fait précéder par mon officier d'ordonnance, M. le capitaine de Gaston, pour prévenir les autorités prussiennes de notre arrivée et demander à quelle heure nous devions nous présenter à la gare du chemin de fer. M. de Gaston, de sa propre initiative, avait sollicité du commandant de place allemand l'autorisation, pour moi personnellement, de me reposer pendant quelques instants dans une maison de la ville, en attendant l'heure de l'embarquement. Cette autorisation avait été accordée, et l'on avait fixé à une heure et demie le moment de notre départ. Comme j'étais un peu souffrant et très-fatigué, je profitai de la latitude qui m'était laissée, et je me reposai dans une chambre qui m'était offerte dans la maison même où logeait l'état-major prussien. Pendant ce temps, mon chef d'état-major se présentait avec tout le personnel qui m'accompagnait chez le commandant de la place, et livrait les chevaux et les voitures appartenant à l'État.

« A une heure et quart je me rendais avec tout mon état-major à la gare du chemin de fer déjà entourée de postes et de nombreuses sentinelles. Pendant que nous attendions dans la cour de la station, on faisait charger les armes en notre présence au peloton de garde, conformément aux usages de la guerre. Peu d'instants après, nous entrions sur le quai de la voie et faisions transporter nos bagages devant le wagon destiné à les recevoir. A ce moment, M. le capitaine de Gaston remit à l'officier chargé de l'embarquement le sauf-conduit dont il était resté porteur, lui fit constater ma présence, celle de tout le personnel qui m'entourait, et nous cherchâmes à entrer dans un des wagons du train qui allait partir. Mais tout était rempli par des officiers et des soldats prisonniers avant nous.

« Je me présentai alors à l'officier chargé de l'embarquement, lui fis observer que nous ne pouvions trouver place dans le train et qu'il était nécessaire de faire ajouter des voitures. Il me répondit que la chose n'était pas possible, le train étant déjà trop long, mais qu'il en serait formé un autre ultérieurement dans lequel nous trouverions place.

« J'entre dans ces détails minutieux pour bien constater que j'ai rempli scrupuleusement l'engagement d'honneur que j'avais pris, de me reconstituer prisonnier au jour et à l'heure fixés ;

que c'est à partir de ce moment, c'est-à-dire après avoir repris avec mon état-major le droit qu'a tout prisonnier de guerre de chercher à recouvrer sa liberté à ses risques et périls, que je me suis échappé des mains de l'ennemi. Je ne dirai ni où ni comment, parce que je pourrais compromettre les braves gens qui m'ont aidé. Mais ce que je puis avouer hautement, c'est que j'ai traversé les colonnes et les postes prussiens sous un costume d'ouvrier ; qu'en quelques heures j'ai parcouru, soit à pied soit en charrette, plus de cent kilomètres, et que je suis rentré au cœur de la France par la voie d'Épinal, et à Paris par le chemin de fer d'Orléans, car déjà les communications directes étaient coupées.

« Ce n'est pas pour vous, monsieur le gouverneur, que je suis entré dans toutes ces explications. Vous connaissez trop mon caractère pour avoir pu douter un seul instant de ma loyauté et de ma scrupuleuse exactitude à remplir un engagement d'honneur. Mais j'ose espérer que vous voudrez bien à l'occasion prendre ma défense et protester, par voie diplomatique, contre une accusation qui porte atteinte à l'honneur d'un officier général, investi par vous d'un commandement important, et qui, jusqu'au dernier jour, vous aidera dans la glorieuse tâche que vous avez entreprise avec toute l'énergie que peuvent inspirer le dévoûment le plus absolu et le patriotisme le plus ardent.

« *Le général commandant en chef les 13e et 14e corps,*
« Ducrot.

« Pour copie conforme :
« *Le gouverneur de Paris,*
« Trochu. »

A la lettre du général Ducrot, insérée hier au *Journal officiel*, et réfutant les calomnies qu'ont répandues contre lui les journaux allemands, le gouverneur de Paris a fait la réponse suivante :

« Mon cher général,

« Votre conduite avant et après la capitulation de Sedan ajoute un trait de plus à tous les traits d'énergique fermeté qui ont marqué le cours de votre carrière. Au milieu d'un désastre qui avait ébranlé les âmes les mieux trempées, vous n'avez voulu avoir avec l'ennemi aucun rapport qui eût le caractère d'une transaction. Vous avez donné votre parole d'aller vous constituer prisonnier à Pont-à-Mousson, rien de plus. Et là, après vous être officiellement constitué prisonnier, dégageant ainsi votre parole, vous avez conçu et réalisé, au prix des plus évidents périls, une audacieuse évasion dont vous avez voulu que la défense de Paris bénéficiât immédiatement. L'ennemi sait ce que vaut votre concours, et c'est là, au fond, l'unique grief que le sentiment public ait contre vous en Allemagne. Soyez sûr que celui de l'armée prussienne, dont je vais invoquer le loyal témoignage en adressant votre lettre au roi lui-même, vous fera la plus complète justice. Nous n'avions pas besoin, pour vous la rendre, de vos affirmations. Recevez cette assurance, dont vous n'avez pas besoin non plus, par le plus ancien et le plus affectionné de vos compagnons d'armes.

« *Le gouverneur de Paris,*

« Trochu. »

---

19 octobre (34ᵉ journée). — Le Mont-Valérien tire pendant la nuit de nombreux coups vers l'ouest, quelques-uns vers Montretout. Nos postes du sud ont été attaqués hier soir vers dix heures et demie. Les Prussiens se sont avancés sur Cachan, où étaient campés trois bataillons de mobiles, qui les ont accueillis par un feu de mousqueterie très-nourri.

---

20 octobre (35ᵉ journée). — Le fort de Charenton a canonné plusieurs positions en avant de Choisy-le-Roi, et particulièrement la batterie de Thiais qui incommodait nos travailleurs, en avant de Villejuif; son feu a été éteint au sixième coup. Le Mont-Valérien a tiré sur Crosny où la cavalerie était massée. Il leur a tué quelques hommes.

---

21 octobre (36e journée). — Une sortie a été faite aujourd'hui par le général Ducrot, dans la direction de Rueil, la Malmaison, la Jonchère et le château de Buzenval. Après une canonnade très-vive de trois-quarts d'heure, nos troupes se sont avancées avec le plus grand entrain sur tous les points, repoussant les tirailleurs ennemis jusque dans l'épaulement qui borde les hauteurs de la Jonchère. Dans ces positions, les obus de notre artillerie allaient les foudroyer, forçant l'ennemi à renouveler cinq fois les détachements qui les occupaient. Ce fait peut donner la mesure des pertes considérables qu'il a éprouvées. L'action ne s'est déterminée qu'à la nuit close.

---

22 octobre (37e journée). — L'état général de nos pertes pour la journée d'hier consiste en 2 officiers tués, 15 blessés, 11 disparus. Troupe, 32 tués, 230 blessés et 153 disparus.

---

23 octobre (38e journée). — Dépêche de Tours :

M. Gambetta au ministre de l'intérieur.

« La levée des hommes et la constitution de l'armée de la Loire continuent avec une grande activité. L'ennemi a occupé Orléans. Les Prussiens se seraient avancés dans l'ouest jusqu'à Châteaudun, et se seraient emparés de cette petite ville. La population de cette petite ville a opposé à l'ennemi une admirable résistance. »

Les remparts.

Premier secteur. — Bastions 1 à 11. — De la Seine à la rue de Montreuil.

Deuxième secteur. — Bastions 12 à 24. — De la rue de Montreuil à la route de Pantin.

Troisième secteur. — Bastions 25 à 33. — De la route de Pantin à la grande rue de la Chapelle.

Quatrième secteur. — Bastions 34 à 45. — De la grande rue de la Chapelle à la route d'Asnières.

Cinquième secteur. — Bastions 46 à 54. — De la route d'Asnières à l'avenue Uhrich.

Sixième secteur. — Bastions 55 à 67. — De l'avenue Uhrich à la Seine.

Septième secteur. — Bastions 68 à 76. — De la Seine à la route de Vanves.

Huitième secteur. — Bastions 77 à 86. — De la route de Vanves à la Bièvre.

Neuvième secteur. — Bastions 87 à 94. — De la Bièvre à la Seine.

Pour ces neuf secteurs, il y a 260 bataillons de la garde nationale sédentaire qui font le service de la garde des remparts.

---

25 octobre (39ᵉ journée). Dépêche de M. Gambetta adressée à Jules Favre :

« Dans la journée du 18 octobre, la ville de Châteaudun a été assaillie par un corps de cinq mille Prussiens. L'attaque a commencé à midi sur tout le périmètre de la ville, dont les rues intérieures étaient barricadées. A un moment la place de la ville était couverte de cadavres prussiens ; on estime les pertes de l'ennemi à plus de 1,800 hommes. La ville n'a pas été occupée ; elle a été bombardée, incendiée, et les Prussiens ne se sont établis que sur des ruines.

« La résistance de Châteaudun, ville ouverte, peut être mise à côté des pages les plus héroïques de notre histoire. La ville de Châteaudun n'a pas été prise : elle s'est fait anéantir ; elle ne s'est pas rendue : elle a péri dans un de ces efforts d'héroïsme qui sont, pour un peuple comme le nôtre, aussi féconds que des victoires. »

26 octobre (40e journée). — Rien à signaler. Quelques coups de feu échangés çà et là aux postes avancés.

---

27 octobre (41e journée). — D'après des renseignements certains sur les travaux et les mouvements de l'ennemi, le Mont-Valérien, la batterie Mortemart, les bastions 63 et 64 de l'enceinte ont, dans l'après-midi, couvert de feux Brimborion et l'orangerie de Saint-Cloud. Sur ce dernier point, des soldats en grand nombre ont pris la fuite en tous sens.

---

28 octobre (42e journée). — Ce matin, avant le jour, le général de Bellemare a fait exécuter une surprise sur le Bourget par les francs-tireurs de la presse. Après une fusillade d'une demi-heure, l'ennemi a été débusqué du village et rejeté en arrière du ruisseau de la Morée, vers le pont Iblon. Dans la journée, trente pièces d'artillerie et des forces considérables d'infanterie ennemie sont descendues de Gonesse et d'Écouen. Leur feu n'a pu faire quitter le feu à nos hommes (deux bataillons de soutien), et après une canonnade de plusieurs heures, la plus grande partie du corps ennemi s'est repliée vers le nord. Nos tirailleurs sont restés placés en avant du village, à la hauteur de la route n° 20, venant de Dugny à la route de Lille. Le gros de nos troupes reste dans le village du Bourget, qu'elles vont mettre en état de défense.

Drancy a été également occupé sans que l'ennemi ait tenté de le défendre.

Il a laissé entre nos mains quelques prisonniers, des sacs et des armes. *(Rapport militaire.)*

---

29 octobre (43e journée). — Le général de Bellemare a envoyé la dépêche suivante :

« Le feu continue par intermittence comme hier. Pas d'attaque d'infanterie; nous sommes en très-bonne position; nous tenons, et nous y restons.

« Les résultats du combat d'hier ont été importants. Le terrain en avant de nos tirailleurs est couvert de cadavres prussiens; un de leurs officiers, blessé, est prisonnier. Dans l'attaque, le feu des batteries ennemies a cessé, et elles se sont repliées vers Gonesse. La nuit a été calme. »

30 octobre (44e journée). — Le Bourget, qui avait été occupé par nos troupes, a été canonné pendant toute la journée d'hier sans succès par l'ennemi. Ce matin, de bonne heure, des masses d'infanterie, évaluées à plus de 15,000 hommes, se sont présentées de front, appuyées par une nombreuse artillerie, pendant que d'autres colonnes ont tourné le village, venant de Dugny et de Blancmesnil. Un certain nombre d'hommes qui étaient dans la partie nord du Bourget ont été coupés du corps principal et sont restés entre les mains de l'ennemi. On n'en connaît pas exactement le nombre en ce moment. Il sera précisé demain.

Le village de Drancy, occupé depuis vingt-quatre heures seulement, ne se trouvait plus appuyé à sa gauche, et le temps ayant manqué pour le mettre en état respectable de défense, l'évacuation en a été ordonnée, pour ne pas compromettre les troupes qui s'y trouvaient.

Le village du Bourget ne faisait pas partie de notre système général de défense; son occupation était d'une importance très-secondaire, et les bruits qui attribuent de la gravité aux incidents qui viennent d'être exposés sont sans fondement.

31 octobre. — Hôtel-de-Ville. — Dès midi, de nombreux rassemblements se formaient sur la place et aux environs de l'Hôtel-de-Ville. Un grand scandale s'est produit : l'Hôtel-de-Ville a été envahi; les membres du gouvernement ont été retenus pendant plusieurs heures comme ôtages. Grand émoi; les portes, les grilles de l'Hôtel-de-Ville se ferment. Ordre de ne laisser entrer ni sortir personne.

Soixante bataillons de gardes mobiles et de gardes nationaux se massent autour de l'Hôtel-de-Ville et dans la rue de Rivoli, aux cris de : *Vive la République! vive Trochu!*

Communication du gouvernement.

« M. Thiers est arrivé hier à Paris; il s'est transporté sur-le-champ au ministère des affaires étrangères. Il a rendu compte au gouvernement de sa mission. Grâce à la forte impression produite en Europe par la résistance de Paris, quatre grandes puissances neutres, l'Angleterre, la Russie, l'Autriche et l'Italie, se sont ralliées à une idée commune. Elles proposent aux belligérants un armistice qui aurait pour objet la convocation d'une Assemblée nationale. Il est bien entendu qu'un tel armistice devrait avoir pour conditions le ravitaillement, proportionnel à sa durée, et l'élection des députés à l'Assemblée par le pays tout entier.

« *Le ministre des affaires étrangères, chargé par intérim du département de l'intérieur,*

« Jules FAVRE. »

« Le gouvernement vient d'apprendre la douloureuse nouvelle de la reddition de Metz. Le maréchal Bazaine et son armée ont dû se rendre après d'héroïques efforts, que le manque de vivres et de munitions ne leur permettait plus de continuer. Ils sont prisonniers de guerre.

« Cette cruelle issue d'une lutte de près de trois mois causera dans toute la France une profonde et pénible émotion, mais elle n'abattra pas notre courage. Pleine de reconnaissance pour les braves soldats, pour la généreuse population qui ont combattu pied à pied pour la patrie, la ville de Paris voudra être digne d'eux. Elle sera soutenue par leur exemple et par l'espoir de les venger. »

On écrit de Tours, le 21 octobre :

« Le chef des francs-tireurs de Blois vient de recevoir le billet suivant :

« Je vous attends dans les Vosges avec vos braves compa-
« triotes. »

« Général GARIBALDI. »

La ville importante d'Orléans est occupée depuis le 12, et probablement le corps du général Thann a commencé, à l'heure qu'il est, sa marche sur Bourges.

Le citoyen Henri Rochefort a envoyé sa démission de membre du gouvernement de la défense nationale.

Convocation des électeurs. — « L'affiche publiée hier pendant que les membres du gouvernement étaient gardés à vue annonce des élections matériellement impossibles pour aujourd'hui, et sur l'opportunité desquelles le gouvernement veut connaître l'opinion de la majorité des citoyens.

« La population de Paris votera jeudi prochain par OUI ou par NON, sur la question de savoir si l'élection de la municipalité et du gouvernement aura lieu à bref délai.

« Jusqu'après le vote, le gouvernement conserve le pouvoir et maintiendra l'ordre avec énergie.

« *Le ministre des affaires étrangères, chargé par intérim
du département de l'intérieur,*

« Jules FAVRE. »

1er novembre (45e journée). On entend le canon, aujourd'hui, sur plusieurs points et à plusieurs reprises.

On n'a pas encore de détails officiels sur l'occupation d'Orléans par les Prussiens; mais on assure que l'ennemi ne s'en est pas emparé facilement: la résistance des habitants a été formidable.

Proclamation du général Trochu aux gardes nationales de la Seine.

« Votre ferme attitude a sauvé la République d'une grande humiliation politique, peut-être d'un grand péril social, certainement de la ruine de nos efforts pour la défense.

« Le désastre de Metz, prévu, mais profondément douloureux, a très-légitimement troublé les esprits et redoublé l'angoisse publique; et, à son sujet, on a fait au gouvernement de la défense nationale l'injure de supposer qu'il en était informé et le cachait à la population de Paris, alors qu'il en avait, je l'affirme, le 30 au soir seulement, la première nouvelle. Il est vrai que le bruit en avait été semé depuis deux jours par les avant-postes prussiens. Mais l'ennemi nous a habitués à tant de faux avis, que nous nous étions refusés à y croire.

« Le pénible accident survenu au Bourget, par le fait d'une troupe qui, après avoir surpris l'ennemi, a manqué absolument de vigilance et s'est laissée surprendre à son tour, a vivement affecté l'opinion.

« Enfin, la proposition d'armistice, inopinément présentée par les puissances neutres, a été interprétée, contre toute vérité et toute justice, comme le prélude d'une capitulation, quand elle était un hommage rendu à l'attitude de la population de Paris et à la ténacité de la défense. Cette proposition était honorable pour nous; le gouvernement lui-même en posait les conditions dans des termes qui lui semblaient fermes et dignes. Il stipulait une durée de vingt-cinq jours au moins, — le ravitaillement de Paris pendant cette période, — le droit de voter pour les élections de l'Assemblée nationale ouvert aux citoyens de tous les départements français.

« Il y avait loin de là aux conditions d'armistice que l'ennemi nous avait précédemment faites : quarante-huit heures de durée effective, et quelques rapports très-restreints avec la province pour la préparation des élections ; point de ravitaillement ; le gage d'une place forte ; l'interdiction aux citoyens de l'Alsace et de la Lorraine de participer au vote pour la représentation nationale.

« A l'armistice aujourd'hui proposé, se rattachent d'autres avantages dont Paris peut facilement se rendre compte, sans qu'il faille les énumérer ici. Et voilà qu'on le reproche comme une faiblesse, peut-être comme une trahison, au gouvernement de la défense nationale.

« Une infime minorité, qui ne peut prétendre à représenter les sentiments de la population parisienne, a profité de l'émotion publique pour essayer de se substituer violemment au gouvernement. Il a la conscience d'avoir sauvegardé des intérêts qu'aucun gouvernement n'eut jamais à concilier : les intérêts d'une ville de deux millions d'âmes assiégée, et les intérêts d'une liberté sans limites. Vous vous êtes associés à sa tâche, et l'appui que vous lui avez donné sera sa force à l'avenir contre les ennemis du dedans aussi bien que contre les ennemis du dehors.

« Fait à Paris, le 1er novembre 1870.

« *Le président du gouvernement, gouverneur de Paris,*

« Général TROCHU. »

Le *Journal officiel* fait suivre cette proclamation de la déclaration suivante :

« La France ne peut avoir qu'une pensée : repousser l'invasion. Le gouvernement de la défense nationale, depuis son installation, a travaillé jour et nuit à chasser les envahisseurs. Paris l'a soutenu admirablement dans la lutte, par son courage devant l'ennemi et par sa résignation devant les privations qu'entraîne un long siége. On comptait sur nos divisions ; nous les avons oubliées ; il ne faut pas qu'elles renaissent. Une seule journée de désordre dans la ville nous est plus funeste que deux batailles perdues.

« Hier, le *Journal officiel* a appris aux Parisiens la nouvelle de la capitulation de Metz ; le gouvernement n'avait connu ce désastre que la veille dans la soirée ; fidèle à ses habitudes de sincérité absolue, il l'a publiée en la recevant. Il annonçait en même temps que l'ennemi avait repris le Bourget. Enfin, événement beaucoup plus grave, mais d'une nature bien différente, il mentionnait la proposition d'un armistice faite aux belligérants par les quatre grandes puissances, l'Angleterre, la Russie, l'Autriche et l'Italie. Une partie de la population s'est persuadé que cette négociation ainsi introduite, non par nous, ni par l'ennemi, mais par les grandes puissances européennes, était l'indice d'une arrière-pensée de capitulation. De cette erreur, de ces nouvelles ainsi rapprochées est née une émotion profonde qui, dès la nuit précédente, s'était manifestée par des attroupements sur le boulevard, et qui vers deux heures de l'après-midi, dans la journée du 31 octobre, a jeté sur la place de l'Hôtel-de-Ville une foule composée de plusieurs milliers de personnes.

« A la suite de ces attroupements, un grand scandale s'est produit. L'Hôtel-de-Ville a été envahi, un comité de salut public a été proclamé, les membres du gouvernement ont été retenus pendant plusieurs heures comme ôtages. Vers huit heures du soir, le général Trochu, M. Emmanuel Arago et M. Jules Ferry étaient arrachés des mains de la sédition par le 106e bataillon de la garde nationale, commandant Ibos, aidé puissamment par les 15e et 17e bataillons. Mais M. Jules Favre, M. Garnier Pagès, M. Jules Simon, le général Tamisier et le commandant du 106e demeuraient prisonniers.

« Ce n'est que vers trois heures du matin que ces scènes lamentables ont pris fin par l'intervention des bataillons de la garde nationale, accourus en nombre immense autour de l'Hôtel-de-

Ville, sous la direction de M. Jules Ferry. Les cours intérieures ayant été occupées par la garde mobile, plusieurs détachements du 106ᵉ bataillon de la garde nationale, du 14ᵉ, du 4ᵉ, et les carabiniers du capitaine de Vresse, ont fait évacuer les salles envahies, tandis qu'au dehors les gardes nationaux qui remplissaient la place, les quais et la rue de Rivoli, accueillaient par d'immenses acclamations le général Trochu passant sur le front des bataillons.

« Le gouvernement aurait pu sans doute en finir beaucoup plus tôt avec cette triste insurrection, mais il s'était fait un devoir d'éviter, par dessus tout, une collision en face de l'ennemi. A force de patience et de mansuétude, on a pu éviter un conflit sanglant. C'est là un grand bonheur. Mais de pareilles aventures ne peuvent se renouveler. La garde nationale ne peut être incessamment absorbée par la nécessité de mettre à la raison une minorité factieuse. Il faut que Paris se prononce une fois pour toutes.

« Le gouvernement consultera la population de Paris tout entière dès après-demain, c'est-à-dire dans le plus court délai possible, sur la question de savoir si elle veut pour gouvernement MM. Blanqui, Félix Pyat, Flourens et leurs amis, renforcés par une commune révolutionnaire, ou si elle conserve sa confiance aux hommes qui ont accepté, le 4 septembre, le périlleux et douloureux devoir de sauver la patrie.

« Le gouvernement se doit à lui-même après cette journée, après ce coup de main qui a failli réussir, de demander à ses concitoyens si, oui ou non, il conserve leur confiance. Dans la situation où nous sommes, la force du gouvernement n'est qu'une force morale, l'acclamation du 4 septembre ne suffit plus. Il faut le suffrage universel.

« Si le suffrage universel prononce contre le gouvernement actuel, dans les vingt-quatre heures, la population sera mise à même de le remplacer. S'il décide, au contraire, que le pouvoir restera dans les mêmes mains, les hommes qui le tiennent aujourd'hui le conserveront avec cette consécration nouvelle. Mais, pour que personne ne se trompe sur le sens du scrutin qui va s'ouvrir, ils déclarent avant l'élection que la *journée* du 31 octobre doit être la dernière *journée* de tout le siége; qu'ils n'accepteront désormais le pouvoir que pour l'exercer dans sa plénitude et même dans sa rigueur; qu'ils ne souffriront plus qu'aucun obstacle leur vienne du dedans. Fidèles observateurs des lois pour leur propre compte, ils contraindront tout le monde à se tenir dans la stricte légalité, afin que tous les efforts se réunissent sur ce qui doit être désormais notre unique pensée : l'expulsion de l'ennemi hors du territoire.

« Que le gouvernement passe son temps à parlementer ou à se défendre, quand il est tenu d'agir sans relâche contre l'ennemi; que la garde nationale et l'armée se morfondent de froid et de fatigue dans nos rues, tandis qu'elles devraient être aux remparts, c'est un crime contre la nation et contre le sens commun. Il ne se reproduira plus. Le moment des efforts suprêmes approche rapidement. Paris, désormais, n'est plus une ville; c'est une armée. La France, qui marche à notre aide, a besoin, avant tout, de nous savoir unis : nous le serons. Tel est le sens que le gouvernement donne à l'élection du 3 novembre. Il veut être maintenu dans ces conditions, ou tomber. »

Décret du gouvernement de la défense nationale.

« Le scrutin sera ouvert le jeudi 3 novembre, de 8 heures du matin à 6 heures du soir, sur la question suivante :

« La population de Paris maintient-elle, OUI ou NON, les pouvoirs du gouvernement de la défense nationale ? »

---

2 novembre (46ᵉ journée). — Une assez vive canonnade a été entendue du côté de Saint-Denis. C'étaient les forts de la Couronne et de l'Est qui tiraient, l'un sur Stains et l'autre sur le Bourget.

---

3 novembre (47ᵉ journée). — Paris a prononcé. Une immense majorité maintient ses pouvoirs au gouvernement de la défense nationale.

Résultat du vote : Oui, 557,996
  Non,   62,638

Le commandant prussien a fait afficher à Orléans la curieuse proclamation qui suit. Les bons raisonnements captieux de M. de Bismark font école :

« Citoyens français,

« Comme je voudrais, autant qu'il est dans mon pouvoir, alléger le sort de la population atteinte par les maux de la guerre, je m'adresse à son bon sens, dans l'espoir que la sincérité de mes paroles ne manquera pas de lui ouvrir les yeux sur l'état des choses, et de la déterminer à se ranger du côté du parti raisonnable et désireux de faire la paix.

« Votre gouvernement destitué a déclaré la guerre à l'Allemagne.

« Jamais déclaration de guerre n'a été plus frivole.

« Les armées allemandes ne purent faire autre chose que d'y répondre en passant la frontière.

« Elles remportèrent une victoire après l'autre, et votre armée (*victime d'un système de mensonge et de démoralisation*) fut presque anéantie complètement.

« Un autre gouvernement succéda.

« On espéra qu'il rétablirait la paix.

« Il n'en fit rien.

« Et pourquoi?

» Il craignit de se rendre impossible et préféra, sous prétexte que les conditions imposées par l'armée allemande n'étaient pas acceptables, continuer une guerre qui ne peut mener qu'à la ruine de la France.

« Et quelles sont ces conditions de l'armée victorieuse, que l'on n'a pas cru pouvoir accepter ?

« La restitution des provinces qui ont appartenu à l'Allemagne, et où la langue allemande est encore aujourd'hui celle qui domine dans les villes ainsi qu'à la campagne, proprement dit l'Alsace et la Lorraine allemande.

« Cette prétention est-elle exagérée? Quelles prétentions la France victorieuse aurait-elle émises? On vous a dit que le but de l'action des armées allemandes était celui d'abaisser la France. C'est simplement un mensonge inventé pour exciter les passions de la grande masse.

« C'est, au contraire, votre gouvernement qui, par sa manière d'agir, attire de force les armées allemandes dans le cœur de la France, y amène la ruine et parviendra, s'il insiste, à abaisser de fait la belle France, qui pourrait être la meilleure amie de la même nation qu'elle a forcée de la combattre.

« Orléans, le 13 octobre 1870.

« *Le général d'infanterie,*

« Baron DE THANN. »

---

4 novembre (48ᵉ journée). — Le gouvernement de la défense nationale a adressé à la population la proclamation suivante :

« CITOYENS,

« Nous avons fait appel à vos suffrages.

« Vous nous répondez par une éclatante majorité.

« Vous nous ordonnez de rester au poste de péril que nous avait assigné la révolution du 4 septembre.

« Nous y restons avec la force qui vient de vous, avec le sentiment des grands devoirs que votre confiance nous impose.

« Le premier est celui de la défense. Elle a été, elle continuera d'être l'objet de notre préoccupation exclusive.

« Tous nous serons unis dans le grand effort qu'elle exige : à notre brave armée, à notre vaillante mobile, se joindront les bataillons de garde nationale frémissant d'une généreuse impatience.

« Que le vote d'aujourd'hui consacre notre union. Désormais c'est l'autorité de votre suffrage que nous avons à faire respecter, et nous sommes résolus à y mettre toute notre énergie.

« Donnant au monde le spectacle nouveau d'une ville assiégée dans laquelle règne la liberté la plus illimitée, nous ne souffrirons pas qu'une minorité porte atteinte aux droits de la majorité, brave les lois et devienne, par la sédition, l'auxiliaire de la Prusse.

« La garde nationale ne peut incessamment être arrachée aux remparts pour contenir ces mouvements criminels. Nous mettrons notre honneur à les prévenir par la sévère exécution des lois.

« Habitants et défenseurs de Paris, votre sort est entre vos mains. Votre attitude depuis le commencement du siège a montré ce que valent des citoyens dignes de la liberté. Achevez votre œuvre; pour nous, nous ne demandons d'autre récompense que d'être les premiers au danger et de mériter, par notre dévoûment, d'y avoir été maintenus par votre volonté.

« Vive la République! vive la France!

« Général Trochu, Jules Favre, Garnier-Pagès, Emmanuel Arago, Jules Ferry, E. Picard, Jules Simon, Eugène Pelletan. »

M. Jules Favre, vice-président du gouvernement de la défense nationale, ministre de l'intérieur par intérim, a adressé aux habitants de Paris la proclamation suivante:

« Mes chers Concitoyens,

« Je vous remercie, au nom de notre amour commun de la patrie, du calme avec lequel vous avez procédé au vote que le gouvernement vous demandait.

« Ce calme est l'œuvre de votre patriotisme et de votre bon sens.

« Il prouve que vous comprenez toute la valeur du suffrage universel, et que vous êtes dignes de le pratiquer dans toute sa liberté.

« Ce suffrage substitue la raison à la violence, et, montrant où est le droit, il enseigne le devoir.

« Il réduit au silence ceux qui, en méconnaissant son autorité, deviendraient des ennemis publics.

« Que ce jour solennel marque donc la fin des divisions qui ont désolé la cité.

« N'ayons tous qu'un cœur et qu'une pensée : la délivrance de la patrie.

« Cette délivrance n'est possible que par l'obéissance aux chefs militaires et par le respect des lois ; chargé du soin de maintenir leur exécution, je fais appel à votre intelligent concours, et je vous promets en échange tout mon dévoûment, toute ma fermeté.

« Vive la République ! vive la France !

« Jeudi 3 novembre 1870.

« Jules FAVRE. »

---

5 novembre (49e journée). — Rien de nouveau, si ce n'est, par ci par là, quelques rares coups de canon.

Rejet de l'armistice. Les quatre grandes puissance neutres : l'Angleterre, la Russie, l'Autriche et l'Italie avaient pris l'initiative d'une proposition d'armistice à l'effet de faire élire une Assemblée nationale.

Le gouvernement de la défense nationale avait posé ses conditions, qui étaient : le ravitaillement de Paris et le vote pour l'Assemblée nationale par toutes les populations françaises.

La Prusse a expressément repoussé la condition du ravitaillement ; elle n'a d'ailleurs admis qu'avec des réserves le vote de l'Alsace et de la Lorraine.

Le gouvernement de la défense nationale a décidé, à l'unanimité, que l'armistice ainsi compris devait être repoussé.

---

6 novembre (50ᵉ journée). — Les Prussiens ont profité de la suspension d'armes pour établir des batteries dites de position. Les plus importantes sont celles qu'ils ont construites à Thiais, à Châtillon, à Ville-d'Avray et à Montmorency. Ils ont fait des travaux gigantesques dans cette dernière position.

Les Prussiens ont exigé d'Orléans : un million, 600 bœufs, 300,000 cigares et tous les chevaux. Ils auraient consenti à réduire le milllion à 600,000 francs.

---

7 novembre (51ᵉ journée). — Hier, le fort de Montrouge a bombardé les batteries prussiennes de Châtillon et de l'Haÿ. Nos obus leur ont fait beaucoup de mal. Il y a eu aussi fusillade dans la direction de Bagneux.

DÉFENSE DE PARIS.
FORMATION DE TROIS ARMÉES.

Commandant en chef : général Trochu, gouverneur de Paris.
Chef d'état-major général : général Schmitz.
Sous-chef d'état-major général : général Foy.
Commandant supérieur de l'artillerie : général Guiod.
Commandant supérieur du génie : général de Chabaud Latour.
Intendant général : intendant général Wolf.

PREMIÈRE ARMÉE.

Commandant en chef : général Clément Thomas.
Chef d'état-major général : colonel Montagut.

366 bataillons de garde nationale sédentaire.

Légion de cavalerie : colonel Quiclet.

Légion d'artillerie : colonel Schœlcher.

DEUXIÈME ARMÉE.

Commandant en chef : général Ducrot.

Chef d'état-major général : général Appert.

Sous-chef d'état-major : lieutenant-colonel Warnet.

Commandant de l'artillerie : général Frébault.

Commandant du génie : général Tripier.

Intendant général : intendant général Wolf, chargé spécialement du service de la deuxième armée.

Premier corps d'armée.

Commandant en chef : général Vinoy.

Chef d'état-major général : général de Valdan.

Commandant de l'artillerie : général d'Ubexi.

Commandant du génie : général du Pouët.

Intendant militaire : intendant Viguier.

1re division, général de Malroy. — 1re brigade, général Martenot. — 2e brigade, général Paturel.

2e division, général de Maudhui. — 1re brigade, colonel Valentin. — Groupe de gardes mobiles de province. — 2e brigade, général Blaise.

3e division, général Blanchard. — 1re brigade, colonel Comte. — Groupe de gardes mobiles de province. — 2e brigade, général de la Mariouse.

Deuxième corps d'armée.

Commandant en chef : général Renault.

Chef d'état-major général : général Ferri-Pisani.

Commandant de l'artillerie : général Boissonnet.

Commandant du génie : colonel Corbin.

Intendant militaire : intendant Baillod.

1re division, général Susbielle. — 1re brigade, colonel Bonnet.
— 2e brigade, général Lecomte.

2e division, général Berthault. — 1re brigade, général Bocher.
— 2e brigade, colonel Boulier.

3e division, général de Maussion. — 1re brigade, général Courty. — 2e brigade, général Avril de Lenclos.

Troisième corps d'armée.

Commandant en chef : général d'Exea.

Chef d'état-major général : colonel de Belgaric.

Commandant de l'artillerie : général Princeteau.

Commandant du génie : colonel Ragon.

Intendant militaire : intendant de Préval.

1re division, général de Bellemarre. — 1re brigade, colonel Fournès. — 2e brigade, colonel Colonieu.

2e division, général Mallat. — 1re brigade, général Faron. — Groupe de gardes mobiles de province. — 2e brigade, général Daudel.

Division de cavalerie. — Commandant : général de Champéron. — Chef d'état-major : chef d'escadron de Rosmordue. — 1re brigade, général de Gerbois. — 2e brigade, général Cousin. — Régiment de gendarmerie à cheval, colonel Allaveine.

TROISIÈME ARMÉE.

(Sous le commandement spécial du gouverneur de Paris).

1re division, général Soumain, commandant la première division militaire. — Chef d'état-major : lieutenant-colonel Péchin. — 1re brigade, général Dargentalle. — 2e brigade, général de la Charrière.

2e division, vice-amiral de la Roncière, commandant en chef des marins et de la circonscription de Saint-Denis, avec son état-major constitué. — 1re brigade, colonel Lavoignet. — 2e brigade, colonel Hanrion. — 3e brigade, capitaine de frégate Lamotte-Tenet.

3e division, général de Liniers. — Chef d'état-major : commandant de Morlaincourt. — 1re brigade, colonel Filhol de Camas. — 2e brigade, colonel de Chamberet.

4e division, général de Beaufort. — Chef d'état-major : commandant Lecoq. — 1re brigade, général Dumoulin.— 2e brigade, capitaine de frégate d'André.

5e division, général Carréard. — Chef d'état-major : commandant Vial. — 1re brigade, lieutenant-colonel Champion. —2e brigade, colonel l'orion.

6e division, général d'Hugues. — Chef d'état-major : commandant d'Elloy. — 1re brigade, capitaine de frégate de Bray. — 2e brigade, colonel Bro.

7e division, contre-amiral Pothuau, avec son état-major constitué. — 1re brigade, lieutenant-colonel Le Mains. — 2e brigade, capitaine de vaisseau Salmon.

Cavalerie. — 1re brigade, général de Bernis. — 2e brigade, lieutenant-colonel Blondel.

———

8 novembre (52e journée). — L'ennemi est inquiété jour et nuit dans ses positions. Le brouillard sert aux Prussiens pour rétablir leurs positions, et nous nuit pour les contrarier.

———

9 novembre (53e journée). — Nos forts continuent, sur toute notre ligne de défense, à canonner les travaux et les positions de l'ennemi.

———

Lettre de Rochefort.

« J'avais tenu à me retirer sans souffler mot ; mais j'ai reçu tant de lettres et subi tant de questions où on me demande si j'avais réellement donné ma démission de membre du gouvernement, que je me vois obligé de répondre une fois pour toutes par la voie du *Rappel*.

« Oui, j'ai donné, le 1er novembre, ma démission de membre du gouvernement de la défense nationale, et je n'ai jamais songé à la reprendre.

« Tout à vous,

« Henri ROCHEFORT. »

---

10 novembre (54e journée). — L'ennemi a abattu une partie du mur du cimetière de Choisy-le-Roi et a démasqué une batterie. On a tiré hier du Moulin-Saquet sur les travaux de l'ennemi dans cette direction.

La double couronne, aidée par le fort de Saint-Denis, a vivement canonné les travaux prussiens de la Butte-Pinson.

M. Jules Favre, ministre des affaires étrangères, vient d'adresser la circulaire suivante aux agents diplomatiques du gouvernement de la République française :

« MONSIEUR,

« La Prusse vient de rejeter l'armistice proposé par les quatre grandes puissances neutres, l'Angleterre, la Russie, l'Autriche et l'Italie, ayant pour objet la convocation d'une Assemblée nationale. Elle a ainsi prouvé une fois de plus qu'elle continuait la guerre dans un but étroitement personnel, sans se préoccuper du véritable intérêt de ses sujets, et surtout de celui des Allemands qu'elle entraîne à sa suite. Elle prétend, il est vrai, y être contrainte par notre refus de lui céder deux de nos provinces. Mais ces provinces, que nous ne voulons ni ne pouvons lui abandonner, et dont les habitants la repoussent énergiquement, elle les occupe, et ce n'est pas pour les conquérir qu'elle ravage nos campagnes, chasse devant ses armées nos familles ruinées, et tient, depuis près de cinquante jours, Paris enfermé sous le feu des batteries derrière lesquelles elle se retranche. Non : elle veut nous détruire pour satisfaire l'ambition des hommes qui la gouvernent. Le sacrifice de la nation française est utile à la conservation de leur puissance. Ils le consomment froidement, s'étonnant que nous ne soyons pas leurs complices en nous abandonnant aux défaillances que leur diplomatie nous conseille.

« Engagée dans cette voie, la Prusse ferme l'oreille à l'opinion du monde. Sachant qu'elle froisse tous les sentiments justes, qu'elle alarme tous les intérêts conservateurs, elle se fait un système de l'isolement et se dérobe ainsi à la condamnation que l'Europe, si elle était admise à discuter sa conduite, ne manquerait pas de lui infliger. Cependant, malgré ses refus, quatre grandes puissances neutres sont intervenues et lui ont proposé une suspension d'armes, dans le but défini de permettre à la France de se consulter elle-même en réunissant une Assemblée. Quoi de plus rationnel, de plus équitable, de plus nécessaire? C'est sous l'effort de la Prusse que le gouvernement impérial s'est abîmé. Le lendemain, les hommes que la nécessité a investis du pouvoir lui ont proposé la paix, et, pour en régler les conditions, réclamé une trêve indispensable à la constitution d'une représentation nationale.

« La Prusse a repoussé l'idée d'une trêve en la subordonnant à des exigences inacceptables, et ses armées ont entouré Paris. On leur en avait dit la soumission facile. Le siége dure depuis cinquante jours; la population ne faiblit pas. La sédition promise s'est fait attendre longtemps; elle est venue à une heure propice au négociateur prussien, qui l'a annoncé au nôtre comme un auxiliaire prévu; mais, en éclatant, elle a permis au peuple de Paris de légitimer par un vote imposant le gouvernement de la défense nationale, qui acquiert par là aux yeux de l'Europe la consécration du droit.

« Il lui appartenait donc de conférer sur la proposition d'armistice des quatre puissances; il pouvait, sans témérité, en espérer le succès. Désireux avant tout de s'effacer devant les mandataires du pays et d'arriver par eux à une paix honorable, il a accepté la négociation et l'a engagée dans les termes ordinaires du droit des gens.

« L'armistice devait comporter :

« L'élection des députés sur tout le territoire de la République, même celui envahi;

« Une durée de vingt-cinq jours;

« Le ravitaillement proportionnel à cette durée.

« La Prusse n'a pas contesté les deux premières conditions. Cependant elle a fait, à propos du vote de l'Alsace et de la Lorraine, quelques réserves que nous mentionnons sans les examiner davantage, parce que son refus absolu d'admettre le ravitaillement a rendu toute discussion inutile.

« En effet, le ravitaillement est la conséquence forcée d'une suspension d'armes s'appliquant à une ville investie. Les vivres y sont un élément de défense. Les lui enlever sans compensation, c'est lui créer une inégalité contraire à la justice. La Prusse oserait-elle nous demander d'abattre chaque jour, par son canon, un pan de nos murailles sans nous permettre de lui résister ? Elle nous mettrait dans une situation plus mauvaise encore en nous obligeant à consommer un mois sans nous battre, alors que, vivant sur notre sol, elle attendrait, pour reprendre la guerre, que nous fussions harcelés par la famine. L'armistice sans ravitaillement, ce serait la capitulation à terme fixe, sans honneur et sans espoir.

« En refusant ce ravitaillement, la Prusse refuse donc l'armistice. Et cette fois, ce n'est pas l'armée seulement, c'est la nation française qu'elle prétend anéantir, en réduisant Paris aux horreurs de la faim. Il s'agit, en effet, de savoir si la France pourra réunir ses députés pour délibérer sur la paix. L'Europe demande cette réunion. La Prusse la repousse en la soumettant à une condition inique et contraire au droit commun. Et cependant, s'il faut en croire un document publié sans être démenti, et qui émanerait de sa chancellerie, elle ose accuser le gouvernement de la défense nationale de livrer Paris à une famine certaine! Elle se plaint d'être forcée par lui de nous investir et de nous affamer!

« L'Europe jugera ce que valent de telles imputations. Elles sont le dernier trait de cette politique qui débute par engager la parole du souverain en faveur de la nation française et se termine par le rejet systématique de toutes les combinaisons pouvant permettre à la France d'exprimer sa volonté! Nous ignorons ce qu'en penseront les quatre grandes puissances neutres, dont les propositions sont écartées avec tant de hauteur; peut-être devineront-elles enfin ce que leur réserverait la Prusse devenue, par la victoire, maîtresse d'accomplir tous ses desseins.

« Quant à nous, nous obéissons à un devoir impérieux et simple en persistant à maintenir leur proposition d'armistice comme le seul moyen de faire résoudre par une Assemblée les questions redoutables que les crimes du gouvernement impérial ont permis à l'ennemi de nous poser. La Prusse, qui sent l'odieux de son refus, le dissimule sous un déguisement qui ne peut tromper personne. Elle nous demande un mois de nos vivres : c'est nous demander nos armes. Nous les tenons d'une main résolue, et nous ne les déposerons pas sans combattre. Nous avons fait tout ce que peuvent des hommes d'honneur pour arrêter la lutte. On nous ferme l'issue; nous n'avons plus à prendre conseil que de notre courage, en renvoyant la responsabilité du sang versé à ceux qui, systématiquement, repoussent toute transaction.

« C'est à leur ambition personnelle que peuvent être immolés encore des milliers d'hommes : et quand l'Europe émue veut arrêter les combattants sur la frontière de ce champ de carnage pour y appeler les représentants de la nation et essayer la paix, oui, disent-ils, mais à la condition que cette population qui souffre, ces femmes, ces enfants, ces vieillards qui sont les victimes innocentes de la guerre, ne recevront aucun secours, afin que, la trêve expirée, il ne soit plus possible à leurs défenseurs de nous combattre sans les faire mourir de faim.

« Voilà ce que les chefs prussiens ne craignent pas de répondre à la proposition des quatre puissances. Nous prenons à témoin contre eux le droit et la justice, et nous sommes convaincu que si, comme les nôtres, leur nation et leur armée pouvaient voter, elles condamneraient cette politique inhumaine.

« Qu'au moins il soit bien établi que, jusqu'à la dernière heure, préoccupé des immenses et précieux intérêts qui lui sont confiés, le gouvernement de la défense nationale a tout fait pour rendre possible une paix qui soit digne.

« On lui refuse les moyens de consulter la France. Il interroge Paris, et Paris tout entier se lève en armes pour montrer au pays et au monde ce que peut un grand peuple quand il défend son honneur, son foyer et l'indépendance de la patrie.

« Vous n'aurez pas de peine, Monsieur, à faire comprendre des vérités si simples et à en faire le point de départ des observations que vous aurez à présenter lorsque l'occasion vous en sera fournie.

« Agréez, etc.

« *Le ministre des affaires étrangères,*

« Jules FAVRE. »

Rapport de M. Thiers aux ambassadeurs des quatre puissances sur ses entrevues avec M. de Bismark.

« MONSIEUR L'AMBASSADEUR,

« Je crois devoir aux quatre grandes puissances qui ont fait ou appuyé la proposition d'un armistice entre la France et la Prusse, de rendre un compte fidèle et circoncis de la grave et délicate négociation dont j'ai consenti à me charger. Avec un sauf-conduit que S. M. l'empereur de Russie et le cabinet britannique ont bien voulu demander pour moi à S. M. le roi de Prusse, j'ai quitté Tours le 28 octobre, et, après avoir franchi la ligne qui séparait les deux armées, je me suis rendu à Orléans et de là à Versailles, accompagné par un officier bavarois dont le général Von der Thann avait eu l'obligeance de me faire accompagner, afin de lever les difficultés que je pouvais rencontrer sur la route. Pendant ce voyage difficile, j'ai pu me convaincre moi-même par mes propres yeux, malheureusement dans une province française, des horreurs de la guerre.

« Forcé, par le manque de chevaux, de m'arrêter à Arpajon, la nuit, pendant trois ou quatre heures, j'ai atteint Versailles le dimanche matin, 30 octobre. Je n'y suis resté que peu d'instants, car il était bien convenu avec le comte de Bismark que je n'aurais pas d'entrevue avec lui jusqu'à ce que j'aie pu faire compléter à Paris les pouvoirs nécessairement incomplets que j'avais reçus de la délégation de Tours.

« Accompagné d'officiers comme parlementaires qui devaient faciliter mon passage à travers les avant-postes, j'ai traversé la Seine au pont de Sèvres, aujourd'hui coupé, et je suis descendu au ministère des affaires étrangères pour communiquer plus aisément et plus vite avec les membres du gouvernement. La nuit fut employée en délibérations, et après une résolution prise à l'unanimité, j'ai reçu les pouvoirs nécessaires pour négocier et conclure l'armistice, dont l'idée avait été conçue et l'initiative prise par les puissances neutres.

« Dans le désir ardent de ne perdre aucun moment dont chaque minute était marquée par l'effusion du sang humain, j'ai traversé de nouveau les avant-postes le lundi soir 31 octobre, et le jour suivant, 1ᵉʳ novembre, à midi, j'entrais en conférence avec le chancelier de la Confédération du Nord.

« L'objet de ma mission était parfaitement connu du comte de Bismark, de même que la France avait été avertie des propositions des puissances neutres. Après quelques réserves sur l'intervention des neutres dans cette négociation, réserves que j'ai écoutées sans les admettre, l'objet de ma mission a été exposé et défini par M. le comte de Bismark et par moi-même avec une précision parfaitement claire : elle avait pour objet de conclure un armistice pour mettre fin à l'effusion du sang entre deux des nations les plus civilisées du monde, et pour permettre à la France de constituer, au moyen d'élections libres, un gouvernement régulier avec lequel il serait possible de traiter dans une forme valable.

« Cet objet a été clairement indiqué, parce que dans plusieurs occasions la diplomatie prussienne avait prétendu que, dans l'état actuel des affaires en France, on ne savait à qui s'adresser pour entamer des négociations. A ce propos, le comte de Bismark m'a fait remarquer, sans toutefois insister sur ce point, que quelques débris d'un gouvernement, jusqu'à présent seul gouvernement français reconnu en Europe, étaient en ce moment à Cassel, cherchant à se reconstituer, mais qu'il me faisait cette observation simplement pour préciser nettement la situation diplomatique, et point du tout pour intervenir, à quelque degré que ce soit, dans le gouvernement intérieur de la France.

« J'ai à mon tour répondu au comte de Bismark que nous le comprenions ainsi, ajoutant toutefois que le gouvernement qui venait de précipiter la France dans les abimes d'une guerre décidée avec folie et conduite avec absurdité avait pour toujours terminé à Sedan sa fatale existence et ne resterait dans la nation française que comme un souvenir honteux et pénible. Sans faire d'objection à ce que je disais, le comte de Bismark a protesté de nouveau contre toute idée d'intervenir dans nos affaires intérieures; il voulut bien ajouter que ma présence au quartier-général prussien et la réception que l'on m'y avait faite étaient une preuve de la sincérité de ce qu'il me disait, puisque, sans s'arrêter à ce qui se faisait à Cassel, le chancelier de la Confédération du Nord était tout prêt à traiter avec l'envoyé extraordinaire de la République française. Après ces observations préliminaires, nous avons fait une première revue sommaire des questions soulevées par la proposition des puissances neutres.

« 1° Le principe de l'armistice ayant pour objet essentiel d'arrêter l'effusion du sang et de donner à la France les moyens de constituer un gouvernement fondé sur l'expression de la nation;

« 2° La durée de l'armistice en raison des délais nécessaires pour la formation d'une Assemblée souveraine;

« 3° La liberté des élections pleinement assurée dans les provinces maintenant occupées par les troupes prussiennes;

« 4° La conduite des armées belligérantes pendant l'interruption des hostilités ;

« 5° Enfin le ravitaillement des forteresses assiégées, et spécialement de Paris, pendant l'armistice.

« Sur ces cinq points, et spécialement sur le principe même de l'armistice, le comte de Bismark ne m'a pas paru avoir des objections insurmontables, et à la fin de cette première conférence, qui a duré au moins quatre heures, je croyais que nous pourrions nous mettre d'accord sur tous les points, et conclure une convention qui serait le premier pas vers un arrangement pacifique si vivement désiré dans les deux hémisphères.

« Les conférences se sont succédé l'une à l'autre, et le plus souvent deux fois par jour, car je désirais ardemment arriver à un résultat qui pût mettre fin au bruit du canon que nous entendions constamment, et dont chaque éclat me faisait craindre de nouvelles dévastations et de nouveaux sacrifices de victimes humaines. Les objections faites et les solutions proposées sur les différents points mentionnés ci-dessus ont été, dans ces conférences, les suivantes :

« En ce qui touche le principe de l'armistice, le comte de Bismark a déclaré qu'il était aussi désireux que les puissances neutres pouvaient l'être elles-mêmes de terminer ou du moins de suspendre les hostilités, et qu'il désirait la constitution en France d'un pouvoir avec lequel il pût contracter des engagements tout à la fois valables et durables. Il y avait en conséquence accord complet sur ce point essentiel, et toute discussion était superflue.

« En ce qui touche la durée de l'armistice, j'ai demandé au chancelier de la Confédération du Nord qu'elle fût fixée à vingt-cinq ou trente jours, vingt-cinq au moins. Douze jours au moins étaient nécessaires, lui ai-je dit, pour permettre aux électeurs de se consulter et de se mettre d'accord sur les choix à faire. Un jour de plus, pour voter, quatre ou cinq jours de plus pour donner aux candidats élus le temps, dans l'état actuel des routes, de s'assembler dans un lieu déterminé, et enfin huit ou dix jours pour une vérification sommaire des pouvoirs et la constitution de la future Assemblée nationale. Le comte de Bismark ne contestait pas ces calculs ; il faisait seulement remarquer que plus courte serait la durée, moins il serait difficile de conclure l'armistice proposé ; il semblait toutefois incliner, comme moi-même, pour une durée de vingt-cinq jours.

« Vint ensuite la grave question des élections. Le comte de Bismark voulut bien m'assurer que, dans les districts occupés par l'armée prussienne, les élections seraient aussi libres qu'elles l'aient jamais été en France. Je le remerciai de cette assurance, qui me paraissait satisfaisante. M. le comte de Bismark, qui d'abord avait demandé qu'il n'y eût aucune exception à cette liberté des élections, ayant fait quelques réserves relatives à certaines portions du territoire français le long de notre frontière, et qui, disait-il, étaient allemandes d'origine et de langage, je repris que l'armistice, si on voulait le conclure rapidement selon le désir général, ne devait préjuger aucune des questions qui pouvaient être agitées à l'occasion d'un traité de paix nettement déterminé ; que, pour ma part, je refusais en ce moment d'entrer dans aucune discussion de ce genre, et qu'en agissant ainsi, j'obéissais à mes instructions et à mes sentiments personnels.

« Le comte de Bismark répliqua que c'était aussi son opinion qu'aucune de ces questions ne fût touchée, et il me proposa de ne rien insérer sur ce sujet dans le traité d'armistice, de manière à ne rien préjuger sur ce point ; que quoiqu'il ne voulût permettre aucune agitation électorale dans les provinces en question, il ne ferait aucune objection à ce qu'elles fussent représentées dans l'Assemblée nationale par des notables qui seraient désignés comme nous le déciderions, sans aucune intervention de sa part, et qui jouiraient d'une liberté d'opinion aussi complète que tous les autres représentants de France.

« Cette question, la plus importante de toutes, étant en bonne voie de solution, nous avons procédé à l'examen de la conduite que devaient tenir les armées belligérantes pendant la suspension des hostilités. Le comte de Bismark devait en référer aux généraux prussiens assemblés sous la présidence de S. M. le roi. Et, tout bien considéré, voici ce qui nous a paru équitable des deux côtés, et en conformité avec les usages adoptés dans tous les cas semblables :

« Les armées belligérantes resteraient dans les positions mêmes occupées le jour de la signature de l'armistice; une ligne réunissant tous les points où elles se seraient arrêtées formerait la ligne de démarcation qu'elles ne pourraient pas franchir, mais dans les limites de laquelle elles pourraient se mouvoir, sans cependant engager aucun acte d'hostilité.

« Nous étions, je puis le dire, d'accord sur les divers points de cette négociation difficile, quand la dernière question s'est présentée : à savoir le ravitaillement des forteresses assiégées et principalement de Paris.

« Le comte de Bismark n'avait soulevé aucune objection fondamentale à ce sujet; il semblait seulement contester l'importance des quantités réclamées aussi bien que la difficulté de les réunir et de les introduire dans Paris (ce qui toutefois nous concernait seuls), et, en ce qui concerne les quantités, je lui avais positivement déclaré qu'elles seraient l'objet d'une discussion amiable et même de concessions importantes de notre part. Cette fois encore, le chancelier de la Confédération du Nord désira en référer aux autorités militaires auxquelles plusieurs autres questions avaient déjà été soumises, et nous convînmes de nous ajourner au jeudi 3 novembre pour la solution définitive de ce point.

« Le jeudi 3 novembre, le comte de Bismark, que j'avais trouvé inquiet et préoccupé, me demanda si j'avais des nouvelles de Paris; je lui répondis que je n'en avais pas depuis le lundi soir, jour de mon départ de cette ville. Le comte de Bismark était dans la même situation; il me tendit alors les rapports des avant-postes qui parlaient d'une révolution à Paris et d'un nouveau gouvernement. Était-ce là ce Paris dont les nouvelles les plus insignifiantes étaient naguère expédiées avec la rapidité de l'éclair et répandues en quelques minutes dans le monde entier ? Pourrait-il avoir été la scène d'une révolution dont pendant trois jours rien n'avait transpiré à ses propres portes ?

« Profondément affligé par ce phénomène historique, je répliquai au comte de Bismark que le désordre eût-il été un moment triomphant à Paris, la tranquillité troublée serait promptement rétablie, grâce au profond amour de la population parisienne pour l'ordre, amour qui n'était égalé que par son patriotisme. Toutefois, mes pouvoirs n'étaient plus valables si ces rapports étaient bien fondés. Je fus ainsi obligé de suspendre mes négociations jusqu'à ce que des informations me fussent parvenues.

« Ayant obtenu du comte de Bismark les moyens de correspondre avec Paris, je pus, le même jour jeudi, m'assurer de ce qui s'était passé le lundi, et apprendre que je ne m'étais pas trompé en affirmant que le triomphe du désordre n'avait pu être que momentané.

« Le même soir, je me rendis chez le comte de Bismark, et nous pûmes reprendre et continuer pendant une partie de la nuit la négociation qui avait été interrompue le matin. La question du ravitaillement de la capitale fut vivement débattue entre nous, et, pour ma part, j'ai maintenu fermement que toute demande relative aux quantités pourrait être modifiée après une discussion détaillée. Je pus bientôt m'apercevoir que ce n'était pas une question de détail, mais bien une question fondamentale qui avait été soulevée.

« J'ai vainement insisté auprès du comte de Bismark sur ce grand principe des armistices qui veut que chaque belligérant se trouve, au terme de la suspension des hostilités, dans la même situation qu'au commencement ; que de ce principe, fondé en justice et en raison, était dérivé cet usage du ravitaillement des forteresses assiégées et de leur approvisionnement jour par jour ; autrement, disais-je au comte de Bismark, un armistice suffirait à amener la reddition de la plus forte forteresse du monde. Aucune réponse ne pouvait être faite, du moins le pensais-je, à cet exposé de principes et d'usages incontestés et incontestables.

« Le chancelier de la Confédération du Nord, parlant alors, non en son propre nom, mais au nom des autorités militaires, m'a déclaré que l'armistice était absolument contraire aux intérêts prussiens; que nous donner un mois de répit était nous accorder le temps d'organiser nos armées; qu'introduire dans Paris une certaine quantité de vivres difficile à déterminer était donner à cette ville le moyen de prolonger indéfiniment son existence; que de tels avantages ne pourraient nous être accordés sans des équivalents militaires (c'est l'expression même du comte de Bismark).

« Je me hâtai de répliquer que sans doute l'armistice pouvait nous apporter quelques avantages matériels, mais que le cabinet prussien devait l'avoir prévu, puisqu'il en avait admis le principe; que toutefois, avoir calmé le sentiment national, avoir ainsi préparé la paix, en avoir rapproché le terme, avoir par-dessus tout montré une juste déférence aux vœux déclarés de l'Europe, constituait pour la Prusse des avantages politiques tout à fait équivalents aux avantages matériels qu'elle pouvait nous concéder.

« Je demandai ensuite au comte de Bismark quels pouvaient être les équivalents militaires qu'il pouvait nous demander; mais le comte de Bismark mettait une grande circonspection à ne les pas préciser; il les fit connaître à la fin, mais avec une certaine réserve.

« C'était, dit-il, une position militaire sous Paris, et, comme j'insistai davantage : « Un fort, ajouta-t-il, plus d'un peut-être. » J'arrêtai immédiatement le chancelier de la Confédération du Nord.

« C'est Paris, lui dis-je, que vous nous demandez, car nous refuser le ravitaillement pendant l'armistice, c'est nous prendre un mois de notre résistance; exiger de nous un ou plusieurs de nos forts, c'est nous demander nos remparts. C'est, en fait, demander Paris, puisque nous vous donnerions le moyen de l'affamer ou de le bombarder. En traitant avec nous d'un armistice, vous ne pouviez jamais supposer que la condition serait de vous abandonner Paris même, Paris notre force suprême, notre grande espérance, et pour vous la grosse difficulté qu'après cinquante jours de siége vous n'avez encore pu surmonter.

« Arrivés à ce point, nous ne pouvions plus continuer.

« Je fis remarquer à M. le comte de Bismark qu'il était facile de s'apercevoir qu'à ce moment l'esprit militaire prévalait dans les résolutions de la Prusse sur l'esprit politique, qui avait dernièrement conseillé la paix et tout ce qui pouvait y conduire ; je demandai alors au comte de Bismark de faciliter encore une fois de plus mon voyage aux avant-postes, afin de me consulter sur la situation avec M. Jules Favre ; il y consentit avec cette courtoisie que j'ai toujours rencontrée en lui en ce qui concerne les relations personnelles.

« En prenant congé de moi, le comte de Bismark m'a chargé de déclarer au gouvernement français que si le gouvernement avait le désir de faire les élections sans armistice, il permettrait qu'on les fît avec une parfaite liberté dans tous les lieux occupés par les armées prussiennes, et qu'il faciliterait toute communication entre Paris et Tours pour toutes choses qui auraient rapport aux élections.

« J'ai conservé le souvenir de cette déclaration dans mon esprit. Le lendemain, 5 novembre, je me dirigeai vers les avant-postes français ; je les traversai, afin de conférer avec M. Jules Favre dans une maison abandonnée ; je lui ai fait un exposé complet de toute la situation, tant au point de vue politique qu'au point de vue militaire, lui donnant jusqu'au lendemain pour m'envoyer la réponse officielle du gouvernement et lui indiquant le moyen de me la faire parvenir à Versailles. Je la reçus le jour suivant, dimanche 6 novembre. On m'y ordonnait de rompre les négociations sur la question du ravitaillement, de quitter immédiatement le quartier-général prussien et de me rendre à Tours pour y rester, si j'y consentais, à la disposition du gouvernement, en cas que mon intervention pût être utile dans les négociations futures.

« Je communiquai cette résolution au comte de Bismark, et je répétai que je ne pouvais abandonner ni la question des subsistances, ni aucune des défenses de Paris, et que je regrettais amèrement de n'avoir pu conclure un arrangement qui pourrait avoir été un premier pas vers la paix.

« Tel est le compte-rendu fidèle des négociations que j'adresse aux quatre puissances neutres qui ont eu la louable intention de désirer et de proposer une suspension d'armes qui nous aurait rapprochés du moment où toute l'Europe aurait respiré de nouveau, aurait repris les travaux de la civilisation, et aurait cessé de se laisser aller à un sommeil sans cesse troublé par la frayeur que quelque accident lamentable ne surgisse et n'étende la conflagration de la guerre sur tout le continent.

« Il appartient maintenant aux puissances neutres de juger si une attention suffisante a été donnée à leur conseil ; je suis sûr que ce n'est pas à nous qu'on peut faire le reproche de ne l'avoir pas estimé aussi haut qu'il le méritait. Après tout, nous les faisons juges des deux puissances belligérantes, et pour ma part, comme homme et comme Français, je les remercie de l'appui qu'elles m'ont accordé dans mes efforts pour rendre à mon pays les bienfaits de la paix, de la paix qu'elle a perdue, non par sa faute, mais par celle d'un gouvernement dont l'existence a été la seule erreur de la France. C'a été une grande et irrémédiable erreur pour la France que de s'être choisi un pareil gouvernement et de lui avoir, sans contrôle, confié ses destinées.

« Tours, le 9 novembre 1870.

« THIERS. »

---

11 novembre (55ᵉ journée). — A Clamart et à Châtillon, les Prussiens continuent de faire des tranchées derrière lesquelles ils s'abritent, quand le feu du fort d'Issy les inquiète.

Une dépêche d'Épinal, du 12 octobre, annonce que les Prussiens s'étaient emparés de cette ville, malgré une énergique résistance des habitants. Épinal aurait subi de graves désastres.

Dépêche arrivée par un pigeon.

« Vendôme, 7 novembre.

« Prussiens : Orléans, Chartres; quartier général : Patay. »

12 novembre (57ᵉ journée). — Ce matin, sur la place de l'Hospice, à Saint-Cloud, le capitaine de Néverlée, officier d'ordonnance du général Ducrot, a enveloppé, avec ses volontaires, une patrouille ennemie; cinq ont été tués sur place, et le sixième a été ramené grièvement blessé de deux coups de baïonnette.

Le feu de nos forts a été activé hier pendant le jour et pendant la nuit. Nos troupes ont définitivement occupé Créteil, qu'elles mettent en état de défense.

13 novembre (58ᵉ journée). — Le Mont-Valérien a tiré, dans la journée d'hier, sur Garches et sur Rueil. La batterie prussienne établie à Châtillon a lancé deux obus sur le fort de Vanves.

14 novembre (59ᵉ journée). — Dépêche de Gambetta à Trochu :

« Tours, 11 novembre 1870.

« L'armée de la Loire, sous les ordres du général d'Aurelles de Paladines, s'est emparée hier d'Orléans, après une lutte de deux jours. Nous avons fait plus d'un millier de prisonniers, et le nombre augmente par la poursuite. Nos pertes, tant en tués que blessés, n'atteignent pas 2,000 hommes; celles de l'ennemi sont plus considérables. Nous nous sommes emparés de deux canons modèle prussien, de plus de vingt caissons de munitions et attelés, et d'une grande quantité de fourgons et voitures d'approvisionnement.

« La principale action s'est concentrée autour de Coulmiers, dans la journée du 9.

« L'élan des troupes a été remarquable, malgré le mauvais temps.

« Pour copie conforme :

« *Le ministre de l'intérieur par intérim,*

« Jules FAVRE. »

La nouvelle de la prise d'Orléans s'est répandue hier soir dans Paris avec la rapidité de l'éclair. A toutes les mairies, la dépêche officielle était affichée à six heures. Des groupes se forment immédiatement; on allume des chandelles; des citoyens de bonne volonté font la lecture à haute voix; de vigoureux applaudissements accueillent le récit de notre première victoire.

Il y a eu aujourd'hui une forte canonnade sur toute la ligne de nos forts ou ouvrages avancés; elle a été très-vive de la redoute du Moulin-Saquet et de l'ouvrage des Hautes-Bruyères.

---

13 novembre (60e journée). — La journée d'hier a été marquée par deux petits combats d'avant-postes qui, dans les circonstances actuelles, ont leur importance. Le premier a commencé avec la nuit.

Les Prussiens ont essayé de nous surprendre auprès du château de Stains, où se trouvent nos avant-postes. Nos mobiles, aidés par nos forts, les ont repoussés après un combat d'une heure environ.

Voici la proclamation du général Trochu :

Aux citoyens de Paris, à la garde nationale, à l'armée et à la garde nationale mobile.

« Pendant que s'accomplissaient loin de nous les douloureuses destinées de notre pays, nous avons fait ensemble, à Paris, des efforts qui ont honoré nos malheurs aux yeux du monde. L'Europe a été frappée du spectacle imprévu que nous lui avons offert, de l'étroite union du riche et du pauvre dans le dévoûment et le sacrifice, de notre ferme volonté dans la résistance, et enfin des immenses travaux que cette volonté a créés.

« L'ennemi, étonné d'avoir été retenu près de deux mois devant Paris, dont il ne jugeait pas la population capable de cette virile attitude, atteint bien plus que nous ne le croyons nous-mêmes dans des intérêts considérables, cédait à l'entraînement général. Il semblait renoncer à son implacable résolution de désorganiser, au grand péril de l'Europe et de la civilisation, la nation française, qu'on ne saurait, sans la plus criante injustice, rendre responsable de cette guerre et des maux qu'elle a produits. Il est aujourd'hui de notoriété que la Prusse avait accepté les conditions du gouvernement de la défense pour l'armistice proposé par les puissances neutres, quand la fatale journée du 31 octobre est venue compromettre une situation qui était honorable et digne, en rendant à la politique prussienne ses espérances et ses exigences.

« A présent que depuis de longs jours nos rapports avec les départements sont interrompus, l'ennemi cherche à affaiblir nos courages et à semer la division parmi nous par des avis exclusivement originaires des avant-postes prussiens et des journaux allemands qui s'échangent sur plusieurs points de nos lignes si étendues.

« Vous saurez vous soustraire aux effets de cette propagande dissolvante, qui seraient la ruine des chers intérêts dont nous avons la tutelle. Vos cœurs seront fermes, et vous resterez unis dans l'esprit qui a été depuis deux mois le caractère de la défense de Paris.

7

« Pendant que nos travaux fermaient la ville, nous avons conçu la pensée, dans l'incertitude où nous étions de l'appui que pourraient nous fournir les armées formées au dehors, d'en former une au dedans. Je n'ai pas à énumérer ici les éléments constitutifs qui nous manquaient pour résoudre ce nouveau problème, plus difficile peut-être que le premier. En quelques semaines, nous avons réuni en groupes réguliers, habillé, équipé, armé, exercé autant que nous l'avons pu et conduit plusieurs fois à l'ennemi les masses pleines de patriotisme, mais confuses et inexpérimentées, dont nous disposions. Nous avons cherché, avec le concours désintéressé et dévoué du génie civil, de l'industrie parisienne, des chemins de fer, à compléter par la fabrication de canons modernes, dont les premiers vont nous être livrés, l'artillerie de bataille, que le service spécial de l'artillerie de l'armée formait avec la plus louable activité. La garde nationale, de son côté, après avoir plus que quintuplé ses effectifs, et bien qu'absorbée par les travaux et par la garde du rempart, s'organisait, s'exerçait tous les jours et par tous les temps sur nos places publiques, montrant un zèle incomparable auquel elle devra d'être prochainement en mesure d'entrer en ligne avec ses bataillons de guerre.

« Je m'arrête, ne pouvant tout dire ; mais je doute qu'en aucun temps et dans l'histoire d'aucun peuple envahi, après la destruction de ses armées, aucune grande cité investie et privée de communications avec le reste du territoire ait opposé à un désastre en apparence irréparable de plus vigoureux efforts de résistance morale et matérielle. L'honneur ne m' appartient pas, et je n'en ai énuméré la succession que pour éclairer ceux qui, avec une entière bonne foi, j'en suis sûr, croient qu'après la préparation de la défense, l'offensive à fond était possible avec des masses dont l'organisation et l'armement étaient insuffisants.

« Nous n'avons pas fait ce que nous avons voulu ; nous avons fait ce que nous avons pu, dans une suite d'improvisations dont les objets avaient des proportions énormes, au milieu des impressions les plus douloureuses qui puissent affliger le patriotisme d'une grande nation. Eh bien ! l'avenir exige encore de nous un plus grand effort, car le temps nous presse. Mais le temps presse aussi l'ennemi ; et ses intérêts, et le sentiment public de l'Allemagne, et la conscience publique européenne le pressent encore plus. Il ne serait pas digne de la France, et le monde ne comprendrait pas que la population et l'armée de Paris, après s'être si énergiquement préparées à tous les sacrifices, ne sussent pas aller plus loin, c'est-à-dire souffrir et combattre jusqu'à ce qu'elles ne puissent plus ni souffrir ni combattre. Ainsi, serrons nos rangs autour de la République, et élevons nos cœurs.

« Je vous ai dit la vérité telle que je la vois.

« J'ai voulu montrer que notre devoir était de regarder en face nos difficultés et nos périls, de les aborder sans trouble, de nous cramponner à toutes les formes de la résistance et de la lutte. Si nous triomphons, nous aurons bien mérité de la patrie, en donnant un grand exemple. Si nous succombons, nous aurons légué à la Prusse, qui aura remplacé le premier empire dans les fastes sanglants de la conquête et de la violence, avec une œuvre impossible à réaliser, un héritage de malédictions et de haines, sous lequel elle succombera à son tour.

« Paris, le 14 novembre 1870.

« *Le gouverneur de Paris,*
« Général TROCHU. »

---

16 novembre (61e *journée*). — L'ennemi s'est montré dans Champigny.

Le fort de Charenton a canonné les positions de Choisy.

---

17 novembre (62e *journée*). — Rien à signaler.

---

18 novembre (63e *journée*). — Il n'y a pas eu hier de rapport officiel sur les faits militaires de la journée. Il doit y avoir eu d'ailleurs peu de faits militaires.

On se prépare.

Pour compléter le système de défense de la presqu'île de Gennevilliers, le génie militaire vient de construire à 600 mètres du château d'Épinay une forte redoute, éloignée de quatre mille mètres seulement du fameux moulin d'Orgemont. Cette redoute, dite de Villeneuve, est armée de pièces de marine d'un calibre respectable, dont le feu bat en brèche les batteries prussiennes d'Orgemont, et qui, en joignant leur action à celle du fort de la Briche et de la batterie de Saint-Ouen, rendent impraticable pour l'ennemi l'accès de la presqu'île.

---

19 novembre (64e journée). — Les forts de Bicêtre, Montrouge, Vanvres et Issy ont tiré avec beaucoup de succès sur les positions de l'ennemi, qui a dû évacuer, à plusieurs reprises, ses avancées. Nos travaux sont poussés sur tous les points avec la plus grande activité.

Le fort de Vanvres, le Mont-Valérien et le fort d'Issy ont tiré de deux à cinq heures sur Châtillon et Clamart. Sur ce dernier point, l'ennemi a démasqué une nouvelle batterie. Les Prussiens sont signalés en grand nombre à Chaville, à Thiais et à Gonesse.

Le général Trochu, dans un ordre du jour sévère, reproche au corps d'armée de Saint-Denis de regrettables désordres qui, se passant sous les yeux de l'ennemi, peuvent être exploités par lui.

L'ordre du jour se termine ainsi :

« C'est au moment où toutes les volontés et tous les cœurs doivent s'unir pour des efforts qui couronneraient dignement la résistance de Paris que je recueille ces marques d'altération de l'esprit militaire dans un corps d'armée auquel j'avais remis avec confiance la garde d'une de nos plus importantes positions. J'y avais fait entrer la plupart des enfants de Paris, parce qu'ils m'avaient juré de défendre leurs foyers avec une énergie qui ne reculerait devant aucun sacrifice.

« Ma sévérité s'exercera par tous les moyens pour ramener dans le devoir ceux qui s'en seront écartés ; mais j'ai le ferme espoir que je n'aurai plus l'occasion de sévir, et que mon appel au patriotisme et à l'honneur des officiers, sous-officiers et soldats du corps d'armée sera entendu.

« Au quartier-général, à Paris, le 19 novembre 1870.

« *Le gouverneur de Paris,*
« Général TROCHU. »

---

20 novembre (65ᵉ journée). — Le feu a été très-vif pendant une partie de la nuit, contre les positions du Bourget.

Dans la journée d'hier, les forts de Vanvres et d'Issy ont tiré sur le plateau de Châtillon. On voyait parfaitement les obus éclater sur la hauteur.

---

21 novembre (66ᵉ journée). — Jamais, depuis le commencement du siége, la canonnade ne s'est fait entendre avec autant de violence que dans la nuit de dimanche à lundi. C'était à croire sur la rive gauche que les Prussiens bombardaient Paris. Le côté gauche du clocher de l'église de Châtillon a été fortement endommagé par les obus qu'a envoyés hier et avant-hier le fort de Vanvres.

---

22 novembre (67ᵉ journée). — Les forts du sud continuent de tirer sur les travaux exécutés par l'ennemi à Châtillon. Des mouvements de troupes considérables ont été exécutés par les Prussiens. La canonnade a recommencé de plus belle la nuit dernière. Tous les forts de la ligne du sud ont donné. On avait remarqué dans ces parages un grand mouvement de troupes prussiennes.

Le gouvernement croit devoir porter à la connaissance du public un fait dont chacun appréciera la gravité et qu'il soumet au jugement de l'opinion.

Il y a quelques semaines, M. de Raynal, avocat général à la cour de cassation, pria le ministre des affaires étrangères de s'enquérir du sort de son fils, substitut du procureur de la République à Versailles, et qu'on disait avoir été mis en état d'arrestation par les ordres des chefs de l'armée prussienne.

Le ministre des États-Unis voulut bien, à notre sollicitation, s'adresser pour cette information à M. de Bismark; voici la réponse qu'il en a reçue :

A Monsieur Washburn, ministre des États-Unis d'Amérique, à Paris.

« Versailles, le 19 novembre 1870.

« MONSIEUR LE MINISTRE,

« J'ai eu l'honneur de recevoir la lettre que vous avez bien voulu m'adresser le 10 novembre dernier, pour m'informer que M. Jules Favre vous avait exprimé le désir, d'une manière non officielle, d'obtenir des renseignements sur le sort de M. Raynal.

« D'après les informations qui me parviennent à ce sujet, son arrestation a été décidée par les autorités militaires, parce qu'il était démontré, par des papiers saisis chez lui et des notes écrites de sa main, qu'il avait entretenu des correspondances pour faire parvenir des renseignements à l'ennemi. Il a été dirigé sur l'Allemagne, où il sera jugé par un conseil de guerre.

« Je profite de l'occasion pour vous informer que plusieurs ballons expédiés dernièrement de Paris sont tombés entre nos mains, et que les personnes qui les montaient seront également jugées selon les lois de la guerre.

« Je vous prie de vouloir bien porter ce fait à la connaissance du gouvernement français, en ajoutant que toutes les personnes qui prendront cette voie pour franchir nos lignes sans autorisation, ou pour entretenir des correspondances au préjudice de nos troupes, s'exposeront, si elles tombent en notre pouvoir, au même traitement, qui leur est tout aussi applicable qu'à ceux qui feraient des tentatives semblables par voie ordinaire.

« Veuillez agréer, Monsieur le ministre, les assurances réitérées de ma haute considération.

Signé : « DE BISMARK. »

---

23 novembre (68e journée). — La pluie d'hier a arrêté sur tous les points les travaux de l'ennemi ; aussi, les forts n'ont-ils tiré qu'avec la plus grande modération.

---

24 novembre (69e journée). — Issy et Vanvres continuent leur besogne sur Clamart et le Bas-Meudon. Le Mont-Valérien travaille de jour et de nuit.

---

25 novembre (70e journée). — Le fort de Romainville, qui jusqu'ici était resté tranquille, s'est fait entendre hier. Il a dirigé son feu sur Bondy. Le fort de Noisy a tiré également, et une heure après on voyait s'élever une fumée épaisse dans la direction sud-ouest du village. La batterie prussienne de Choisy-le-Roi a tiré sur les Hautes-Bruyères. Le fort de Bicêtre a répondu par deux coups de mitraille qui ont abattu un pan de la batterie.

---

26 novembre (71e journée). — A partir de dimanche matin, les barrières des différentes portes de l'enceinte seront fermées à la circulation ; elles ne s'ouvriront que pour le passage des troupes, du matériel, des convois de voitures militaires ou civils au service de l'armée, des militaires isolés, des ingénieurs et ouvriers appelés au dehors pour des travaux militaires.

27 novembre (72e journée). — De grands mouvements de troupes ont eu lieu hier. Les Prussiens sont toujours massés dans le Bas-Meudon et dans les carrières Saint-Denis. Le Mont-Valérien ne perd pas l'habitude d'y lancer des obus.

---

28 novembre (73e journée). — Depuis trois jours il n'y a pas de communication officielle, ni de rapport militaire, mais ce silence ne durera pas longtemps. Hier, vers dix heures du soir, le général Trochu est sorti avec son état-major. Toute la nuit la canonnade s'est fait entendre sur nos lignes du sud.

---

29 novembre (74e journée). — Les proclamations suivantes ont été adressées à la population et à l'armée de Paris :

« Citoyens,

« L'effort que réclamaient l'honneur et le salut de la France est engagé.

« Vous l'attendiez avec une patriotique impatience que vos chefs militaires avaient peine à modérer. Décidés comme vous à débusquer l'ennemi des lignes où il se retranche et à courir au-devant de vos frères des départements, ils avaient le devoir de préparer de puissants moyens d'attaque. Ils les ont réunis ; maintenant ils combattent ; nos cœurs sont avec eux. Tous, nous sommes prêts à les suivre, et, comme eux, à verser notre sang pour la délivrance de la patrie.

« A cette heure suprême où ils exposent noblement leur vie, nous leur devons le concours de notre constance et de notre vertu civique. Quelle que soit la violence des émotions qui nous agitent, ayons le courage à demeurer calmes. Quiconque fomenterait le moindre trouble dans la cité trahirait la cause de ses défenseurs et servirait celle de la Prusse. De même que l'armée ne peut vaincre que par la discipline, nous ne pouvons résister que par l'union et l'ordre.

« Nous comptons sur le succès; nous ne nous laisserions abattre par aucun revers.

« Cherchons surtout notre force dans l'inébranlable résolution d'étouffer, comme un germe de mort honteuse, tout ferment de discorde civile.

« Vive la France! vive la République!

« *Les membres du gouvernement.* »

(Suivent les signatures.)

« Citoyens de Paris,

« Soldats de la garde nationale et de l'armée!

« La politique d'envahissement et de conquête entend achever son œuvre. Elle introduit en Europe et prétend fonder en France le droit de la force. L'Europe peut subir cet outrage en silence, mais la France veut combattre, et nos frères nous appellent au dehors pour la lutte suprême. Après tant de sang versé, le sang va couler de nouveau. Que la responsabilité en retombe sur ceux dont la détestable ambition foule aux pieds les lois de la civilisation moderne et de la justice. Mettant notre confiance en Dieu, marchons en avant pour la patrie.

« *Le gouverneur de Paris,*

« Général Trochu. »

Soldats de la deuxième armée de Paris!

« Le moment est venu de rompre le cercle de fer qui nous enserre depuis trop longtemps et menace de nous étouffer dans une lente et douloureuse agonie! A vous est dévolu l'honneur de tenter cette grande entreprise : vous vous en montrerez dignes, j'en ai la certitude.

« Sans doute, nos débuts seront difficiles; nous aurons à surmonter de sérieux obstacles; il faut les envisager avec calme et résolution, sans exagération comme sans faiblesse.

« La vérité, la voici : dès nos premiers pas, touchant nos

avant-postes, nous trouverons d'implacables ennemis, rendus audacieux et confiants par de trop nombreux succès. Il y aura donc là à faire un vigoureux effort, mais il n'est pas au-dessus de vos forces : pour préparer votre action, la prévoyance de celui qui nous commande en chef a accumulé plus de 400 bouches à feu dont deux tiers au moins du plus gros calibre; aucun obstacle matériel ne saurait y résister, et, pour vous élancer dans cette trouée, vous serez plus de 150,000 tous bien armés, bien équipés, abondamment pourvus de munitions, et, j'en ai l'espoir, tous animés d'une ardeur irrésistible. Vainqueurs dans cette première période de la lutte, votre succès est assuré, car l'ennemi a envoyé sur les bords de la Loire ses plus nombreux et ses meilleurs soldats; les efforts héroïques et heureux de nos frères les y retiennent.

« Courage donc et confiance! Songez que, dans cette lutte suprême, nous combattrons pour notre honneur, pour notre liberté, pour le salut de notre chère et malheureuse patrie, et si ce mobile n'est pas suffisant pour enflammer vos cœurs, pensez à vos champs dévastés, à vos familles ruinées, à vos sœurs, à vos femmes, à vos mères désolées! Puisse cette pensée vous faire partager la soif de vengeance, la sourde rage qui m'animent, et vous inspirer le mépris du danger.

« Pour moi, j'y suis bien résolu, j'en fais le serment devant vous, devant la nation tout entière : je ne rentrerai dans Paris que mort ou victorieux; vous pourrez me voir tomber, mais vous ne me verrez pas reculer. Alors, ne vous arrêtez pas; mais vengez-moi. En avant donc, en avant! et que Dieu nous protège!

« *Le général en chef de la deuxième armée de Paris,*

« A. DUCROT. »

La vaillante proclamation du général Ducrot lui a valu hier matin, sur le boulevard des Capucines, une véritable ovation. Les bravos éclataient sur son passage. Il a été entouré et presque étouffé par les citoyens enthousiastes qui l'acclamaient. Le général, profondément ému, a eu de la peine à se dégager de ces chaleureuses étreintes. Il s'en est tiré en donnant l'ordre de présenter armes au peuple, et de faire battre aux champs.

L'attaque au sud.

Le bastion 67 a donné à minuit le signal de la grande affaire. Tous les forts de Paris ont tonné de toutes leurs pièces. De la butte Montmartre, la foule a pu contempler ce spectacle magnifique et terrible. Paris était entouré d'une fumée lumineuse traversée à tout instant par des langues de feu. Issy, Vanvres et Montrouge lançaient des obus sur les hauteurs de Meudon, de Châtillon et de Clamart, pendant que le Mont-Valérien envoyait plusieurs volées de mitraille entre Garches et la Jonchère. Au même moment, notre artillerie de campagne, trente batteries environ, venait prendre position entre Colombes et Gennevilliers, au-dessus de Nanterre et de Rueil. Les pièces de ces batteries faisaient des feux d'ensemble sur Chatou et sur Croissy, sur Bezons, Houilles et Argenteuil. De leur côté, les redoutes de Courbevoie et de Saint-Ouen faisaient partir leurs plus grands canons, et envoyaient sur Montesson et sur la butte d'Orgemont leurs plus gros projectiles. Mais c'est surtout d'Ivry, de Bicêtre, des Hautes-Bruyères et du Moulin-Saquet qu'on envoyait le plus de mitraille. Nos canonnières, entre autres celle du commandant Farcy, venaient s'embosser à Port-à-l'Anglais, derrière les arbres et les habitations qui bordent la Seine. Les mobiles du Finistère étaient les premiers en ligne; ils ont essuyé le premier feu; ils ont eu l'honneur de se précipiter en avant, la baïonnette au bout de leur fusil, et de repousser l'ennemi au-delà des ouvrages avancés. Le Moulin-Saquet engageait au même instant un feu des plus vifs sur Choisy. Les premières positions de l'Hay étaient gardées par des Bavarois. Vivement attaqués par nos soldats qui les poursuivaient la baïonnette dans les reins, ils se sont repliés sur le château. Deux groupes, prenant l'un à droite, l'autre à gauche, pendant que le gros de l'armée allait attaquer de front, se préparaient à enlever cette position. Les canons de l'ennemi se mettent de la partie. Les boulets font dans nos rangs de larges trouées. Pas un homme ne recule. « En avant ! » crient les chefs. Au pas gymnastique tout le monde se précipite, et les Bavarois se replient, emmenant avec eux leurs canons. Des chevaux attelés aux pièces sont tués, mais des hommes s'attellent à leur place et fuient en courant. C'est à ce moment que s'engage ce combat terrible. Des renforts viennent à l'ennemi de toutes parts. Un bataillon prussien essaie de tendre un piége à nos soldats du 72e : il lève la crosse en l'air. « En avant ! » crient les chefs sur toute la ligne. La mêlée est plus ardente que jamais; le sol est jonché de cadavres. Les Bavarois se replient en bon ordre, il faut le dire; nous sommes maîtres de la place.

Pendant cette affaire, l'amiral Pothuau conduisait un corps d'environ mille hommes du côté de Choisy. Cette faible troupe s'appuyait sur une ligne de réserve composée des 116e et 106e bataillons de marche de la garde nationale. Les matelots ont été à cette affaire comme à l'abordage, la hache au côté droit, le révolver et le poignard à la ceinture, le chassepot dans les mains. L'admirable troupe! Elle arrive à un kilomètre à peine de Choisy, à la gare aux Bœufs; les Prussiens étaient là en nombre. La mêlée s'engage furieuse. Les Prussiens ne s'attendaient point à cette attaque terrible. Plusieurs se rendent; les autres fuient poursuivis par les coups de hache d'un côté et les coups de fusil d'un autre. Un mouvement analogue se produisait sur Châtillon; l'engagement y a été plus meurtrier pour les Prussiens. Pour la première journée, le résultat est bon : le général Trochu a occupé la position qu'il avait en vue.

« Le gouvernement de la défense nationale,

« Considérant que le subside accordé aux gardes nationaux est insuffisant, en présence de la hausse générale des denrées, pour faire face aux besoins de ceux de ces gardes nationaux qui ont charge de famille,

« Décrète :

« Un subside complémentaire de 75 c. par tête sera accordé aux femmes des gardes nationaux qui reçoivent le subside de 1 fr. 50 c. Ce subside sera payé directement aux femmes qui y ont droit sur des états complémentaires. »

(Suivent les signatures.)

30 novembre (75ᵉ journée).

Proclamation.

« La journée du 30 novembre comptera dans notre histoire. Elle consacre, en relevant notre honneur militaire, le glorieux effort de la ville de Paris. Elle peut, si celle de demain lui ressemble, sauver Paris et la France. Notre jeune armée, formée en moins de deux mois, a montré ce que peuvent les soldats d'un pays libre. Cernée par un ennemi retranché derrière de formidables défenses, elle l'a abordé avec le sang-froid et l'intrépidité des plus vieilles troupes. Elle a combattu douze heures sous un feu meurtrier et conquis pied à pied les positions sur lesquelles elle couche.

« Les chefs ont été dignes de la commander et de la soutenir dans cette grande épreuve. Nous ne pouvons encore nommer tous les braves qui l'ont électrisée par leur courage. Le gouverneur a cité le général Ducrot, et c'était justice; il devait s'oublier lui-même : ceux qui l'ont vu donner l'exemple au milieu de l'action lui rendent le témoignage qu'il ne pouvait se décerner.

« Le général Renault, commandant en chef le deuxième corps, toujours le premier au danger, a été rapporté du champ de bataille grièvement blessé. Le général Ladreit de la Charrière a été aussi gravement atteint. Un grand nombre d'officiers sont glorieusement tombés. Les rapports militaires nous permettront bientôt de les connaître et d'honorer leur sacrifice.

« Aujourd'hui, nous ne pouvons sortir de la réserve à laquelle nous oblige la continuation de la lutte. Quelle qu'en soit l'issue, notre armée a bien mérité de la patrie ; notre reconnaissance et notre admiration lui sont acquises et l'accompagnent dans l'accomplissement de la tâche que le salut du pays impose encore à son dévoûment.

« *Les membres du gouvernement.* »

Rapports militaires.
Gouverneur au général Schmitz.

« La droite a gardé les positions qu'elle avait brillamment conquises. La gauche, après avoir un peu fléchi, a tenu ferme, et l'ennemi, dont les pertes sont considérables, a été obligé de se replier en arrière de crêtes. La situation est bonne.

« L'artillerie, aux ordres du général Frébaul, a magnifiquement combattu. Si l'on avait dit, il y a un mois, qu'une armée se formerait à Paris, capable de passer une rivière difficile, en face de l'ennemi, et de pousser devant elle l'armée prussienne retranchée sur des hauteurs, personne n'en aurait rien cru.

« Le général Ducrot a été admirable, et je ne puis trop l'honorer ici.

« La division Susbielle qui, en dehors et sur la droite de l'action générale, avait enlevé avec beaucoup d'entrain la position de Montmesly, n'a pu y tenir devant des forces supérieures et s'est repliée sur Créteil ; mais sa diversion a été fort utile. Je passe la nuit sur le lieu de l'action, qui continuera certainement demain. »

« Rosny, 7 heures 42 du soir.

« La fin de la journée a été bonne.

« Une division du général d'Exéa ayant passé la Marne, l'offensive a été reprise, et nous couchons sur les positions.

« L'ennemi nous a laissé deux canons et a abandonné sur place ses blessés et ses morts.

« Général TROCHU. »

Le gouvernement aux habitants de Paris.

5 heures. — « L'action est engagée sur plusieurs points, et la conduite des troupes est admirable. Elles ont abordé les positions avec un grand entrain.

« Toutes les divisions de l'armée du général Ducrot ont passé la Marne et ont occupé les points qui leur ont été assignés. Le gros de l'action est à Cœuilly et à Villiers-sur-Marne.

« La bataille continue.

« *Les membres du gouvernement.* »

---

4 heures. — « Le gouverneur de Paris est à la tête des troupes depuis avant-hier.

« L'armée du général Ducrot passe la Marne depuis ce matin, sur des ponts de bateaux, dont l'établissement avait été retardé par une crue subite et imprévue de la rivière.

« L'action s'engage sur un vaste périmètre, soutenue par les forts et les batteries de position qui, depuis hier, écrasent l'ennemi de leur feu.

« Cette grande opération, engagée sur un immense développement, ne saurait sans danger être expliquée en ce moment avec plus de détails.

« *Le gouverneur de Paris,*
« P. O., le général chef d'état-major général,
« SCHMITZ. »

Le vice-amiral commandant en chef à Saint-Denis au gouverneur de Paris.

« Saint-Denis, 8 heures 20 du soir.

« Le programme que vous m'avez tracé a été accompli en tous points. Ce matin, la brigade Lavoignet, à laquelle étaient adjoints les mobiles de l'Hérault et de Saône-et-Loire, soutenue par la division de cavalerie Bertin de Vaux, s'est avancée dans la plaine d'Aubervilliers, a occupé Drancy et a continué son opération jusqu'à Groslay.

« L'ennemi s'est concentré, avec une nombreuse artillerie, dans ses retranchements, en arrière de la Morée, et n'est pas sorti de ses positions. Dans l'après-midi, avec une vive canonnade des forts et de la batterie flottante n° 4, la brigade Hanrion, sous un feu très-nourri d'artillerie, s'est emparée du village retranché d'Épinay.

« Le 135e, deux compagnies de matelots fusiliers et les 1er, 2e et 10e bataillons de mobiles de la Seine, ont enlevé le village avec un entrain remarquable.

« J'ignore encore le chiffre de nos pertes. Je le crois faible.

« Le commandant Saillard, du 1er mobiles de la Seine, qui commandait une des colonnes d'attaque, a reçu trois blessures qui ne mettent pas sa vie en danger.

« Soixante-douze prisonniers, dont un aide de camp, des munitions et deux pièces nouveau modèle, sont restés entre nos mains. »

1er décembre (76e journée).

Le gouverneur de Paris au général Schmitz.

« Nos troupes restent ce matin sur les positions qu'elles ont conquises hier et occupées cette nuit. Elles relèvent les blessés que l'ennemi a abandonnés sur le champ de bataille, et ensevelissent les morts.

« Le transport de nos blessés achève de s'effectuer dans le plus grand ordre.

« L'armée est pleine d'ardeur et de résolution. »

---

3 heures après midi. — « L'artillerie placée sur le plateau d'Avron ne cesse pas de couvrir l'ennemi de ses feux.

« Nos troupes, solidement établies dans leurs positions, n'ont pas été inquiétées.

« Elles sont prêtes à reprendre le combat au premier signal et ne demandent qu'à marcher. L'enlèvement des blessés prussiens a pris une partie de la journée.

« D'un moment à l'autre, la lutte peut recommencer. Les chefs de corps sont très-satisfaits de l'action d'hier et pleins de confiance. »

« Dix voitures, contenant les soixante-douze prisonniers faits hier à Épinay par la brigade Hanrion, sont entrées ce soir à Paris, à six heures et demie. Un escadron de gendarmerie de la garnison de Saint-Denis accompagnait ces voitures.

« Pour copie conforme :

« *Le ministre de l'intérieur par intérim,*

« Jules FAVRE. »

---

2 décembre (77ᵉ journée). — 3 heures 10 m. — Dès ce matin, à l'aube, l'ennemi a attaqué les positions de l'armée du général Ducrot avec la plus grande violence. Nos troupes étaient prêtes à recevoir le combat.

Un développement considérable d'artillerie, appuyé par les positions d'Avron, les forts de Nogent, de la Faisanderie, de Gravelles, les redoutes de Saint-Maur et du fort de Charenton, a empêché l'ennemi de gagner du terrain.

Les dernières nouvelles du champ de bataille sont de 1 heure

45 minutes. L'infanterie prussienne se repliait dans les bois, et jusqu'à présent nous avons l'avantage.

Aussitôt la nouvelle de l'attaque, le chef d'état-major général a demandé des troupes au général Vinoy, au général Clément Thomas, qui avait déjà conduit lui-même sur les lieux 33 bataillons de la garde nationale.

Les généraux de Beaufort et de Lignères ont été prévenus de tenir leurs troupes prêtes, et nos positions du sud, sous les ordres du général Vinoy, appuient la bataille par une vigoureuse diversion. Le combat continue.

Gouverneur au général Schmitz.

« Plateau entre Champigny et Villiers, 1 heure 1/4.

« Attaqués ce matin par des forces énormes, à la pointe du jour, nous sommes au combat depuis plus de sept heures.

« Au moment où je vous écris, l'ennemi, placé sur toute la ligne, nous cède encore une fois les hauteurs. Parcourant nos lignes de tirailleurs de Champigny jusqu'à Bry, j'ai recueilli l'honneur et l'indicible joie des acclamations des troupes soumises au feu le plus violent.

« Nous aurons sans doute des retours offensifs, et cette seconde bataille durera, comme la première, toute une journée.

« Je ne sais quel avenir est réservé à ces généreux efforts des troupes de la République ; mais je leur dois cette justice qu'au milieu des épreuves de toutes sortes, elles ont bien mérité du pays.

« J'ajoute que c'est au général Ducrot qu'appartient l'honneur de ces deux journées. »

Gouverneur au général Schmitz, pour gouvernement.

« Paris, de Nogent, 5 h. 30 soir.

« Je reviens à mon logis du fort à cinq heures, très-fatigué et très-content.

« Cette deuxième grande bataille est beaucoup plus décisive que la précédente. L'ennemi nous a attaqués au réveil avec des réserves et des troupes fraîches; nous ne pouvions lui offrir que les adversaires de l'avant-veille, fatigués, avec un matériel incomplet, et glacés par des nuits d'hiver qu'ils ont passées sans couvertures; car, pour nous alléger, nous avions dû les laisser à Paris.

« Mais l'étonnante ardeur des troupes a suppléé à tout; nous avons combattu trois heures pour conserver nos positions, et cinq heures pour enlever celles de l'ennemi, où nous couchons. Voilà le bilan de cette dure et belle journée.

« Beaucoup ne reverront pas leurs foyers; mais ces morts regrettés ont fait à la jeune République de 1870 une page glorieuse dans l'histoire militaire du pays.

« Pour copie conforme :
« *Le ministre de l'intérieur par intérim,*
« Jules FAVRE. »

« Le récit des événements accomplis pendant les glorieuses journées des 29, 30 novembre et 2 décembre est impatiemment attendu par la population.

« Il est cependant impossible de rien ajouter aux dépêc... gouvernement sans compromettre le succès des opérations. cun comprendra la réserve que s'impose l'autorité militaire en de pareilles circonstances.

« *Le général chef d'état-major général,*
« SCHMITZ. »

Le gouvernement de la défense nationale vient d'adresser la lettre suivante au général Trochu :

« Général et bien cher président,

« Depuis trois jours, nous sommes avec vous par la pensée sur ce champ de bataille glorieux où se décident les destinées de la patrie. Nous voudrions partager vos dangers en vous laissant cette gloire qui vous appartient bien d'avoir préparé et d'assurer maintenant par votre noble dévoûment le succès de notre vaillante armée.

« Nul mieux que vous n'a le droit d'en être fier, nul ne peut plus dignement en faire l'éloge; vous n'oubliez que vous-même, mais vous ne pouvez vous dérober à l'acclamation de vos compagnons d'armes électrisés par votre exemple.

« Il nous eût été doux d'y joindre les nôtres : permettez-nous au moins de vous exprimer tout ce que notre cœur contient pour vous de gratitude et d'affection. Dites au brave général Ducrot, à vos officiers si dévoués, à vos vaillants soldats que nous les admirons. La France républicaine reconnaît en eux l'héroïsme noble et pur qui déjà l'a sauvée. Elle sait maintenant qu'elle peut mettre en eux et en vous l'espoir de son salut.

« Nous, vos collègues, initiés à vos pensées, nous saluons avec joie ces belles et grandes journées où vous vous êtes révélé tout entier, et qui, nous en avons la conviction profonde, sont le commencement de notre délivrance.

« Agréez, etc. »

(Suivent les signatures.)

---

3 décembre (78e journée). — Nous n'avons eu ce matin aucun incident remarquable sur nos positions. Dès le point du jour, les Prussiens ont commencé une série d'attaques d'avant-postes précédées d'une courte canonnade. Le calme est revenu promptement sur nos positions de la Marne.

Avron a continué son feu pour inquiéter les convois incessants de l'ennemi dans la direction de Chelles.

Les Prussiens ont fait hier des pertes considérables; de nombreux convois de blessés, quittant dès midi le champ de bataille, étaient signalés par toutes nos vigies.

D'après des renseignements émanant des prisonniers, des régiments entiers auraient été écrasés.

La journée d'aujourd'hui est consacrée à améliorer la situation de nos troupes par ce temps déjà rigoureux qu'elles supportent avec un grand courage.

« L'armée du général Ducrot b'vaque, cette nuit, dans le bois de Vincennes ; elle a repassé la Marne dans la journée, et elle a été concentrée sur ce point pour donner suite à ses opérations.

« Environ 400 prisonniers prussiens, dont un groupe d'officiers, ont été amenés aujourd'hui dans Paris.

« P. O. *Le général chef d'état-major général,*
« SCHMITZ. »

Nous avons bien des pertes à déplorer à la suite des derniers combats. Le général Ladreit de la Charrière, frappé de deux balles à l'attaque de Montmesly, est mort hier de ses blessures.

Le colonel de Grancey, des mobiles de la Côte-d'Or, a été tué. Le colonel de Vignerol et tous les chefs de bataillon d'Ille-et-Vilaine ont été tués. Les généraux Paturel et Boissonnet, le commandant en second de l'artillerie, colonel Villiers, ont été blessés dans la bataille du 2 décembre. Le général Renault a été amputé ; le colonel Dréval, tué ; le capitaine de frégate Eugène Desprez, tué ; le commandant de Sazilly, tué ; le commandant de Trécesson, tué ; le colonel Bertrand, tué ; le colonel Guillot, tué ; le lieutenant Sorlin, tué ; le commandant Franchetti, mort à la suite d'une amputation.

---

4 *décembre* (79e journée). — Les pertes de l'ennemi ont été tellement considérables pendant les glorieuses journées des 29, 30 novembre et 2 décembre, que pour la première fois, depuis le commencement de la campagne, frappé dans sa puissance et dans son orgueil, il a laissé passer une rivière en sa présence, en

plein jour, à une armée qu'il avait attaquée la veille avec tant de violence.

« On ne saurait trop insister sur ce fait unique dans la guerre de 1870, car il consacre les efforts faits par notre armée qui n'existait pas il y a deux mois. Il faut en chercher la cause dans le patriotisme des éléments qui la composent et dans la force que la population de Paris a, par son attitude, inspirée à tous les défenseurs de la capitale.

« L'armée, réunie en ce moment à l'abri de toute atteinte, puise de nouvelles forces dans un court repos, qu'elle était en droit d'attendre de ses chefs après de si rudes combats. Il y a des cadres à remplacer, et c'est avec la plus grande activité que l'on procède au remaniement de certaines parties de son organisation.

« Le gouverneur est resté à la tête des troupes, et il pourvoit par lui-même à tous les besoins signalés.

« P. O. *Le général, chef d'état-major général,*

« SCHMITZ. »

Aux soldats de la deuxième armée.

« Vincennes, le 4 décembre 1870.

« SOLDATS,

« Après deux journées de glorieux combats, je vous ai fait repasser la Marne, parce que j'étais convaincu que de nouveaux efforts, dans une direction où l'ennemi avait eu le temps de concentrer toutes ses forces et de préparer tous ses moyens d'action, seraient stériles.

« En nous obstinant dans cette voie, je sacrifiais inutilement des milliers de braves, et, loin de servir l'œuvre de la délivrance, je la compromettais sérieusement, et je pouvais même vous conduire à un désastre irréparable. Mais, vous l'avez compris, la lutte n'est suspendue que pour un instant ; nous allons la reprendre avec résolution. Soyez donc prêts, complétez en toute hâte vos munitions, vos vivres, et surtout élevez vos cœurs à la hauteur des sacrifices qu'exige la sainte cause pour laquelle nous ne devons pas hésiter à donner notre vie.

« *Le général en chef de la deuxième armée de Paris,*
« A. Ducrot. »

5 décembre (80e journée). — Le nombre des prisonniers ennemis arrivés du champ de bataille est en ce moment de plus de 800. Le compte n'en avait pu être fait d'abord, beaucoup ayant été conservés dans les forts.

Vice-amiral La Roncière *au vice-amiral* Saisset, *à Noisy.*

« Commandant Poulizac rentre d'une reconnaissance poussée vers Aulnay avec vigueur. Il me transmet la dépêche suivante :

« J'ai été assez heureux pour ne pas avoir un blessé dans l'enlèvement des trois postes du chemin de fer de Soissons. Sept Prussiens sont restés sur place. Mes hommes rapportent trente sacs, quarante casques, deux fusils, des marmites, des couvertures, etc. »

« P. O. *Le général chef d'état-major général,*
« Schmitz. »

6 décembre (81e journée). — Les Prussiens ont attaqué hier, de grand matin, nos avant-postes de Bry. Ils ont été obligés de se replier sans prendre le temps de ramasser leurs morts et leurs blessés.

Le gouvernement de la défense nationale porte à la connaissance de la population les faits suivants :

« Hier au soir, le gouverneur a reçu une lettre dont voici le texte :

« Versailles, le 5 décembre 1870.

« Il pourrait être utile d'informer Votre Excellence que l'armée de la Loire a été défaite hier près d'Orléans, et que cette ville est réoccupée par les troupes allemandes.

« Si toutefois Votre Excellence juge à propos de s'en convaincre par un de ses officiers, je ne manquerai pas de le munir d'un sauf-conduit pour aller et venir.

« Agréez, mon général, l'expression de la haute considération avec laquelle j'ai l'honneur d'être votre très-humble et très-obéissant serviteur.

« *Le chef d'état-major,*

« Comte DE MOLTKE. »

« Le gouverneur a répondu :

« Paris, ce 6 décembre 1870.

« Votre Excellence a pensé qu'il pourrait être utile de m'informer que l'armée de la Loire a été défaite près d'Orléans et que cette ville est réoccupée par les troupes allemandes.

« J'ai l'honneur de vous accuser réception de cette communication, que je ne crois pas devoir faire vérifier par les moyens que Votre Excellence m'indique.

« Agréez, mon général, l'expression de la haute considération avec laquelle j'ai l'honneur d'être votre très-humble et très-obéissant serviteur.

« *Le gouverneur de Paris,*

« Général TROCHU. »

« Cette nouvelle, qui nous vient de l'ennemi, en la supposant exacte, ne nous ôte pas le droit de compter sur le grand mouvement de la France accourant à notre secours. Elle ne change rien ni à nos résolutions, ni à nos devoirs.

« Un seul mot les résume : combattre !

« Vive la France ! vive la République !

« *Les membres du gouvernement.* »

(Suivent les signatures.)

7 décembre (82e journée).

Rapport militaire.

« Les dernières sorties opérées par l'armée de Paris pendant les journées des 29 et 30 novembre, 1er, 2 et 3 décembre ont amené des engagements sur la plupart des points des lignes d'investissement de l'ennemi.

« Dès le 28 novembre au soir, les opérations étaient commencées.

« A l'est, le plateau d'Avron était occupé à huit heures par les marins de l'amiral Saisset, soutenus par la division d'Hugues, et une artillerie nombreuse de pièces à longue portée était installée sur ce plateau, menaçant au loin les positions de l'ennemi et les routes suivies par ses convois à Gagny, à Chelles et à Gournay.

« A l'ouest, dans la presqu'île de Gennevilliers, des travaux de terrassement étaient commencés sous la direction du général de Liniers; de nouvelles batteries étaient armées; des gabionnades et des tranchées-abris étaient installées dans l'île Marante, dans l'île de Bezons et sur le chemin de fer de Rouen. Le lendemain, le général de Beaufort complétait les opérations de l'ouest en dirigeant une reconnaissance sur Buzenval et les hauteurs de la Malmaison, en restant sur sa droite relié devant Bezons aux troupes du général de Liniers.

« Le 29, au point du jour, les troupes de la 3e armée, aux ordres du général Vinoy, opéraient une sortie sur Thiais, l'Hay et Choisy-le-Roi, et le feu des forts était dirigé sur les divers points signalés comme servant au rassemblement des troupes de l'ennemi.

« Des mouvements exécutés depuis deux jours avaient garni de forces importantes la plaine d'Aubervilliers et réuni les trois corps de la 2e armée aux ordres du général Ducrot sur les bords de la Marne.

« Le 30 novembre, au point du jour, des ponts préparés hors des vues de l'ennemi se trouvaient jetés sur la Marne, sous

Nogent et Joinville, et les deux premiers corps de la 2ᵉ armée, conduits par les généraux Blanchard et Renault, exécutaient rapidement avec leur artillerie le passage de la rivière. Ce mouvement avait été assuré par un feu soutenu d'artillerie partant des batteries de position établies sur la rive droite de la Marne à Nogent, au Perreux, à Joinville et dans la presqu'île de Saint-Maur.

« A neuf heures, ces deux corps d'armée attaquaient le village de Champigny, le bois du Plant et les premiers échelons du plateau de Villiers. A onze heures, toutes ces positions étaient prises, et les travaux de retranchement étaient déjà commencés par les troupes de seconde ligne, lorsque l'ennemi fit un vigoureux effort en avant, soutenu par de nouvelles batteries d'artillerie. A ce moment nos pertes furent sensibles : devant Champigny, les pièces prussiennes établies à Chennevières et à Cœuilly refoulaient les colonnes du 1ᵉʳ corps, tandis que de nombreuses troupes d'infanterie, descendant des retranchements de Villiers, chargeaient les troupes du général Renault. Ce furent alors les énergiques efforts de l'artillerie, conduite par nos généraux Frébault et Boissonnet, qui permirent d'arrêter la marche offensive que prenait l'ennemi.

« Grâce aux changements apportés dans l'armement de nos batteries, l'artillerie prussienne fut en partie démontée, et nos hommes, ramenés à la baïonnette par le général Ducrot, purent prendre définitivement possession des crêtes.

« Pendant ces opérations, le 3ᵉ corps, sous les ordres du général d'Exéa, s'étant avancé dans la vallée de la Marne jusqu'à Neuilly-sur-Marne et Ville-Evrard, des ponts avaient été jetés au Petit-Bry, et Bry-sur-Marne était attaqué et occupé par la division Bellemare. Son mouvement, retardé par le passage de la rivière, se prolongea au-delà du village jusqu'aux pentes du plateau de Villiers, et les efforts de ses colonnes vinrent concourir à la prise de possession des crêtes, opérée par le 2ᵉ corps en avant de Villiers. Le soir, nos feux de bivouacs s'étendaient sur tous les coteaux de la rive gauche de la Marne, tandis que brillaient sur les pentes de Nogent et Fontenay les feux de nos troupes de réserve.

« Ce même jour, 30 novembre, la division Susbielle, soutenue par une importante réserve des bataillons de marche de la garde nationale, s'était portée en avant de Créteil, et avait enlevé à l'ennemi les positions de Mesly et Montmesly, qu'elle devait occuper jusqu'au soir.

« Cette diversion sur la droite des opérations de la 2ᵉ armée était soutenue par de nouvelles sorties opérées sur la rive gauche de la Seine, vers Choisy-le-Roi et Thiais, par des troupes du général Vinoy.

« Au nord, l'amiral La Roncière, soutenu par l'artillerie de ses forts, avait occupé, dans la plaine d'Aubervilliers, Drancy et la ferme de Groslay : de fortes colonnes ennemies avaient été ainsi attirées sur les bords du ruisseau la Morée, en arrière du pont Iblon. Vers deux heures, l'amiral traversait Saint-Denis, et se portant de sa personne à la tête de nouvelles troupes, dirigeait l'attaque d'Epinay que nos soldats, soutenus par des batteries de la presqu'île de Gennevilliers, ont pu occuper avec succès.

« Le 1ᵉʳ décembre, il n'y eut que quelques combats de tirailleurs au début de la journée devant les positions de la 2ᵉ armée, et le feu du plateau d'Avron continua à inquiéter les mouvements de l'ennemi à Chelles et à Gournay, dans le mouvement de concentration considérable qu'il opérait, la nuit surtout, pour amener de nouvelles forces en arrière des positions de Cœuilly et de Villiers.

« Le 2 décembre, avant le jour, les nouvelles forces, ainsi rassemblées, s'élancèrent sur les positions de l'armée du général Ducrot ; sur toute la ligne, l'attaque se produisit subitement et à l'improviste sur les avant-postes des trois corps d'armée, de Champigny jusqu'à Bry-sur-Marne.

« L'effort de l'ennemi échoua : soutenues par un ensemble d'artillerie considérable, nos troupes, malgré les pertes qu'elles avaient à subir, opposèrent la plus solide résistance. La lutte fut longue et terrible. Nos batteries arrêtèrent les colonnes prussiennes sur le plateau, et dès onze heures les efforts de l'ennemi étaient entièrement vaincus. A quatre heures, le feu cessait, et nous restions maîtres du terrain de la lutte. Le 3 décembre, sans que l'ennemi pût inquiéter notre retraite, aidés par le brouillard, 100,000 hommes de la 2ᵉ armée avaient de nouveau passé la Marne, laissant l'armée prussienne relever ses morts.

« Nos pertes, dans ces diverses journées, ont été de :

	OFFICIERS		TROUPES	
	Tués.	Blessés.	Tués.	Blessés.
2ᵉ armée	61	301	711	1,098
3ᵉ armée	8	23	192	364
Corps d'armée de Saint-Denis	3	19	33	218
TOTAUX	72	343	936	4,680

RÉSUMÉ :

	Tués.	Blessés.
Officiers	72	343
Troupes	936	4,680
TOTAUX	1,008	5,023

« Un rapport détaillé, adressé au ministre de la guerre, sera ultérieurement publié.

« Les pertes de l'ennemi ont été des plus considérables ; elles sont en rapport, du reste, avec les efforts qu'il a faits pour nous enlever nos positions. Écrasé par une artillerie formidable sur tous les points où il se présentait, nos projectiles l'atteignaient jusque dans ses plus extrêmes réserves, et, d'autre part, des officiers prisonniers ont déclaré que plusieurs régiments avaient été détruits par notre feu d'infanterie en avant de Champigny.

« P. O. *Le général chef d'état-major général,*
« SCHMITZ. »

---

8 décembre (85ᵉ *journée*). — Peu ou point d'engagements ou de canonnade dans la journée d'hier.

---

9 décembre (84ᵉ journée). — On a tiré quelques coups de canon la nuit dernière : le Mont-Valérien sur Saint-Cloud, Issy et Vanvres sur le Bas-Meudon et dans les bois de Clamart, puis les forts de Bicêtre et Montrouge, celui-là sur Bagneux, celui-ci dans la direction de l'Hay, où l'on avait remarqué un mouvement de troupes. Le Mont-Valérien a particulièrement accentué ses coups.

———

10 décembre (85ᵉ journée). — Le fort de la Briche a canonné dans la journée d'hier des travaux exécutés par les Prussiens ; ils n'ont pas répondu.

On les signale en grand nombre à Enghien-les-Bains et à Montmorency. Quelques uhlans se sont aventurés sur la route de Villetaneuse à Saint-Denis. Les avant-postes ont fait feu sur eux et en ont blessé cinq. Les autres ont lâché bride et se sont enfuis dans la direction de Villetaneuse.

———

11 décembre (86ᵉ journée). — Les forts du sud n'ont pas tiré depuis trois jours un seul coup de canon. Mais le Mont-Valérien a lancé hier quelques obus sur Meudon et Clamart. La batterie prussienne établie à Clamart a seule riposté par deux coups de mitraille qui n'ont produit aucun effet. On a remarqué que ces projectiles sont tombés à quelques mètres du fort d'Issy et n'ont éclaté que deux minutes après.

Un bataillon prussien a essayé de pousser une reconnaissance sur la presqu'île de Gennevilliers. Il voulait passer la Seine entre Bezons et Charlebourg ; nos éclaireurs de la rive gauche ont donné l'éveil. Le Mont-Valérien et Courbevoie ont repoussé la colonne ennemie. Enfin les canons de Saint-Ouen ont démonté un observatoire ennemi établi sur la butte d'Orgemont.

———

12 décembre (87e journée). — Le fort de Montrouge a tiré dans la journée sur des batteries démontées que les Prussiens essayaient de reconstruire. On a entendu aussi une vive fusillade de ce côté, et tout porte à croire qu'un engagement d'avant-postes assez sérieux a dû avoir lieu au-dessous de Cachan.

La redoute de Saint-Ouen a envoyé plusieurs obus sur Bezons et Houilles.

Aux habitants de Paris.

« Hier, des bruits inquiétants répandus dans la population ont fait affluer les consommateurs dans certaines boulangeries. On craignait le rationnement du pain. Cette crainte est absolument dénuée de fondement.

« La consommation du pain ne sera pas rationnée.

« Le gouvernement a le devoir de veiller à la subsistance de la population ; c'est un devoir qu'il remplit avec la plus grande vigilance. Nous sommes encore fort éloignés du terme où les approvisionnements deviendraient insuffisants.

« La plupart des siéges ont été troublés par des paniques. La population de Paris est trop intelligente pour que ce fléau ne nous soit pas épargné.

« Paris, le 12 décembre 1870.

« *Les membres du gouvernement.* »

---

13 décembre (88e journée).

Communications officielles.

« Après les pertes subies par divers corps de la 2e armée, notamment par la division de Malroy, qui a été très-énergiquement engagée, on a dû modifier les bases de la constitution des armées de la défense.

« Le 1er corps, commandé par le général Blanchard, a été dissous. La division de Malroy de ce corps ayant fait des pertes sérieuses, a été en partie dirigée sur la 3e armée.

« Ces deux officiers généraux vont être pourvus de commandements importants sous les ordres du général Vinoy.

« L'un et l'autre ont été l'objet d'articles de journaux qui pourraient porter atteinte à leur considération s'ils n'étaient entourés de l'estime de tous les militaires qu'ils ont eus sous leurs ordres.

« En rendant hommage à leur caractère et en particulier à leur énergie dans les derniers combats, le gouverneur de Paris remplit un acte de haute justice. »

« Un certain nombre de personnes dont les parents, officiers de l'armée, sont prisonniers de guerre en Prusse, croient pouvoir leur adresser des lettres lorsque des communications régulières ont lieu avec l'ennemi, par voie de parlementaires, pour l'enlèvement des blessés, l'enterrement des morts, etc. C'est là une erreur qu'il importe de rectifier.

« Tous rapports avec l'ennemi, toute transmission de lettres sont formellement interdites par les lois de la guerre, même dans les circonstances particulières dont il s'agit. La surveillance la plus active sera exercée à cet égard : les personnes qui contreviendraient au présent ordre seront justiciables des tribunaux militaires.

« P. O. *Le général chef d'état-major général,*
« SCHMITZ. »

---

14 décembre (89e journée). — Nouvelle alerte hier, au plateau d'Avron. Entre trois et quatre heures de l'après-midi, des pelotons ennemis formant cercle se sont avancés vers les coteaux qui supportent les hauteurs d'Avron et de la Grande-Pelouse. Nous avons, sur nos positions, indépendamment des pièces de marine, une batterie de nouvelles pièces de sept. Ce sont les canons de cette batterie qui se sont chargés de donner la chasse à l'ennemi et de le repousser jusque dans ses derniers retranchements.

Coups de canon sur toute la ligne. Les redoutes de Courbevoie et de Saint-Ouen et le fort de la Briche ont dirigé un feu des plus nourris sur les Prussiens, qui opéraient des mouvements militaires dans la presqu'île de Croissy.

———

Le *Journal des réfugiés* reproduit, d'après le *Journal de Rouen*, la dépêche et la proclamation qui ont suivi la victoire d'Orléans, du 10 novembre :

« Tours, 13 novembre, 12 h. 30 m.

Le ministre de l'intérieur et de la guerre au préfet de la Seine-Inférieure.

« Le ministre de l'intérieur s'est rendu aujourd'hui à Orléans pour féliciter l'armée de la Loire du résultat des journées des 9 et 10 novembre.

« Il a adressé aux troupes l'allocution suivante :

« Soldats de l'armée de la Loire,

« Votre courage et vos efforts nous ont ramené la victoire, depuis trois mois déshabituée de nos drapeaux.

« La France en deuil vous doit sa première consolation, son premier rayon d'espérance !

« Je suis heureux de vous apporter, avec l'expression de la reconnaissance publique, les éloges et les récompenses que le gouvernement décerne à vos succès.

« Sous la main de chefs vigilants, fidèles, dignes de vous, vous avez retrouvé la discipline et la force. Vous nous avez rendu Orléans, enlevé avec l'entrain de vieilles troupes depuis longtemps accoutumées à vaincre !

« A la dernière et cruelle injure de la mauvaise fortune, vous avez montré que la France, loin d'être abattue par tant de revers, inouïs jusqu'à présent dans l'histoire, entendait répondre par une générale et vigoureuse offensive. Avant-garde du pays tout entier, vous êtes aujourd'hui sur le chemin de Paris ; et n'oublions jamais que Paris nous attend, et qu'il y va de notre honneur de l'arracher aux étreintes des barbares le menaçant du pillage et de l'incendie.

« Redoublez donc de constance et d'ardeur; vous vous connaissez maintenant, et vous connaissez vos ennemis; jusqu'ici, leur supériorité n'a tenu qu'au nombre de leurs canons; comme soldats, ils ne vous égalent ni en courage ni en dévoûment! Retrouvez cet élan, cette furie française qui ont fait notre gloire dans le monde et qui doivent aujourd'hui nous aider à sauver la patrie!

« Avec des soldats tels que vous, la République sortira triomphante des épreuves qu'elle traverse; car, après avoir organisé la défense, elle est en mesure, à présent, d'assurer la revanche nationale.

« Vive la France! vive la République une et indivisible!

 « *Le membre du gouvernement, ministre de l'intérieur et de la guerre,*

« Léon Gambetta.

« Quartier général de l'armée de la Loire, le 12 novembre 1870. »

P.-S. — « Le ministre est rentré à Tours dans l'après-midi, ayant recueilli sur l'attitude de l'armée les impressions les plus satisfaisantes. »

---

15 décembre (90ᵉ journée). — Le Mont-Valérien a tiré hier de deux à quatre heures sur Garches et Saint-Cloud.

Les Prussiens ont levé le siége de Montmédy et de Mézières. Ils sont vigoureusement tenus en échec par Garibaldi, entre Autun et Dijon.

Le gouvernement s'est transporté de Tours à Bordeaux, pour ne pas gêner les mouvements stratégiques des armées.

16 décembre (91e journée). — Hier, le fort d'Ivry a dirigé, de deux à quatre heures, un feu assez nourri sur la plaine de la Folie, où les Prussiens faisaient des évolutions de troupes. La redoute du Moulin-Saquet a soutenu le feu, qui les a dispersés en peu de temps. Ils se sont repliés vers Choisy-le-Roi.

Le fort de la Briche et la Double-Couronne ont tiré sur Villeneuse et la Barre. La batterie prussienne établie dans ce dernier endroit a riposté par deux coups de mitraille qui sont tombés au Fort-Galant.

---

17 décembre (92e journée). — Le fort de Rosny a tiré sur Chelles, où il a allumé un incendie dont l'ennemi s'est rendu maître.

Le fort de Vanvres a canonné les travaux établis par l'ennemi à Fontenay-aux-Roses.

Le gouvernement de la défense nationale a reçu les dépêches suivantes :

« Bourges, 14 décembre.

GAMBETTA à Jules FAVRE et TROCHU.

« Depuis quatre jours je suis à Bourges, occupé avec Bourbaki à réorganiser les trois corps, 15e, 18e 20e de la première armée de la Loire, que les marches forcées, sous les pluies affreuses qui ont suivi l'évacuation d'Orléans, avaient mise en fort mauvais état.

« Ce travail demande encore quatre à cinq jours pour être complet.

« Les positions occupées par Bourbaki couvrent à la fois Nevers et Bourges.

« L'autre partie de l'armée de la Loire, après l'évacuation d'Orléans, s'est repliée sur Beaugency et Marchenoir, positions dans lesquelles elle a soutenu tous les efforts de Frédéric-Charles, grâce à l'indomptable énergie du général Chanzy, qui paraît être le véritable homme de guerre révélé par les derniers événements.

« Cette armée, composée des 16e, 17e et 21e corps, et appuyée, selon les prescriptions du général Trochu, de toutes les forces de l'ouest, a exécuté une admirable retraite et causé aux Prussiens les pertes les plus considérables.

« Chanzy s'est dérobé à un grand mouvement tournant de Frédéric-Charles sur la rive gauche de la Loire. Frédéric-Charles a vainement essayé de passer la Loire à Blois et à Amboise, et menace Tours. Chanzy est aujourd'hui en parfaite sécurité dans le Perche, prêt à prendre l'offensive sur..., lorsqu'il aura fait reposer ses troupes, qui n'ont cessé de se battre admirablement contre des forces supérieures, depuis le 30 novembre jusqu'au 12 décembre.

« Vous voyez que l'armée de la Loire est loin d'être anéantie, selon les mensonges prussiens. Elle est séparée en deux armées d'égale force prêtes à opérer : l'une...; l'autre..., pour marcher sur...

« Faidherbe, dans le nord, aurait repris La Fère avec beaucoup de munitions, artillerie, approvisionnements.

« Mais nous sommes fort inquiets de votre sort. Voilà plus de huit jours que nous n'avons aucune nouvelle de vous, ni par vous, ni par les Prussiens, ni par l'étranger. Le câble avec l'Angleterre est interrompu. Que se passe-t-il ? Tirez-nous de nos angoisses, en profitant, pour envoyer un ballon, du vent sud-ouest qui le portera en Belgique.

« Le mouvement de retraite des Prussiens s'est accentué. Ils paraissent las de la guerre. Si nous pouvons durer, et nous le pouvons si nous le voulons énergiquement, nous triompherons d'eux. Ils ont déjà éprouvé des pertes énormes, suivant des rapports certains qui m'ont été faits; ils se ravitaillent difficilement. Mais il faut se résigner aux suprêmes sacrifices, ne pas se lamenter et lutter jusqu'à la mort.

« A l'intérieur, l'ordre le plus admirable règne partout.

« Le gouvernement de la défense nationale est partout respecté et obéi.

« GAMBETTA. »

18 décembre (93ᵉ journée). — Hier soir, à huit heures, on a apposé sur les murs de Paris une affiche ainsi conçue :

« Demain, 19 décembre, les portes de Paris seront fermées à midi.

« P. O. *Le général chef d'état-major général,*

« SCHMITZ. »

PRIX D'ACHAT RELEVÉS SUR LE LIVRE DE CUISINE D'UN RESTAURATEUR.

5 décembre. — 1 lapin, 25 fr.; 2 pigeons, 60 fr.; 3 canards, 70 fr.

6 décembre. — 2 dindes, 180 fr.; 2 oies, 170 fr.; 4 poulets, 120 fr.; 2 lapins, 75 fr.; une poule, 30 fr.

8 décembre. — 4 poulets, 150 fr.; 1 dinde, 130 fr.; 2 pigeons, 100 fr.; 4 poulets de grain, 100 fr.; 4 lapins, 120 fr.; 4 poules, 100 fr.

19 décembre (94ᵉ journée). — La fermeture des portes de Paris, l'ordre du jour du général Trochu, le départ des bataillons de guerre et d'autres faits que l'intérêt des opérations oblige à taire, annonce un très-prochain recommencement de l'offensive.

Hier, pendant toute la journée, grand mouvement militaire dans Paris : bataillons en marche, voitures d'ambulance, prolonges, caissons, chevaux, remplissaient les rues de bruit et de tumulte.

Ordre du jour du Gouverneur de Paris.

« Officiers, sous-officiers et soldats,

« Nous avons fait en commun, pour le pays, des efforts qui ont bien servi notre sainte cause. Nos frères de l'armée de la Loire, que le patriotisme des départements a improvisée, comme le patriotisme de Paris a improvisé l'armée de Paris, nous donnent d'admirables exemples. Ils se renouvellent, comme nous, sous le feu, aux prix d'héroïques sacrifices, dans une lutte qui étonne l'ennemi troublé par la grandeur de ses pertes et par l'indomptable énergie de la résistance.

« Que ces nobles encouragements vous fortifient; que le spectacle saisissant des citoyens de Paris, devenus soldats comme vous, et combattant avec vous dans l'étroite solidarité du devoir et du péril, vous élève à la hauteur de tous les devoirs et de tous les périls. Et puisse votre général faire pénétrer dans vos âmes les sentiments, les espérances, les fermes résolutions dont son âme est remplie!

« Paris, le 18 décembre 1870.

« Général Trochu. »

20 décembre (95ᵉ journée).

Communication.

« Le gouverneur est parti ce soir pour se mettre à la tête de l'armée; des opérations de guerre importantes devront commencer demain, 21 décembre, au point du jour.

« Tous les mouvements de troupes se sont exécutés avec la plus grande régularité, et, à l'heure qu'il est, il y a plus de cent bataillons de garde nationale mobilisée en dehors de Paris.

« P. O. *Le général chef d'état-major général,*

« Schmitz. »

Cette nuit, de une heure à trois, le rappel a été battu dans tout Paris.

Hier, les forts n'ont pas tiré. On a entendu seulement une fusillade assez vive dans la direction de Bagneux.

---

21 décembre (96e journée).

Rapport militaire.

« Les opérations militaires engagées aujourd'hui ont été interrompues par la nuit.

« Sur notre droite, les généraux de Malroy et Blaise, sous les ordres du général Vinoy, ont occupé heureusement Neuilly-sur-Marne, Ville-Evrard et la Maison-Blanche.

« Le feu de l'ennemi a été éteint sur tous les points où il avait établi ses batteries pour arrêter notre action, à la suite d'un combat d'artillerie très-vif.

« Le général Favé, commandant l'artillerie de la 3e armée, a été blessé.

« Le plateau d'Avron et le fort de Nogent ont appuyé l'opération. »

Dès le matin, les troupes de l'amiral de La Roncière ont attaqué le Bourget. Elles étaient composées de marins, de troupes de ligne et de gardes mobiles de la Seine.

La première colonne qui avait pénétré dans le village n'a pu s'y maintenir ; elle s'est retirée après avoir fait une centaine de prisonniers qui ont été dirigés sur Paris.

Le général Ducrot fit alors avancer une partie de son artillerie qui engagea une action très-violente contre les batteries de Pont-Iblon et de Blancmesnil. Il occupe ce soir la ferme de Groslay et Drancy.

Du côté du Mont-Valérien, le général Noël, vers sept heures du matin, a fait une forte démonstration à gauche sur Montretout, au centre sur Buzenval et Lombojau, en même temps que, sur sa droite, le chef de bataillon Faure, commandant du génie du Mont-Valérien, s'emparait de l'île du Chiard.

Au moment où cet officier supérieur y pénétrait à la tête d'une compagnie de francs-tireurs de Paris, il fut blessé très-grièvement. Le capitaine Haas, qui commandait cette compagnie, fut tué raide.

« La garde nationale mobilisée a été engagée avec les troupes ; tous ont montré une grande ardeur.

« Le chiffre de nos blessés n'est pas encore connu ; il n'est pas très-considérable, eu égard au vaste périmètre sur lequel se sont développées les opérations. Cependant, les marins et la garnison de Saint-Denis ont fait des pertes assez sérieuses dans l'attaque du Bourget, qui d'ailleurs a été fort contrariée par une brume intense, très-gênante pour l'action de notre artillerie.

« Le gouverneur passe la nuit avec les troupes sur le lieu de l'action.

« P. O. *Le général chef d'état-major général,*
« Schmitz. »

« L'attaque a commencé ce matin sur un grand développement, depuis le Mont-Valérien jusqu'à Nogent.

« Le combat est engagé et continue avec des chances favorables pour nous sur tous les points.

« Cent prisonniers prussiens provenant du Bourget viennent d'être amenés à Saint-Denis.

« Le gouverneur est à la tête des troupes.

« P. O. *Le général chef d'état-major général,*
« Schmitz. »

22 décembre (97ᵉ journée).

Rapport militaire.

« 22 décembre, soir.

« La nuit dernière, des soldats ennemis, restés dans les caves de Ville-Evrard, ont fait une attaque sur les postes occupés par les troupes ; nos hommes ayant riposté vigoureusement, ont tué ou fait prisonniers la plus grande partie des assaillants.

« Malheureusement, le général Blaise, qui s'était porté en toute hâte à la tête de ses troupes, a été mortellement atteint. Il est l'objet des plus vifs regrets dans la brigade qu'il commandait depuis le commencement du siége, et l'armée perd en lui un de ses chefs les plus vigoureux.

« Les pertes de l'ennemi ont été des plus sérieuses aux affaires d'hier ; elles sont confirmées par les prisonniers qui ont été faits sur les différents points.

« P. O. *Le général chef d'état-major général,*
« SCHMITZ. »

Le vice-amiral commandant en chef au gouverneur de Paris, au fort d'Aubervilliers.

« Conformément à vos ordres, nous avons attaqué le Bourget ce matin. Le bataillon de marins et le 138ᵉ, sous l'énergique direction du capitaine de frégate Lamothe-Tenet, a enlevé la partie nord du village, en même temps qu'une attaque poussée vigoureusement par le capitaine Lavoignet dans la partie sud se voyait arrêtée, malgré ses efforts, par de fortes barricades et des murs crénelés qui l'empêchaient de dépasser les premières maisons dont on s'était emparé.

« Pendant près de trois heures les troupes se sont maintenues dans le nord du Bourget, jusqu'au delà de l'église, luttant pour conquérir les maisons une à une, sous les feux tirés des caves et des fenêtres, et sous une grêle de projectiles. Elles ont dû se retirer ; leur retraite s'est faite avec calme.

« Simultanément, une diversion importante était effectuée par les 10e, 12e, 13e et 14e bataillons des gardes mobiles de la Seine, et une partie du 62e bataillon de la garde nationale mobilisée de Saint-Denis, sous le commandement supérieur du colonel d'Autremont. Enfin, au même moment, le 68e bataillon de la garde nationale mobilisée de Saint-Denis se présentait devant Epinay, tandis que les deux batteries flottantes n°s 1 et 4 consumaient le village, ainsi qu'Orgemont et le Cygne-d'Enghien, qui ripostaient vigoureusement.

« Nos pertes sont sérieuses, surtout parmi le 164e et le 138e.

« Bien que notre but n'ait pas été atteint, je ne saurais trop louer la vaillante énergie dont nos troupes ont fait preuve.

« 100 prisonniers prussiens ont été ramenés au Bourget.

« Signé : DE LA RONCIÈRE. »

On lit dans le *Journal officiel* :

« La journée d'hier n'est que le commencement d'une série d'opérations. Elle n'a pas eu, elle ne pouvait guère avoir de résultats définitifs ; mais elle peut servir à établir deux points importants : l'excellente tenue de nos bataillons de marche engagés pour la première fois, qui se sont montrés dignes de leurs camarades de l'armée et de la mobile, et la supériorité de notre nouvelle artillerie, qui a éteint complètement les feux de l'ennemi.

« Si nous n'avions pas été contrariés par l'état de l'atmosphère, il n'est pas douteux que le village du Bourget serait resté entre nos mains. A l'heure où nous écrivons, le général gouverneur de Paris a réuni les chefs de corps, pour se concerter avec eux sur les opérations ultérieures. »

---

23 décembre (98e journée). — Les nuits qui ont suivi l'attaque du 21 ont été rudes pour nos soldats. Le froid le plus

intense n'a cependant pas arrêté nos efforts. Le 22, le commandant du fort d'Issy a envoyé une forte reconnaissance dans le bois de Clamart. Elle a été brillamment exécutée par huit compagnies de la garde mobile de la Seine, sous les ordres du chef de bataillon Delclos. L'ennemi a eu un nombre assez considérable de tués et blessés. La pioche prépare les voies au canon. Au lieu de lancer à l'aventure nos marins et nos soldats sur le feu des pièces ennemies, on veut mettre à l'abri le plus possible tirailleurs et canonniers, et nos attaques seront à la fois moins meurtrières pour nous et plus efficaces contre l'ennemi. On a tracé tout autour du Bourget un véritable cercle de circonvallation défensive et offensive. A Drancy surtout, le génie a fait exécuter, malgré la gelée, des parallèles et des tranchées sur les lignes principales. On a fortement établi là une batterie de six pièces de marine de 24 qui portent à neuf kilomètres. Des travaux semblables ont été exécutés à la villa Evrard et à la Maison-Blanche, ainsi que dans la direction de Groslay et de Chelles. Le Mont-Valérien, de son côté, a dirigé un feu assez nourri sur Garches, où il a allumé un violent incendie.

24 décembre (99ᵉ journée). — « La journée s'est passée sans incident remarquable. Les troupes ont continué les travaux de terrassement en voie d'exécution; elles ont eu beaucoup à souffrir pendant la nuit dernière des rigueurs de la température. Le gouverneur les a visitées aujourd'hui sur les points les plus avancés, et il a constaté leur bon esprit; les distributions sont faites dans de larges proportions.

« Deux bataillons mobilisés de la garde nationale ont fait une reconnaissance sur le Raincy et ont eu quelques hommes blessés, après avoir échangé bon nombre de coups de fusil avec l'ennemi.

« L'artillerie des forts, celles de Bondy et du plateau d'Avron ont tiré fréquemment sur les travaux des Prussiens, qui déploient de leur côté une grande activité.

« La terre est toujours rebelle au maniement de la pioche ; néanmoins nos abris se consolident.

« P. O. *Le général chef d'état-major général,*
« SCHMITZ. »

---

25 décembre (100ᵉ journée). — « Les troupes ont cruellement souffert pendant la dernière nuit : de nombreux cas de congélation se sont produits.

« Le travail des tranchées a dû être arrêté par suite de la dureté du sol, qui est gelé jusqu'à 50 centimètres de profondeur.

« Dans cette situation, devenue grave pour la santé de l'armée et qui pourrait l'atteindre dans son moral, le gouverneur de Paris a décidé que tous les corps qui ne seraient pas nécessaires à la garde des positions occupées seraient cantonnés de manière à être abrités. Ils s'y remettront des pénibles épreuves qu'ils viennent de subir et seront prêts à agir selon les événements.

« Une partie des bataillons de la garde nationale employés au dehors rentrera dans Paris. Ceux qui resteront devant les positions seront cantonnés comme la troupe et relevés à tour de rôle.

« P. O. *Le général chef d'état-major général,*
« SCHMITZ. »

---

26 décembre (101ᵉ journée).

Rapport militaire.

« Maison-Blanche, 12 heures.

« Sur l'ordre du général Vinoy, trois bataillons de garde mobile ont été chargés ce matin d'occuper le parc de la Maison-

Blanche, pour renverser le mur crénelé qui le ferme au sud-ouest. Nos tirailleurs, après avoir trop tiré, ont débusqué le poste ennemi qui occupait le parc et tenait ferme dans la tranchée du chemin de fer. On travaille maintenant à abattre le mur, nous mettant en garde contre un retour offensif de l'ennemi. Le général d'Hugues, pour éviter des imprudences, s'est porté lui-même auprès des troupes de soutien. L'artillerie d'Avron a tiré seule pour appuyer l'opération, qui est en bonne voie. »

« 12 heures 35.

« Pour occuper la Maison-Blanche le 21, j'avais prescrit de pratiquer plusieurs brèches dans le mur du parc pour nous y introduire. Depuis lors, l'ennemi a constamment envoyé ses tirailleurs pour inquiéter nos avant-postes. J'ai donc prescrit d'abattre en entier le restant du mur qui nous fait face. Cette opération, dirigée par le général d'Hugues, s'est faite ce matin et s'achève en ce moment. Nos troupes ont chassé du parc un bataillon du 106e régiment, 6e saxon, qui s'y était établi, et nos canons ont protégé le travail contre les troupes ennemies qui semblaient vouloir s'y opposer. Nous avons peu de pertes. Je vous enverrai un rapport aussitôt que possible.

Rapport militaire.

« 26 décembre, 4 h. 27 soir.

« L'opération sur la Maison-Blanche, conduite par le colonel Valette, avec trois bataillons de mobiles, a été très-bien dirigée. La grand'garde ennemie a été chassée du parc ; on a fait six prisonniers. Le mur a été complètement abattu, ce qui ôte à l'ennemi toute possibilité de s'y abriter pour inquiéter nos postes. Nos pertes sont de : un homme tué, huit blessés, dont un officier.

« Général VINOY.

« *Pour copie conforme :* Jules FAVRE. »

27 décembre (102e journée).

Essai de bombardement. — Rapport militaire.

« L'ennemi a établi trois batteries de gros calibre au-dessus de la route de l'Ermitage au Raincy; trois batteries à Gagny; trois batteries à Noisy-le-Grand; trois batteries au pont de Gournay.

« Le feu a été engagé dès le matin, avec la plus grande violence; il était dirigé sur les forts de Noisy, de Rosny, de Nogent, et sur les positions d'Avron.

« Tout le monde s'est tenu ferme à son poste, sauf quelques hommes qui ont quitté les tranchées dès le début, et qui y ont été ramenés, pour y passer la nuit, par ordre du général Vinoy.

« Ce combat d'artillerie a duré jusqu'à cinq heures, entretenu plus ou moins activement. Nos pertes s'élèvent à environ huit tués et cinquante blessés, dont quatre officiers de marine.

« Au fort de Noisy, il n'y a eu aucun homme atteint; deux hommes au fort de Rosny et trois à celui de Nogent ont été blessés.

« En résumé, cette première journée de bombardement partiel contre nos avancées et nos forts, avec des moyens dont la puissance est considérable, n'a pas répondu à l'attente de l'ennemi.

« Notre feu, très-vif, a dû lui faire éprouver des pertes sérieuses sur les points les plus à portée du plateau.

« P. O. *Le général chef d'état-major général,*

« Schmitz. »

Ce rapport militaire avait été précédé, dans la journée, de celui-ci :

« 27 décembre, matin.

« L'ennemi a démasqué ce matin des batteries de siége contre les forts de l'est, de Noisy à Nogent, et contre la partie nord du plateau d'Avron. Ces batteries se composent de pièces à longue portée.

« En ce moment, onze heures, le feu est très-vif contre les points indiqués, et comme cette canonnade pourrait être le prélude d'un bombardement général de nos forts, toutes les dispositions sont prises dans le but de repousser les attaques et de protéger les défenseurs.

« Cette nuit, on a entendu du Mont-Valérien deux fortes détonations qui peuvent donner à penser que l'ennemi a fait sauter le pont du chemin de fer de Rouen. Le fait sera vérifié dans la journée.

« Dès ce matin, l'ennemi a fait sauter la gare aux Bœufs, de Choisy.

« Cet ensemble de faits tendrait à prouver que l'ennemi, fatigué d'une résistance de plus de cent jours, se dispose à employer contre nous des moyens d'attaque à grande distance, qu'il a depuis longtemps rassemblés.

« P. O. *Le général chef d'état-major général,*

« SCHMITZ. »

Ce premier rapport a été affiché dans la soirée avec ce commentaire du vice-président du gouvernement de la défense nationale :

« L'attaque de l'ennemi ne fera qu'augmenter le courage de la population de Paris.

« Elle a prouvé par sa constance qu'elle est résolue à une résistance inflexible ; elle s'associera aux nobles efforts de ses défenseurs en redoublant de calme et de discipline. Prête à tous les sacrifices pour sauver la patrie, elle ne peut être surprise ou ébranlée par aucune épreuve.

« Jules FAVRE. »

28 décembre (103ᵉ journée).

Rapport militaire.

« 10 heures 30 matin.

« L'ennemi n'a pas recommencé avec la même violence le bombardement qu'il avait entrepris hier contre les positions d'Avron. Cependant son feu n'a pas cessé. Le gouverneur est parti dès le matin pour se rendre à Avron. Aucun incident ne s'est encore produit. Nos batteries de Bondy fouillent les bois avec précision et inquiètent vivement l'ennemi.

« Le commandant Delclos, du 5ᵉ bataillon de la Seine, a opéré hier une vigoureuse reconnaissance sur le Bas-Meudon, le Val et Fleury, à la tête de douze compagnies des 4ᵉ et 5ᵉ bataillons de la Seine et du 3ᵉ de la Somme.

« Le commandant Delclos fit fouiller ces trois villages, où restent encore quelques habitants, et d'où les postes prussiens s'enfuient à notre approche, laissant quelques prisonniers entre nos mains. Une fusillade assez vive s'engagea au moment où la reconnaissance regagnait le fort d'Issy. L'ennemi fut repoussé et contraint de se rejeter précipitamment dans ses retranchements du Haut-Meudon. Nous avons eu de notre côté deux tués et six blessés.

« P. O. *Le général, chef d'état-major général,*
« SCHMITZ. »

---

29 décembre (104ᵉ journée).

Rapport militaire.

« Le feu, qui avait été modéré dans la matinée d'hier sur les positions bombardées, est devenu très-vif dans l'après-midi et la soirée. De nouvelles batteries ont appuyé celles qui avaient été précédemment établies par l'ennemi ; nos pièces, moins puissantes que les canons Krupp, ayant dû renoncer à faire feu, le plateau est devenu tout à fait intenable pour l'infanterie.

« Le gouverneur avait le devoir impérieux de soustraire cette artillerie et ces troupes à une situation que l'intensité croissante du feu de l'ennemi ne pourrait qu'aggraver ; il a ordonné et organisé sur place la rentrée des pièces en arrière des forts. Cette opération difficile et laborieuse s'est effectuée pendant la nuit et dans la matinée.

« Le tir de l'ennemi, dans la soirée, passant par dessus le plateau d'Avron, atteignait la route stratégique, et par moments les villages environnants.

« La nouvelle phase prévue depuis longtemps, dans laquelle entre le siège de Paris, pourra transformer les conditions de la défense, mais elle ne portera atteinte ni à ses moyens, ni à son énergie.

« *Le gouverneur de Paris*,
« P. O. *Le général chef d'état-major général*,
« SCHMITZ. »

« Le bombardement, commencé hier, a continué aujourd'hui. L'ennemi a dirigé contre nous le feu de ses batteries de gros calibre et couvert de plusieurs milliers de projectiles de 24 les forts de Rosny, de Noisy et de Nogent et le plateau d'Avron. En ce qui regarde les forts, leurs garnisons n'ont eu, en réalité, que peu à souffrir. Selon l'usage, les hommes qui n'étaient pas de service avaient reçu l'ordre de se retirer dans les casemates blindées. Aussi, malgré la quantité d'obus lancés par l'ennemi, on ne compte qu'un tué, dix blessés et quelques contusionnés.

« Il n'en pouvait être de même sur le plateau d'Avron. Cette position, entièrement découverte, n'offre à nos soldats, en dehors des tranchées de campagne dont elle est entourée, aucun abri naturel. Toute la journée, le plateau a été labouré par le tir de huit batteries convergentes. Le gouvernement s'est rendu sur les lieux ; il a visité les tranchées, encouragé les soldats, et donné les ordres nécessaires.

« L'emploi par l'ennemi de moyens nouveaux et très-puissants nous obligera sans doute à modifier notre système de défense. Selon toute probabilité, c'est le bombardement qui commence, la bombardement par les fameux canons Krupp, tant de fois annoncés. Mais tout a été prévu dès le début du siége, même les extrémités auxquelles pourrait se porter l'assiégeant, quand il en viendrait à éprouver des doutes sur la possibilité de prolonger le blocus.

« Malgré des pertes sensibles, les troupes, d'abord un peu étonnées, ont soutenu avec fermeté cette attaque violente et d'un caractère tout à fait inattendu pour elles. »

(Journal officiel.)

Rapport militaire.

30 décembre (105e journée). — Le feu de l'ennemi a recommencé ce matin à sept heures quarante-cinq ; il a été vif pendant une partie de la journée, mais il n'a pas produit de sérieux effets. Il n'y a eu que trois blessés au fort de Nogent, sur lequel se sont portés principalement ses efforts, et deux au fort de Rosny.

« Le fort de Nogent a cependant été bombardé de huit heures du matin à quatre heures et demie du soir.

« Le gouverneur a pu juger par lui-même de la solidité du moral des défenseurs des forts. L'artillerie de la garde nationale, éprouvée dès le premier jour, est pleine d'entrain et de dévoûment.

« *Le gouverneur de Paris,*
« P. O. *Le général chef d'état-major général,*
« SCHMITZ. »

Rapports militaires.

« Aujourd'hui, le bombardement a redoublé d'intensité ; ses effets sur le plateau d'Avron, qui n'a cessé d'être canonné, ont démontré l'opportunité de l'évacuation qui a été opérée la nuit dernière. Les soixante-quatorze pièces d'artillerie qui ont été retirées à peu près intactes auraient été complètement désorganisées par le feu violent de la journée ; il a été plus particulièrement dirigé contre les forts de Rosny, Nogent et Noisy, qui ont fait bonne contenance sous une pluie d'obus d'une dimension extraordinaire, lancés à grande distance.

« Des dispositions sont prises pour que cette artillerie soit contre-battue par les plus gros calibres dont dispose la défense.

« Il y a au fort de Nogent 14 blessés, dont 2 canonniers auxiliaires.

« Au fort de Rosny, 3 tués, dont 2 artilleurs de la garde nationale ; 9 blessés, dont 4 artilleurs de la garde nationale.

« Au fort de Noisy, quelques contusionnés seulement.

« L'ennemi a ouvert le feu sur Bondy, où nous avons eu 2 hommes tués et 6 blessés. »

Général commandant deuxième secteur au gouverneur de Paris, ministre de l'intérieur.

« Le rapport de mon officier d'état-major à la porte de Montreuil donne les renseignements suivants :

« On estime à 5 ou 6,000 les projectiles lancés aujourd'hui par les batteries prussiennes. Le chemin entre Rosny et Avron était impraticable, les projectiles y arrivant en très-grand nombre. Il y a des blessés dans le village et sur le chemin de fer. »

Colonel LE MAIXS *à général* RIBOURT, *à Vincennes.*

« Créteil, 9 h. 10 matin.

« Nuit très-calme. Rien de nouveau sur notre ligne ; hier, à huit heures et demie du soir, quatre coups de canon tirés de Choisy sur la batterie placée de l'autre côté de la Seine, à hauteur de notre première tranchée. Les projectiles prussiens passaient au-dessus de nous. Quelques Prussiens se déployèrent en tirailleurs et échangèrent des coups de feu avec les gardes nationaux placés à la batterie. Les balles ricochaient jusque dans nos tranchées. Nos hommes n'ont pas tiré. Personne n'a été atteint. »

Général DE BEAUFORT *au général* VINOY, *à Rosny.*

« Neuilly, 10 h. 10 matin.

« Hier matin, attaque par deux ou trois cents hommes sur la maison Crochard, venant de Louboyau ; repoussée par la première décharge, ne s'est plus reproduite.

« L'ennemi se barricade dans Chatou et semble renforcer ses lignes. Il brûle aux abords de la Malmaison les maisons qui le gênent.

« Hier, dans la soirée, petite alerte au poste de la station de Rueil. »

Général NOEL *au gouverneur de Paris.*

« Mont-Valérien, 1 h. 15 soir.

« Le pont du chemin de fer de Rouen est toujours dans le même état, c'est-à-dire que la partie entre l'île et nous est intacte, tandis que l'autre partie, au nord-ouest de l'île, est non seulement rompue près de l'île, mais encore la culée de la rive ennemie a été, il y a environ un mois, presque complètement détruite par les boulets des batteries de la presqu'île. C'est le pont du chemin de fer de Saint-Germain que l'ennemi a fait sauter, il y a deux jours.

« Mes renseignements se confirment : l'ennemi a augmenté ses forces de ce côté. Cette nuit encore, une de ses reconnaissances est venue tâter le poste de la station de Rueil, sans le moindre succès. Il travaille à reconstruire le pont de bateaux de l'île de la Loge. Des maladies de toutes sortes, s'il faut en croire les rapports des espions, déciment l'armée ennemie.

« P. O. *Le général chef d'état-major général,*
« SCHMITZ. »

---

31 décembre (103e *journée*).

Rapport militaire.

« 31 décembre, soir.

« L'ennemi a augmenté ses batteries de gros calibre et a rapproché plusieurs d'entre elles de nos points d'attaque. Ses projectiles sont arrivés aujourd'hui en assez grand nombre à la ferme de Groslay, à Drancy, Bobigny, Bondy, et quelques-uns même sont parvenus jusqu'à la Folie et Noisy-le-Sec.

« Il a continué en même temps le bombardement des forts de Rosny, Nogent et Noisy. Nous n'avons eu que quelques dégâts matériels et un très-petit nombre de blessés.

« *Le gouverneur de Paris,*

« P. O. *Le général chef d'état-major général,*

« SCHMITZ. »

Le gouverneur de Paris vient d'adresser à la population et à l'armée de Paris la proclamation suivante :

« CITOYENS ET SOLDATS!

« De grands efforts se font pour rompre le faisceau des sentiments d'union et de confiance réciproque auxquels nous devons de voir Paris, après plus de cent jours de siège, debout et résistant. L'ennemi, désespérant de livrer Paris à l'Allemagne pour la Noël, comme il l'a solennellement annoncé, ajoute le bombardement de nos avancées et de nos forts aux procédés si divers d'intimidation par lesquels il a cherché à énerver la défense. On exploite devant l'opinion publique les mécomptes dont un hiver extraordinaire, des fatigues et des souffrances infinies ont été la cause pour nous. Enfin, on dit que les membres du gouvernement sont divisés dans leurs vues sur les grands intérêts dont la direction leur est confiée.

« L'armée a subi de grandes épreuves, en effet, et elle avait besoin d'un court repos, que l'ennemi lui dispute par le bombardement le plus violent qu'aucune troupe ait jamais éprouvé. Elle se prépare à l'action avec le concours de la garde nationale de Paris, et, tous ensemble, nous ferons notre devoir.

« Enfin, je déclare ici qu'aucun dissentiment ne s'est produit dans les conseils du gouvernement, et que nous sommes tous étroitement unis, en face des angoisses et des périls du pays, dans la pensée et dans l'espoir de sa délivrance.

« *Le président du gouvernement,*
« Général Trochu. »

1er janvier 1871 (107e journée). — L'ennemi a tiré pendant une grande partie de la nuit; nous avons eu quelques blessés parmi les travailleurs, et un lieutenant d'artillerie de la garde nationale tué.

Dans nos forts, pas de blessés, peu de dommages. Le bombardement de Bondy a redoublé d'intensité pendant la nuit; celui de Rosny a été régulier, sans accident ni incident.

A onze heures du soir, une assez forte reconnaissance prussienne s'est approchée de Bondy; nos soldats ont laissé venir l'ennemi à bonne portée et l'ont reçu par une vive fusillade qui l'a fait rentrer dans ses lignes après avoir essuyé des pertes.

Ce matin, l'attaque est plus vive; les coups se succèdent presque sans interruption.

« Le feu de l'ennemi, qui s'est ralenti à partir de onze heures ce matin, a été presque nul sur les forts de Noisy et Rosny, pendant l'après-midi.

« On a continué à tirer lentement sur Nogent, qui n'a eu qu'un homme blessé légèrement.

« *Le gouverneur de Paris,*
« P. O. *Le général chef d'état-major général,*
« Schmitz. »

« Au moment où l'ennemi menace Paris d'un bombardement, le gouvernement, résolu à lui opposer la plus énergique résistance, a réuni en conseil de guerre, sous la présidence du gouverneur, les généraux commandant les trois armées, les amiraux commandant les forts, les généraux des armes de l'artillerie et du génie.

« Le conseil a été unanime dans l'adoption des mesures qui associent la garde nationale, la garde mobile et l'armée à la défense la plus active.

« Ces mesures exigeront le concours de la population tout entière. Le gouvernement sait qu'il peut compter sur son courage et sur sa volonté inflexible de combattre jusqu'à la délivrance. Il rappelle à tous les citoyens que, dans les moments décisifs que nous allons traverser, l'ordre est plus nécessaire que jamais. Il a le devoir de le maintenir avec énergie; on peut compter qu'il n'y faillira pas. » (*Journal officiel.*)

2 janvier (108e journée).

Rapport militaire.

« Paris, 2 janvier 1871.

« La nuit a été calme.

« Deux ou trois explosions se sont fait entendre sur le plateau de Châtillon. La Tour-des-Anglais a sauté. L'ennemi semble y travailler activement.

« Une forte patrouille a pénétré cette nuit dans Rueil et s'est retirée après avoir essuyé le feu du poste de l'avenue de la Gare.

« Le bombardement des forts de Nogent, Rosny, Noisy et des villages environnants a continué ce matin, sans causer jusqu'à présent de dommages bien sérieux. Le feu est cependant très vif sur Nogent, et des obus, dont beaucoup éclatent en l'air, sont dirigés sur le village. »

« 2 janvier, soir.

« Les efforts de l'ennemi se sont portés aujourd'hui contre le fort de Nogent, sur lequel il a lancé 600 obus. Il n'y a eu aucun effet produit. Un seul homme blessé légèrement et pas de dégâts.

« On travaille activement dans tous nos forts.

« P. O. *Le général chef d'état-major général,*
« SCHMITZ. »

On lit dans le *Journal officiel* :

« Le froid rigoureux qui sévit contre nous avec une âpreté si cruelle n'a pas seulement pour conséquence d'infliger à nos soldats et à notre population les plus dures souffrances ; il nous condamne à ignorer ce qui se passe en province, en interrompant les voyages déjà si incertains de nos messagers. Depuis le 14 décembre, le gouvernement n'a reçu aucune nouvelle officielle, et c'est seulement par quelques feuilles allemandes qu'il a pu obtenir les renseignements fort incomplets et maintenant fort arriérés que le public connaît. C'est là une situation pleine d'anxiété, et cependant nul de nous ne sent diminuer sa confiance. Au-dessus de nos murailles, où veille la garde nationale, au-dessus de nos forteresses, que l'ennemi commence à couvrir de ses feux, s'élève comme un souffle d'espoir et de délivrance qui pénètre tous les cœurs et y fait naître une vague, mais ferme intuition du succès. C'est à ce sentiment généreux qu'il faut attribuer la facilité avec laquelle sont accueillies les rumeurs favorables les plus contraires à toute vraisemblance. Ces jours derniers, il a suffi à un jeune soldat réfractaire de raconter l'arrivée à Creil d'un corps de quatre-vingt mille Français, pour que, plus prompte que l'éclair, cette lueur de bonne fortune illuminât soudain la cité et fût acceptée comme une vérité certaine. Vérification faite, le récit était mensonger. Son auteur est entre les mains de la justice, qui recherchera avec soin les motifs qui l'ont entraîné à cette mauvaise action. Le bon sens et le patriotisme de la population de Paris, qui se montre à la fois si ardente et si sage, la mettent en garde contre les retours violents qu'amène forcément l'abandon d'une illusion si légitimement chère. Il n'en faut pas moins se montrer sévère contre de pareilles entreprises et se fortifier à l'avance contre l'attrait puissant des nouvelles hasardées. Mais ce que nous pouvons affirmer sans crainte d'être démenti, c'est qu'il n'est pas téméraire d'espérer, et que des faits généraux se dégagent des symptômes graves qui doivent nous soutenir et nous faire croire à la prochaine efficacité de notre résistance. Il est certain que les départements opposent à l'ennemi une résolution qui l'étonne et le déconcerte. On en trouve l'aveu, d'autant plus précieux qu'il est involontaire, dans la plupart de ses relations. Ce sol français, qu'il avait traversé au pas de course dans la première partie de la campagne, lui est maintenant disputé pied à pied, et son sang s'y mêla avec celui de nos braves soldats qui accourent sous nos drapeaux à la voix de la France républicaine.

« Nous ne connaissons qu'imparfaitement les combats livrés dans la vallée de la Loire. Et ce n'est pas sans raison que leurs narrateurs prussiens les entourent d'obscurité. Nos armes n'ont pas toujours été heureuses; les corps de Chanzy et de Bourbaki ont été séparés, mais ils luttent avec énergie, quelquefois victorieusement. C'est avec une émotion profonde qu'à défaut des bulletins de nos officiers, dont nous admirons le courage, nous lisons ceux de l'ennemi, forcé de reconnaître la solidité de ces troupes civiques, arrachées d'hier à la famille, et si bien animées par l'amour de la patrie, qu'à peine équipées elles sont dignes de se mesurer avec des guerriers consommés. Elles les tiennent en échec, les font reculer, se dérobent à leurs attaques et s'avancent vers nous en attirant tous ceux qui comprennent la grandeur du danger et la sainteté du devoir. Or, le nombre doit en être grand, car, c'est encore l'ennemi qui nous l'apprend, notre chère et malheureuse Lorraine, tout opprimée qu'elle est par l'occupation prussienne, cache ses enfants dans les plis des vallons et les envoie furtivement à nos armées, malgré les uhlans qui les menacent de mort. Nos forces augmentent donc incessamment par ce recrutement qui ne s'arrêtera plus, tandis que celles des Prussiens diminuent et s'affaiblissent.

« Nous ne savons rien de précis des mouvements des deux généraux qui marchent à notre secours; mais la précaution des feuilles prussiennes de nous les cacher ne peut que nous encourager. Sans doute nous ne devons pas nous bercer de chimères : nous sommes en face des périls les plus graves qui puissent accabler une nation. Cependant, tous nous sentons que notre France républicaine les surmontera. Paris lui a donné l'exemple, et cet exemple est noblement suivi. Paris ne veut pas succomber. Sa population tout entière, d'accord avec les hommes qui ont l'insigne honneur de diriger sa défense, repousse hautement toute capitulation. Paris et le gouvernement veulent combattre, — là est le devoir, — et comme le pays tout entier s'y associe sans réserve, quelle que soit l'épreuve passagère qui lui soit infligée, il ne s'humiliera pas devant l'étranger. »

3 janvier (109ᵉ journée).

Rapports militaires.

« Le bataillon Pouiizac, des éclaireurs de la Seine, a fait une petite expédition en avant de Groslay. Quelques Prussiens ont été tués, six ont été ramenés prisonniers : ils appartiennent à la garde.

« Nous avons eu trois blessés, dont un officier.

« La canonnade sur les forts a recommencé ce matin; il n'y a aucun incident à signaler. »

« Ainsi qu'il a été dit, le feu contre nos forts a repris ce matin avec vivacité. Il a été extrêmement violent jusqu'à quatre heures trois quarts sur le fort de Nogent. Il n'y a eu qu'un seul blessé sans gravité.

« Sur Bondy, le feu a continué à raison de trois coups par minute.

« Au fort de Rosny, le feu a été assez actif. Il y a eu trois hommes légèrement atteints par des éclats. Le nommé Weiler, soldat d'infanterie de marine, ayant été pris par un poste avancé, au moment où il passait à l'ennemi, a été jugé par la Cour martiale et passé par les armes immédiatement. Les ordres les plus rigoureux ont été renouvelés aux avant-postes pour se saisir des individus qui chercheraient à les dépasser, et au besoin pour faire feu sur ceux qui ne s'arrêteraient pas au premier signal. »

4 janvier (110e journée).

Rapports militaires.

« Le bombardement des forts de l'est a continué aujourd'hui.

« Le fort de Nogent a reçu plus de 1,200 obus, qui n'ont pas produit plus d'effet que les jours précédents. »

« Ce matin, vers quatre heures, un détachement ennemi s'est avancé en avant de la ferme des Mèches pour la surprendre ; il a été reçu par une vive fusillade, et les hommes se sont sauvés au pas de course, en enlevant plusieurs blessés.

« Une demi-heure plus tard, une patrouille ennemie a été surprise par nos éclaireurs du 139e d'infanterie de ligne, et a laissé entre nos mains trois prisonniers.

« L'ennemi a canonné Montreuil pendant une partie de la nuit. Il a également tiré sur Bondy très vivement, mais sans résultat appréciable.

« *Le gouverneur de Paris,*

« P. O. *Le général chef d'état-major général,*

« SCHMITZ. »

---

5 janvier (111e journée).

RÉPUBLIQUE FRANÇAISE.

GOUVERNEMENT DE LA DÉFENSE NATIONALE.

« Jeudi soir, 5 janvier.

« Le bombardement de Paris est commencé.

« L'ennemi ne se contente pas de tirer sur nos forts; il lance ses projectiles sur nos maisons; il menace nos foyers, nos familles.

« Sa violence redoublera la résolution de la cité, qui veut combattre et vaincre.

« Les défenseurs des forts, couverts de feux incessants, ne

perdent rien de leur calme et sauront infliger à l'assaillant de terribles représailles.

« La population de Paris accepte vaillamment cette nouvelle épreuve. L'ennemi croit l'intimider ; il ne fera que rendre son élan plus vigoureux. Elle se montrera digne de l'armée de la Loire qui a fait reculer l'ennemi, de l'armée du Nord qui marche à notre secours.

« Vive la France! vive la République !

« Général TROCHU, Jules FAVRE, GARNIER-PAGÈS, Ernest PICARD, Jules FERRY, Emmanuel ARAGO, Jules SIMON, Eugène PELLETAN. »

Rapports militaires.

« Paris, 5 janvier, matin.

« Une forte reconnaissance a été opérée cette nuit sur le plateau d'Avron. Elle a eu un plein succès ; l'ennemi a eu un certain nombre de tués et de blessés. Il a laissé deux prisonniers entre nos mains.

« Le feu a continué pendant la nuit sur le fort de Nogent, mais sans résultat.

« L'ennemi a commencé ce matin à bombarder avec la plus grande violence les forts de Montrouge, Vanvres et Issy. Ses batteries sont placées sur le plateau de Châtillon. Les forts répondent vigoureusement. »

« Paris, 5 janvier, soir.

« Sur nos positions de Créteil, un officier bavarois, aide de camp, a été fait prisonnier et conduit à Vincennes.

« Le général Fournès a dirigé, la nuit dernière, une reconnaissance très-vigoureuse sur le plateau d'Avron. Après avoir chassé les postes prussiens qui s'y trouvaient, il s'est installé auprès du château, et a fait démolir à la pioche et au pétard un grand mur derrière lequel l'ennemi s'abritait dans la journée. Il a quitté le plateau au jour, ramenant trois prisonniers saxons.

« Ce matin, l'ennemi a attaqué Bondy ; ses tirailleurs ont été repoussés, laissant sur le terrain une quinzaine de cadavres.

« De trois heures du matin à quatre heures et demie du soir, Bondy a été bombardé, ainsi que les forts de l'est, mais sans résultat, comme d'habitude ; personne n'a été atteint.

« Toute la journée, le fort d'Issy, le fort de Vanvres et le fort de Montrouge ont été bombardés avec la plus extrême violence par des pièces de gros et de petit calibre. On a recueilli des obus qui n'avaient pas éclaté, et qui mesuraient 22 centimètres de diamètre et 55 centimètres de hauteur.

« Malgré tout cet appareil formidable, mis en action avec acharnement, les dégâts matériels ne sont pas proportionnés à l'effort de l'ennemi, et le gouverneur, qui a passé une partie de la journée dans les forts d'Issy et de Vanvres, a pu constater la belle humeur de leur garnison, dont le moral est très-solide.

« Les redoutes des Hautes-Bruyères et du Moulin-Saquet ont également eu à supporter un véritable bombardement.

« Quelques obus sont parvenus jusque dans le quartier Saint-Jacques, sans jeter aucun trouble dans la population.

« Sur toute la ligne, nous avons riposté, soit des forts, soit des batteries extérieures construites sur le périmètre, dont le feu a été vif et efficace, soit même de l'enceinte.

« Le feu, qui s'était affaibli à la chute du jour, a repris quelque vivacité à neuf heures du soir.

« Nos pertes sur tout cet immense développement ne s'élèvent qu'à neuf tués, dont un capitaine, et une quarantaine de blessés, dont quatre officiers, parmi lesquels nous avons le regret de citer le capitaine d'artillerie Vilbert, du fort de Vanvres.

« Les commandants de tous nos forts se montrent, dans les rudes épreuves auxquelles ils sont soumis, à la hauteur de la mission qui leur est confiée, et le gouverneur les félicite ici de leur rare énergie.

« *P. O. Le général chef d'état-major général,*

« Schmitz. »

6 janvier (112ᵉ journée).

RÉPUBLIQUE FRANÇAISE.

GOUVERNEMENT DE LA DÉFENSE NATIONALE.

Aux citoyens de Paris.

« Au moment où Paris redouble ses efforts d'intimidation, on cherche à égarer les citoyens de Paris par la tromperie et par la calomnie. On exploite, contre la défense, nos souffrances et nos sacrifices.

« Rien ne fera tomber les armes de nos mains. Courage, confiance, patriotisme !

« Le gouverneur de Paris ne capitulera pas.

« *Le gouverneur de Paris,*
« Général TROCHU. »

Rapport militaire.

« Pendant la nuit dernière, le feu de l'ennemi a été d'environ trente coups à l'heure contre les forts du sud, y compris Montrouge et même Bicêtre.

« Du côté de Nogent, il a cessé à partir de trois heures du matin, pour reprendre très-vivement à huit heures. A partir de cette heure, il a recommencé sur toute la ligne et ne nous a pas causé de dommages sérieux.

« Les batteries extérieures de l'enceinte ont pris part à la lutte et ont riposté vigoureusement aux attaques acharnées de l'artillerie ennemie.

« Les projectiles, qui sont tombés dans la ville en assez grand nombre, n'ont causé aucune émotion.

« La fermeté, le calme de la population et de l'armée soumises à ce violent bombardement sont à la hauteur des circonstances, et les procédés d'intimidation employés par l'ennemi ne font que grandir leur courage. Chacun s'inspire des grands devoirs que la patrie impose aux défenseurs de Paris.

« *Le gouverneur de Paris,*
« P. O. *Le général chef d'état-major général,*
« Schmitz. »

7 janvier (113e journée).

Rapport militaire.

« Pendant une partie de la nuit et dans le cours de la journée, l'ennemi a lancé sans résultat des obus contre la redoute de Saint-Maur et contre les bâtiments qui avoisinent le pont de Champigny.

« Sur les forts de Nogent et de Rosny, faible canonnade qui a causé très-peu de dommage et n'a atteint personne.

« Le fort de Noisy, de son côté, a ouvert le feu sur toutes les batteries prussiennes par trois formidables bordées, et entretenu un feu soutenu dont l'efficacité a été confirmée par le chef du poste télégraphique de Bondy, qui a vu à deux reprises différentes le transport des morts et blessés. Nos obus ont en effet éclaté en pleins retranchements.

« L'ennemi a repris ce matin, à huit heures, le feu sur la Courneuve, feu intermittent qui a blessé trois hommes et tué un fusilier marin.

« Les forts d'Issy, Vanvres et Montrouge ont continué à subir toute la journée un bombardement qui, à certains moments, a été d'une violence extrême. Peu de dégâts aux ouvrages. Quatre hommes tués et quelques blessés.

« Le feu a été moins nourri qu'hier sur les redoutes des Hautes-Bruyères et du Moulin-Saquet (cinq blessés, dont le capitaine du génie Cugnin). Quelques obus sont arrivés dans le fort de Bicêtre sans toucher personne.

« Les batteries prussiennes établies à Thiais ont également tiré sans résultat sur nos batteries établies près de Vitry et sur les bords de la rive gauche de la Seine.

« Les batteries de Meudon ont continué à tirer sur le 6e et le

7e secteurs; la population civile seule paraît avoir été éprouvée. Quelques personnes ont été blessées au Point-du-Jour de Boulogne, et le commandant du secteur a dû prendre les précautions nécessaires pour éloigner de toute atteinte les personnes étrangères au service.

« Tous les rapports des avant-postes du sud ont signalé qu'une concentration considérable de troupes s'était faite cette nuit sur le plateau de Châtillon.

« *Le gouverneur de Paris,*
« P. O. *Le général chef d'état-major général,*
« SCHMITZ. »

Le maire de Paris a adressé la lettre suivante à chacun des maires des vingt arrondissements :

« Paris, le 6 janvier 1871.

« MONSIEUR LE MAIRE,

« M. Alphonse de Rothschild, MM. Gustave et Edmond de Rothschild ses frères, et son neveu, M. James Nathaniel de Rothschild, ont offert à la ville de Paris des bons de vêtements représentant une valeur de 200,000 francs, et destinés à cette population nécessiteuse dont le nombre et les misères s'accroissent de jour en jour, mais qu'aucune épreuve, aucune excitation, ne sauraient arracher à sa résignation patriotique.

« Ce nouvel acte de libéralité d'une famille qui sait faire le bien avec autant de discrétion que de munificence nous permettra de fournir à 48,000 enfants, 32,000 femmes et 12,000 adultes, les parties les plus essentielles du vêtement de laine.

« J'ai fait la répartition de ces bons entre les vingt arrondissements, d'après les bases déjà arrêtées entre nous, et j'ai l'honneur de vous adresser la part qui vous est attribuée.

« Agréez, Monsieur le maire, l'assurance de mes sentiments fraternels.

« *Le membre du gouvernement,*
« *Maire de Paris,*
« Jules FERRY. »

8 janvier (114e journée).

Rapport militaire.

« Continuation du bombardement ; même solidité dans la garnison des forts et dans la population.

« Le gouverneur, qui a parcouru aujourd'hui toutes les parties de l'enceinte soumises au feu de l'ennemi, a recueilli les preuves les plus éclatantes du patriotisme des habitants de Paris.

« P. O. *Le général chef d'état-major général,*
« Schmitz. »

Victoire de Bapaume.

« Bordeaux, 4 janvier.

Le général Faidherbe *au ministre de la guerre.*

« Aujourd'hui 3 janvier, bataille sous Bapaume de huit heures du matin à six heures du soir. Nous avons chassé les Prussiens de toutes les positions et de tous les villages. Ils ont fait des pertes énormes et nous des pertes sérieuses.

« Avesne-Bapaume, 3 janvier.

« J. Faidherbe. »

---

9 janvier (115e journée).

Rapport militaire.

« Du côté de la Malmaison, il y a eu dans l'après-midi d'hier plusieurs engagements. Ce matin, en plein jour, l'ennemi a renouvelé une attaque qu'il avait déjà faite de nuit contre la maison Crochard et sur le poste des Carrières, à gauche de Rueil. C'est la quatrième tentative qu'il fait sur cette position. Les francs-tireurs de la mobile de la Loire-Inférieure et les tirailleurs de l'Aisne ont laissé approcher l'ennemi et l'ont repoussé, après lui avoir fait éprouver des pertes.

« Les abords du Panthéon et le 9e secteur ont reçu beaucoup d'obus. Plus de trente de ces projectiles ont porté sur l'hospice de la Pitié ; une femme y a été tuée, et les malades d'une salle ont dû être évacués dans les caves ; le Val-de-Grâce a été bombardé également. L'ennemi semble prendre pour objectif les établissements hospitaliers de Paris. Par ces procédés odieux, il montre une fois de plus son mépris des lois de la guerre et de l'humanité.

« Le contre-amiral de Montaignac fait connaître que, pendant la nuit, les Prussiens ont tiré à toute volée sur la ville ; les obus, passant par dessus les remparts, sont allés tomber dans les quartiers éloignés de l'enceinte.

« Le bombardement a continué sur les forts du sud pendant toute la journée, avec moins de violence que les jours précédents.

« *Le gouverneur de Paris :*

« P. O. *Le général chef d'état-major général,*

« Schmitz. »

10 janvier (116e journée). — « Le bombardement des forts de Vanvres et de Montrouge a continué aujourd'hui avec la même vivacité que d'habitude ; mais l'ennemi a concentré ses efforts sur le fort d'Issy, qui a été canonné violemment.

« Les 6e, 7e, 8e et 9e secteurs ont reçu également un assez grand nombre d'obus.

« Partout nos batteries ripostent avec une égale vigueur.

« P. O. *Le général chef d'état-major général,*

« Schmitz. »

Le gouverneur de Paris adresse cet ordre général à l'armée :

« Soldats,

« Dans la journée d'hier, un fait qui soulèvera parmi vous la plus profonde indignation s'est passé au pont d'Argenteuil. Deux officiers du 2e bataillon des gardes mobiles des Côtes-du-Nord, le lieutenant Le Merdy et le sous-lieutenant Le Vezouet, le sergent Cocard, le caporal Troadec, les gardes mobiles Outil, Guillot et Carré, enfin le sous-lieutenant Grenaud, des éclaireurs de la garde nationale, ont échangé avec l'ennemi, au moyen d'un bateau qu'il avait amené à dessein, des rapports à la suite desquels ils n'ont pas reparu.

« C'est vainement qu'on cherche à établir qu'ils ont été victimes de leur crédulité et d'une surprise habilement préparée. Leurs relations avec l'ennemi qu'ils avaient mission de combattre sont un crime militaire irrémissible. Ils ont trahi leur devoir en même temps que leur pays.

« Je les déclare déserteurs à l'ennemi ; j'ordonne qu'ils soient poursuivis comme tels ; je les voue devant l'armée au déshonneur et à la honte. Ils trouveront, dès à présent, leur châtiment dans le récit qu'ils entendront des glorieux efforts qu'ont faits et des succès qu'ont obtenus les armées de la Loire et du Nord.

« Le présent ordre sera lu trois fois à la troupe assemblée sous les armes.

« Fait au quartier général, à Paris, le 9 janvier 1871.

« *Le gouverneur de Paris,*

« Général TROCHU. »

---

11 janvier (117e journée).

Communications officielles. — Rapport militaire.

« 11 janvier, soir.

« Pendant la nuit, l'ennemi a continué à bombarder Paris. Comme tous les jours précédents, nous n'avons eu que peu de blessés. Quant aux dégâts matériels, ils sont presque insignifiants. Aucun incendie ne s'est déclaré.

« Dans la journée, le feu a repris avec une violence extrême contre les forts du sud, principalement contre le fort d'Issy, qui paraît être le principal objectif des batteries prussiennes.

« Des dispositifs considérables d'artillerie sont en voie d'exécution pour combattre efficacement les nouvelles batteries démasquées par l'ennemi.

« Du côté des Hautes-Bruyères, du Moulin-Saquet et de Créteil, canonnade peu importante et sans résultat.

« P. O. *Le général chef d'état-major général*,

« SCHMITZ. »

« Pendant la nuit du 8 au 9 janvier, l'hôpital de la Pitié a été criblé d'obus. Le bâtiment de l'administration et les divers bâtiments qui contiennent les malades ont été gravement atteints.

« Dans une salle de médecine affectée au traitement des femmes, les projectiles prussiens ont fait une morte et deux blessées : les dames Morin, tuée sur place ; Mirault, qui a eu le bras droit emporté ; Archambault, atteinte au bras et à la cuisse (fracture), et grièvement blessée au bas-ventre.

« L'hôpital de la Pitié se trouvant placé à l'extrême limite du tir de l'ennemi, on n'avait pas supposé, dès le premier jour, qu'il eût une intention particulièrement hostile à l'établissement, mais, la nuit dernière, les obus, envoyés exactement dans la même direction, sont venus tomber et éclater sur les mêmes points, et s'ils n'ont pas occasionné de nouveaux malheurs, c'est que les précautions avaient été prises pour mettre les malades en sûreté.

« Cet acharnement semblerait démontrer qu'il ne s'agit plus d'un bombardement ordinaire, mais d'une cruauté sauvage qui s'attaque de préférence aux établissements hospitaliers, dans la pensée d'atteindre plus profondément la population et de lui occasionner les plus dures et les plus poignantes émotions.

« Il devient utile de publier de tels faits, qui ajoutent une page odieuse à l'histoire de nos ennemis, et de protester, au nom du droit, de la civilisation, de l'humanité, contre cet attentat prémédité, qui n'a eu de précédent dans aucune guerre. »

On nous communique la protestation suivante :

« Paris, 11 janvier 1871.

« La Salpêtrière est un hospice où sont recueillis en temps ordinaire :

« 1° Plus de trois mille femmes âgées ou infirmes ;

« 2° Quinze cents femmes aliénées, et par surcroît, en ce moment de suprême douleur, les populations réfugiées des asiles d'Ivry et trois cents de nos blessés. C'est là une réunion de toutes les souffrances, qui appelle et commande le respect. Mais l'ennemi qui nous combat aujourd'hui ne respecte rien.

« Dans la nuit de dimanche à lundi, du 9 au 10 janvier, il a pris pour point de mire les hôpitaux de la rive gauche, la Salpêtrière, la Pitié, les Enfants-Malades, le Val-de-Grâce et les cabanes d'ambulance. A la Salpêtrière, nous avons reçu plus de quinze obus.

« Or, notre dôme très-élevé est surmonté du drapeau international ; il en est de même du dôme du Val-de-Grâce. C'est un acte monstrueux contre lequel protestent les médecins soussignés, et qu'il faut signaler à l'indignation de ce siècle et à celle des générations futures.

« Les docteurs CRUVEILHIER, CHARCOT, LUYS, A. VOISIN, BAILLARGÉ, TRÉLAT, J. MOREAU de Tours, médecins de la Salpêtrière ; FERMON, pharmacien en chef. »

---

12 janvier (118e journée).

Communications officielles. — Rapport militaire.

« La nuit dernière, le commandant Blanc, avec une compagnie de zouaves et une compagnie de mobiles du Morbihan, a fait une reconnaissance sur le plateau d'Avron.

« Les postes prussiens ont été vigoureusement chassés, et la petite colonne est rentrée avant le jour, après avoir enlevé six prisonniers.

« Le bombardement a continué pendant la nuit dernière sur la ville et sur les établissements déjà signalés. Depuis minuit jusqu'à deux heures du matin, il est tombé environ un projectile par minute dans le quartier de Saint-Sulpice.

« Les forts de Vanvres, Issy et Montrouge, ont été canonnés avec violence, mais nos batteries extérieures ont ouvert un feu nourri qui paraît avoir causé d'assez grands ravages dans les batteries prussiennes.

« A partir de trois heures et demie, l'ennemi avait beaucoup ralenti son tir, et ne lançait plus que des projectiles de petit calibre.

« Les villages de Nogent et de Fontenay ont été canonnés d'une façon continue, mais très-lentement.

« Nos forts de l'est ont vigoureusement répondu pendant la nuit, principalement vers une heure du matin, sur toute la ligne des positions prussiennes.

« La boucle de la Marne a été également bombardée pendant la nuit, mais sans aucun accident à signaler.

« A Créteil, calme absolu aujourd'hui ; hier, un sous-lieutenant de garde nationale a été tué aux avant-postes de ce côté.

« P. O. *Le général chef d'état-major général,*

« SCHMITZ. »

Déclaration du général Trochu.

« Une trame abominable, dont les fils sont entre les mains de la justice, tend à accréditer dans Paris le bruit que des officiers généraux et autres sont ou vont être arrêtés, pour avoir livré à l'ennemi le secret des opérations militaires. Le gouverneur s'est ému de cette indignité, et il déclare ici que c'est lui qu'on atteint dans la personne des plus dévoués collaborateurs qu'il ait eus pendant le cours de ces quatre mois d'efforts et d'épreuves.

« Entre les divers moyens qui ont eu quelquefois pour but et toujours pour effet de compromettre les intérêts sacrés de la défense, celui-là est le plus perfide et le plus dangereux. Il jette le doute dans les esprits, le trouble dans les consciences, et peut décourager les dévoûments les plus éprouvés. Je signale ces manœuvres à l'indignation des honnêtes gens ; je montre les périls où elles nous mènent à ceux qui vont répétant, sans réflexion, de si absurdes accusations, et j'en flétris les auteurs.

« J'interviens personnellement, moins parce que j'ai le devoir de protéger l'honneur de ceux qui, sous mes yeux, se consacrent avec le plus loyal désintéressement au service du pays, que parce que j'aime la vérité et que je hais l'injustice.

« Général TROCHU. »

13 janvier (119ᵉ journée).

Rapport militaire.

« Dans la boucle de la Marne, toujours même bombardement violent et persistant, sans plus d'effet que les jours précédents. Le général commandant de Vincennes se loue beaucoup de la tenue sous le feu des troupes et de la garde nationale chargées de la défense de nos positions de ce côté.

« Toute la journée, l'ennemi a tiré lentement sur les villages de Nogent et de Plaisance.

« Le bombardement de la ville a été incessant et est devenu très-vif de dix heures à minuit, principalement sur le huitième secteur. Les forts du sud ont été canonnés moins violemment.

« Les Prussiens ont fait pendant la nuit des tentatives sur divers points des tranchées qui relient les forts entre eux. Ils ont été partout repoussés. Plusieurs de leurs blessés ont été recueillis par nous.

« Depuis dix-sept jours, l'ennemi a brûlé une quantité considérable de munitions, sans arriver à un résultat sérieux. Nos pertes ont été relativement faibles, les incendies arrêtés dès le début, les dégâts matériels réparés autant que possible chaque jour.

« Le gouverneur est heureux de pouvoir rendre ici un éclatant témoignage du dévoûment absolu qu'officiers, soldats et gardes nationaux ont montré dans ces cruelles et constantes épreuves. La fermeté de la population est admirable.

« P. O. *Le général chef d'état-major général,*
« Schmitz. »

« On fait, en ce moment, le recensement général de toutes les substances alimentaires qui restent à Paris. Des délégués du ministère du commerce inventorient les vins et les spiritueux de l'entrepôt de Bercy, les grains, les conserves et les huiles du grenier du boulevard Bourdon, et les farines de la halle aux blés. On recense également les chevaux, les ânes, les mulets et les vaches laitières. »

14 janvier (120ᵉ journée).

Rapport militaire.

« Sur l'ordre du gouverneur, le général Vinoy a préparé hier au soir une sortie contre le Moulin-de-Pierre, à laquelle assistaient les généraux Blanchard et Corréard. La tête de colonne ayant été accueillie par un feu des plus vifs, la sortie n'a pas été poussée à fond, et nos troupes sont rentrées dans nos lignes.

« L'ennemi, de son côté, a prononcé une attaque contre nos positions avancées de Drancy; une fusillade s'engagea; cessant par intervalles, elle ne se termina définitivement qu'à une heure du matin. Cette attaque n'eut aucune suite et fut énergiquement repoussée.

« Le contre-amiral Pothuau a exécuté une reconnaissance entre la Gare-aux-Bœufs et la Seine, sur des embuscades ennemies.

« Un peu plus tard, les Prussiens prirent l'offensive en assez grand nombre; ils furent accueillis à coups de fusil et se replièrent rapidement, laissant un officier prussien entre nos mains et plusieurs blessés sur le terrain. »

« Le bombardement de la ville s'est étendu dans les quartiers de la rue Monge, Saint-Sulpice et de la rue de Varennes, pendant la journée du 14.

« Il a été beaucoup moins vif contre les forts du sud et les avancées.

« Les mesures de surveillance les plus rigoureuses ont été ordonnées pour repousser toute attaque de l'ennemi pendant la nuit.

« P. O. *Le général chef d'état-major général,*

« SCHMITZ. »

---

15 janvier (121e journée).

Rapport militaire.

« Depuis ce matin, la canonnade est extrêmement violente sur toutes les positions du sud. Elle n'avait pas encore atteint ce degré d'intensité depuis le commencement du bombardement.

« Les forts, l'enceinte et toutes les batteries extérieures répondent avec une égale vigueur et tiennent en échec certaines batteries ennemies.

« Cette nuit, le général Ducrot a fait une sortie et a rasé les maisons et les murs qui restaient encore au parc de Beauséjour. Quelques prisonniers sont restés entre nos mains. »

« Le Mont-Valérien a canonné de ses plus grosses pièces Saint-Cloud, Montretout, la Jonchère et les hauteurs d'Orgemont, où les Prussiens ont démasqué des batteries. »

---

16 janvier (122e journée).

Rapport militaire.

« Pendant la journée, l'horizon étant beaucoup moins brumeux que précédemment, l'artillerie de l'enceinte a pu bien distinguer les batteries de l'ennemi, et les a combattues ; elle a pu soulager avec efficacité les forts de Montrouge, Vanvres et Issy.

« Les batteries de Châtillon ont tiré contre nous beaucoup moins vivement que d'habitude.

« Le feu a été continu, mais lent, et sans aucun résultat, sur le fort de Nogent.

« Ce matin, vers huit heures, nos troupes ont repoussé une attaque faite sur la maison Milland. Le fort de Montrouge a pu tirer à bonne distance sur les hommes qui étaient sortis de Bagneux pour concourir à cette attaque.

« Le général Ribourt fait connaître que c'est au lieutenant Laurent, des mobiles de l'Hérault, que revient l'honneur de l'affaire de Champigny, citée au rapport militaire d'hier.

« La boucle de la Marne a été canonnée constamment, sans en éprouver aucun dommage.

« P. O. *Le général chef d'état-major général*,

« SCHMITZ. »

« Le bombardement a pris hier des proportions auxquelles il n'avait pas encore atteint. Nous ne croyons pas qu'aucune ville ni aucun champ de bataille ait jamais entendu une canonnade comparable à celle que nos batteries et les batteries prussiennes ont échangée depuis huit heures du matin jusqu'à trois heures de l'après-midi. »

---

17 janvier (123e journée).

Rapports militaires.

« Le feu ennemi, qui s'est ralenti cette nuit, a repris ce matin avec une nouvelle violence.

« Ce matin, à huit heures, le fort de Vanvres a ouvert le feu sur la batterie de la Plâtrière, qui n'a répondu que par quelques coups; les batteries de Châtillon ont alors recommencé à tirer, sans causer jusqu'à cette heure un dommage réel.

« L'enceinte a repris son tir ce matin, et le combat d'artillerie se continue sur tous les points.

« L'ennemi a tenté une attaque contre Bordy pendant la nuit; il a été repoussé. Il avait massé ses troupes en avant de Créteil; mais la pluie ayant rendu la plaine impraticable, il n'y a pas eu d'attaque contre nos tranchées.

« Contre Montrouge, le feu n'a pas été très-vif cette nuit; nous avons eu cependant un officier de marine tué : M. Saissel, fils du vice-amiral. Le gouverneur croit être l'interprète de la population et de l'armée, en adressant ici à ce vaillant officier général l'expression de toutes ses sympathies et de tous ses regrets. »

« Le bombardement des forts du sud s'est ralenti un peu aujourd'hui. Le tir sur les Hautes-Bruyères a été assez vif; la redoute du Moulin-Saquet a été canonnée par une batterie de campagne à laquelle notre artillerie de position a fait éprouver, en hommes et en chevaux, des pertes tellement sérieuses que le feu de l'ennemi a été éteint en quelques instants, et la batterie démontée, laissant hommes et chevaux sur le terrain.

« L'ennemi a continué à tirer lentement sur Nogent et sur le fort, mais sans résultats.

« La ville a reçu également un grand nombre d'obus qui ont atteint les mêmes quartiers que les jours précédents.

« La tenue des forts est toujours excellente; une communication télégraphique interrompue a été rétablie en quelques heures, malgré le feu persistant de l'ennemi.

« P. O. *Le général chef d'état-major général,*

« SCHMITZ. »

---

18 janvier (124e journée). — Le feu des batteries ennemies, dans le sud, a été continu, mais beaucoup moins nourri que les jours précédents. Les forts, les batteries de Vaugirard et du Point-du-Jour, et surtout le fort de Vanvres, ont canonné sans relâche et avec succès les positions prussiennes. Le sixième secteur a même complètement éteint le feu de la batterie des Châlets.

« Nogent a subi un feu très-vif dans la matinée, mais qui s'est promptement ralenti, sans causer de dégâts matériels.

« Pendant toute la nuit, la ville a été bombardée, et un commencement d'incendie s'est déclaré à la Halle aux vins. On s'en est rendu promptement maître, grâce au concours empressé de la population.

« P. O. *Le général chef d'état-major général,*

« SCHMITZ. »

A la dernière heure, le gouvernement fait placarder sur tous les murs la proclamation suivante, indice qu'un suprême effort se prépare :

« CITOYENS,

« L'ennemi tue nos femmes et nos enfants ; il nous bombarde jour et nuit ; il couvre d'obus nos hôpitaux. Un cri : Aux armes ! est sorti de toutes les poitrines.

« Ceux d'entre nous qui peuvent donner leur vie sur le champ de bataille marcheront à l'ennemi ; ceux qui restent, jaloux de se montrer dignes de l'héroïsme de leurs frères, accepteront au besoin les plus durs sacrifices comme un autre moyen de se dévouer pour la patrie.

« Souffrir et mourir, s'il le faut, mais vaincre.

« Vive la République !

« *Les membres du gouvernement.* »

---

19 janvier (125e journée).

Dépêches militaires.

« Mont-Valérien, 10 h. 10 matin.

Gouverneur au ministre de la guerre et au général Schmitz.

« Concentration très-difficile et laborieuse pendant une nuit obscure. Retard de deux heures de la colonne de droite. Sa tête arrive en ligne en ce moment. Maisons-Bearn, Armengaud et Pozzo di Borgo immédiatement occupées. Long et vif combat autour de la redoute de Montretout. Nous en sommes maîtres. La colonne Bellemare a occupé la maison du curé et pénétré par brèche dans le parc de Buzenval. Elle tient le point 112, le plateau 155, le château et les hauteurs de Buzenval. Elle va attaquer la maison Craon.

« La colonne de droite (général Ducrot) soutient, vers les hauteurs de la Jonchère, un vif combat de mousqueterie. Tout va bien jusqu'à présent. »

« Mont-Valérien, 10 h. 32 matin.

« Montretout occupé par nous à dix heures.

« L'artillerie reçoit l'ordre d'occuper le plateau à côté et de tirer sur Garches.

« Bellemare, entré dans Buzenval, attaque maintenant vers la Bergerie.

« Fusillade très-vive ; brouillard intense.

« Observations très-difficiles. Je n'ai pas encore entendu un coup de canon prussien. »

« Mont-Valérien, 10 h. 50 matin.

« Un épais brouillard me dérobe absolument les phases de la bataille. Les officiers porteurs d'ordres ont de la peine à trouver les troupes. C'est très-regrettable, et il me devient difficile de centraliser l'action comme je l'avais fait jusqu'ici. Nous combattons dans la nuit. »

Six heures du soir. — « La bataille engagée en avant du Mont-

Valérien dure depuis ce matin. L'action s'étend depuis Montretout, à gauche, jusqu'au ravin de la Celle Saint-Cloud, à droite.

« Trois corps d'armée formant plus de cent mille hommes et pourvus d'une puissante artillerie sont aux prises avec l'ennemi.

« Le général Vinoy, à gauche, tient Montretout et le Bal ; à Garches, le général de Bellemare et le général Ducrot ont attaqué le plateau de la Bergerie et se battent depuis plusieurs heures au château de Buzenval.

« Les troupes ont déployé la plus brillante bravoure, et la garde nationale mobilisée a montré autant de solidité que de patriotique ardeur.

« Le gouverneur, commandant en chef, n'a pu faire connaître encore les résultats définitifs de la journée. Aussitôt que le gouvernement les aura reçus, il les communiquera à la population de Paris.

« Le ministre de l'intérieur par intérim,

« Jules FAVRE. »

Amiral commandant sixième secteur à général LE FLÔ.

« A la tombée du jour, nos troupes, en vue du sixième secteur, occupent Montretout avec de l'artillerie, les hauteurs au-dessus de Garches et une partie à droite dans Saint-Cloud.

« De fortes réserves sont au repos depuis midi sur les contre-forts de Garches et de la Fouilleuse, vers la Seine.

« Les derniers ordres du gouverneur, qui était au Mont-Valérien avec le général Vinoy, pour le tir de nos bastions, sont de tirer énergiquement sur le parc de Saint-Cloud et la vallée de Sèvres, au-dessus de laquelle s'élève une fumée continue depuis deux heures. »

Neuf heures cinquante du soir. — « Notre journée, heureusement commencée, n'a pas eu l'issue que nous pouvions espérer.

« L'ennemi, que nous avions surpris le matin par la soudaineté de l'entreprise, a, vers la fin du jour, fait converger sur nous des masses d'artillerie énormes, avec ses réserves d'infanterie.

« Vers trois heures, la gauche, très-vivement attaquée, a fléchi. J'ai dû, après avoir ordonné partout de tenir ferme, me porter à cette gauche ; et, à l'entrée de la nuit, un retour offensif des nôtres a pu se prononcer. Mais, la nuit venue, et le feu de l'ennemi continuant avec une violence extrême, nos colonnes ont dû se retirer des hauteurs qu'elles avaient gravies le matin.

« Le meilleur esprit n'a cessé d'animer la garde nationale et la troupe, qui ont fait preuve de courage et d'énergie dans cette lutte longue et acharnée.

« Je ne puis encore savoir quelles sont nos pertes. Par des prisonniers j'ai appris que celles de l'ennemi étaient fort considérables.

« Général TROCHU. »

Il ne pouvait en être autrement après une lutte acharnée qui, commencée au point du jour, n'était pas encore terminée à la nuit close.

C'est la première fois que l'on a pu voir, réunis sur un même champ de bataille, en rase campagne, des groupes de citoyens unis à des troupes de ligne, marchant contre un ennemi retranché dans des positions aussi difficiles ; la garde nationale de Paris partage avec l'armée l'honneur de les avoir abordées avec courage, au prix de sacrifices dont le pays leur sera profondément reconnaissant.

Si la bataille du 19 janvier n'a pas donné les résultats que Paris en pouvait attendre, elle est l'un des événements les plus considérables du siége, l'un de ceux qui témoignent le plus hautement de la virilité des défenseurs de la capitale.

Extrait d'un arrêté du Maire de Paris.

« ART. 1er. — A partir du jeudi 19 janvier, les boulangers

ne distribueront du pain qu'aux porteurs d'une carte d'alimentation de boucherie ou de boulangerie, et dans la mesure indiquée par l'article suivant :

« Art. 2. — La ration de pain est fixée à 300 grammes pour les adultes et à 150 grammes pour les enfants au-dessous de cinq ans.

« Art. 3. — Le prix de la ration de 300 grammes sera de 10 centimes ; celui de la ration de 150 grammes sera de 5 centimes. »

En l'absence du général Trochu, qui prend la direction des opérations militaires, le général Le Flô, ministre de la guerre, est chargé par intérim des fonctions de gouverneur de Paris.

---

20 janvier (126e journée).

Dépêche militaire.

« Mont-Valérien, 9 h. 30 matin.

« Le brouillard est épais. L'ennemi n'attaque pas.

« J'ai reporté en arrière la plupart des masses qui pouvaient être canonnées des hauteurs, quelques-unes dans leurs anciens cantonnements.

« Il faut, à présent, parlementer d'urgence à Sèvres pour un armistice de deux jours qui permettra l'enlèvement des blessés et l'enterrement des morts.

« Il faudra pour cela du temps, des efforts, des voitures très-solidement attelées et beaucoup de brancardiers. Ne perdez pas de temps pour agir dans ce sens.

« Général Trochu. »

On apprend que les résultats de l'action ne se soldent qu'en morts nombreuses, sans aucun résultat pour nos armes ; Paris n'est pas plus avancé que l'avant-veille, qu'il y a huit jours, qu'il y a quatre mois, au contraire !

Bientôt les mauvais bruits circulent ; pour la première fois, on dit tout haut que le 4 février, il n'y aura plus de pain. Des groupes se forment, préliminaires d'un mouvement populaire prochain ; on apprend que la garde nationale qui s'est battue la veille doit rentrer le jour même dans Paris. Dans l'après-midi, une affiche annonce des succès de Bourbaki et de Faidherbe en même temps que la retraite de Chanzy. Dès ce moment, on remarque que le gouvernement ne parle plus de M. Gambetta. L'esprit de Paris se montre instinctivement très-péniblement ému ; ce n'est pas de l'abattement : jamais le découragement n'a trouvé place dans le cœur du Parisien pendant toute cette pénible et longue épreuve ; c'est de l'appréhension. Cependant les clubs s'agitent, et les journaux avancés publient des articles d'une extrême violence contre les membres du gouvernement.

———

Le Jardin-des-Plantes a encore reçu la visite des obus prussiens, et cette fois il a éprouvé des dommages sérieux. Des obus sont tombés rue de Vaugirard ; une bombe est tombée sur la caserne Babylone et rue Oudinot, dans le couvent des sœurs Augustines.

———

21 janvier (127e journée). — Ce matin, à huit heures quarante-cinq, le bombardement a commencé sur les forts et sur la ville de Saint-Denis.

Il y a également une vive canonnade dans le sud. Le gouverneur est parti pour Saint-Denis.

———

Le premier obus qui est tombé à Saint-Denis a effondré le toit d'une maison de la rue de Paris. Le feu, très-vif pendant la journée, a redoublé contre la ville depuis la tombée de la nuit. Les forts du sud ont rudement canonné hier, de neuf heures du matin à trois heures de l'après-midi. Les obus pleuvaient dans les quartiers déjà éprouvés de la rive gauche. Rue du Cherche-Midi, plusieurs personnes ont été blessées, quatre ont été tuées.

Beaucoup d'obus sont tombés à Vaugirard et dans le quartier Saint-Germain; ils continuent de tomber à la caserne Babylone et aux Invalides. L'avenue Lowendall en a reçu sept en moins de dix minutes. La batterie de Châtillon a bombardé le quartier Saint-Jacques.

***

22 janvier (128e journée). — On lit ce matin sur tous les murs de la capitale :

« Le gouvernement de la défense nationale a décidé que le commandement en chef de l'armée de Paris serait désormais séparé de la présidence du gouvernement. M. le général de division Vinoy est nommé commandant en chef de l'armée de Paris.

« Le titre et les fonctions de gouverneur de Paris sont supprimés. M. le général Trochu conserve la présidence du gouvernement. »

***

Le général Vinoy, nommé général en chef de l'armée de Paris, lance cet ordre du jour :

« Le gouvernement de la défense nationale vient de me placer à votre tête; il fait appel à mon patriotisme et à mon dévoûment; je n'ai pas le droit de me soustraire. C'est une charge bien lourde; je n'en veux accepter que le péril, et il ne faut pas se faire d'illusions.

« Après un siége de plus de quatre mois, glorieusement soutenu par l'armée et par la garde nationale, virilement supporté par la population de Paris, nous voici arrivés au moment critique. Refuser le dangereux honneur du commandement dans une semblable circonstance serait ne pas répondre à la confiance qu'on a mise en moi. Je suis soldat et ne sais pas reculer devant les dangers que peut entraîner cette grande responsabilité. A l'intérieur, le parti du désordre s'agite, et cependant le canon gronde. Je veux être soldat jusqu'au bout. J'accepte ce danger, bien convaincu que le concours des bons citoyens, celui de l'armée et de la garde nationale, ne me feront pas défaut pour le maintien de l'ordre et le salut commun.

« Général VINOY. »

Les détenus de Mazas ayant été délivrés dans la nuit, et, dans la journée, une manifestation sanglante, deuxième édition du 31 octobre, ayant eu lieu place de l'Hôtel-de-Ville, le gouvernement adresse à la population de Paris la proclamation suivante :

« CITOYENS,

« Un crime odieux vient d'être commis contre la patrie et contre la République.

« Il est l'œuvre d'un petit nombre d'hommes qui servent la cause de l'étranger.

« Pendant que l'ennemi nous bombarde, ils ont fait couler le sang de la garde nationale et de l'armée, sur lesquelles ils ont tiré.

« Que ce sang retombe sur ceux qui le répandent pour satisfaire leurs criminelles passions.

« Le gouvernement a le mandat de maintenir l'ordre, l'une de nos principales forces en face de la Prusse.

« C'est la cité tout entière qui réclame la répression sévère de cet attentat audacieux et la ferme exécution des lois.

« Le gouvernement ne faillira pas à son devoir. »

D'autre part, le général Clément Thomas adresse cet énergique appel aux troupes placées sous ses ordres :

« Cette nuit, une poignée d'agitateurs ont forcé la prison de Mazas et délivré plusieurs prévenus, parmi lesquels M. Flourens,

« Ces mêmes hommes ont tenté d'occuper la mairie du 20ᵉ arrondissement et d'y installer l'insurrection ; votre commandant en chef compte sur votre patriotisme pour réprimer cette coupable sédition.

« Il y va du salut de la cité.

« Tandis que l'ennemi la bombarde, les factieux s'unissent à lui pour anéantir la défense.

« Au nom du salut commun, au nom des lois, au nom du devoir sacré qui nous ordonne de nous unir tous pour défendre Paris, soyons prêts à en finir avec cette criminelle entreprise ; qu'au premier appel la garde nationale se lève tout entière, et les perturbateurs seront frappés d'impuissance. »

Manifestation de l'Hôtel-de-Ville.

Le feu qui couvait sous la cendre éclate. Pendant la nuit, la prison de Mazas est forcée par une poignée d'agitateurs costumés en gardes nationaux. Plusieurs prévenus politiques, M. Flourens, entre autres, sont mis de vive force en liberté.

Après ce premier acte de violence, les émeutiers, en assez petit nombre, se sont portés sur la mairie du 20ᵉ arrondissement, dans le but d'y installer le quartier-général de l'insurrection. Leur entreprise n'a pas obtenu un succès de longue durée. Néanmoins, elle s'est assez prolongée pour qu'ils aient pu commettre les actes les plus blâmables. Les insurgés, en effet, au risque de livrer au supplice de la faim toute la population indigente de Belleville, se sont emparés de deux mille rations de pain. Ils ont, en outre, bu une barrique de vin réservée aux nécessiteux, et dévalisé un épicier du voisinage.

M. Flourens s'est retiré en déclarant qu'on n'était point en nombre et qu'on reviendrait.

Le commandant du 2ᵉ secteur, aussitôt qu'il a été avisé de l'envahissement de la mairie, a envoyé quelques compagnies de garde nationale, et la mairie a été évacuée sans effusion de sang. A six heures et demie, l'ordre était complètement rétabli à Belleville.

Pendant la matinée, la ville semblait calme, tout danger de tumulte paraissait écarté. Le conseil du gouvernement, constitué en permanence, délibérait avec le nouveau commandant en chef, dont on venait d'afficher la proclamation.

Une autre réunion avait lieu au ministère de l'instruction publique; elle se composait de MM. Dorian et Jules Simon, membres du gouvernement; de MM. François Favre, Henri Martin, Arnaud (de l'Ariége), Clémenceau, Bonvalet, Tirard et Hérisson, maires de divers arrondissements de Paris; enfin, de plusieurs officiers, parmi lesquels on comptait un général, huit colonels et trois chefs d'escadron. Deux des colonels présents appartenaient à la garde nationale. Cette réunion a donné lieu à une discussion des plus intéressantes, et tous les assistants, tour à tour consultés, ont apporté au débat le tribut de leur expérience et de leur patriotisme.

A l'heure même de cette réunion, les émeutiers, vaincus le matin à la mairie de Belleville, reprenaient courage. La place de l'Hôtel-de-Ville se garnissait de groupes nombreux et animés, sans qu'il y eût pourtant à prévoir aucune tentative de violence. Deux députations avaient été successivement introduites auprès des membres de la municipalité; le colonel Vabre, commandant militaire, les reconduisait jusqu'à la grille extérieure, lorsque cent ou cent cinquante gardes nationaux, appartenant pour la plupart au 101e bataillon de marche, avec officiers et tambours, débouchèrent sur la place de l'Hôtel-de-Ville.

Il n'y avait à ce moment aucune troupe au dehors; on avait même retiré les factionnaires de l'extérieur. Seuls, le commandant de l'Hôtel-de-Ville et les officiers du bataillon du Finistère étaient sur le trottoir, entre la grille et la façade, parlant à la foule et l'exhortant au calme. Tout à coup, les gardes nationaux qui venaient d'arriver et qui s'étaient disposés, non en masse, mais par petits groupes répandus, selon un certain ordre, sur toute l'étendue de la place, mirent le genou en terre et firent feu sur trois ou quatre officiers de la garde mobile placés auprès de la porte de la mairie, sans les atteindre. Le colonel Vabre, qui était devant l'autre porte, celle du gouvernement, les interpella avec indignation. Un individu en bourgeois, qui paraissait donner des ordres aux gardes nationaux, et qui se vantait d'être un commandant révoqué, donna l'ordre de faire feu, cette fois, sur le colonel. Une centaine de coups sont tirés. Un des officiers de la garde mobile, l'adjudant-major Bernard, est grièvement blessé aux deux bras et à la tête. C'est seulement en le voyant tomber que les gardes mobiles font feu à leur tour, et la place se trouve instantanément vidée.

Néanmoins, tout n'était pas terminé.

La fusillade recommença. Elle partait des encoignures des rues qui font face à la place, des angles du quai et de la rue de Rivoli; elle partait surtout des fenêtres de deux maisons voisines du bâtiment de l'Assistance publique. Le feu des assaillants était dirigé contre les fenêtres du premier étage de l'Hôtel-de-Ville, dont tous les carreaux furent brisés. Malgré l'emploi des balles explosibles et de petites bombes fulminantes qu'on a ramassées en grand nombre au dedans et au dehors de l'Hôtel-de-Ville, nul n'a été blessé dans l'intérieur.

Au bout de quelques minutes, l'arrivée des gardes républicains mettait en fuite les émeutiers.

Une vingtaine d'individus ont été faits prisonniers dans les maisons d'où la fusillade était partie.

Ce triste combat, engagé au bruit des obus prussiens qui pleuvaient sur la rive gauche et sur la ville de Saint-Denis, n'a pas duré plus de vingt minutes. Le capitaine du 101e a été arrêté.

D'après les renseignements recueillis, il y aurait dix-huit morts et quarante blessés.

———

Hier dimanche, le feu a redoublé d'intensité sur Saint-Denis : dix-sept projectiles frappent successivement l'usine Laveyssière et y mettent le feu. Un enfant est littéralement coupé en deux. Un herboriste est tué, ainsi que sa femme et ses cinq enfants. L'abbaye sert d'objectif à l'ennemi ; des vitraux sont brisés.

———

23 janvier (129e journée).

Partie officielle.

« Les clubs sont supprimés jusqu'à la fin du siège. »

———

« Le nombre des conseils de guerre de la première division militaire est porté de deux à quatre. »

———

« Le *Réveil* et le *Combat* sont supprimés pour excitation à la guerre civile. »

———

Rapport militaire.

« Le bombardement a été lent, mais continu, sur Vaugirard et Grenelle, pendant la nuit dernière ; au jour, il a repris avec plus de vigueur.

« Les forts du sud ont continué leur tir contre les batteries ennemies, soutenus par les feux de l'enceinte. Le canon de Bicêtre a tiré sur les batteries de Bagneux et de l'Hay. Dans la matinée, la batterie des marins (7e secteur) a fait sauter la poudrière de la batterie de gauche de Châtillon. A partir de deux heures de l'après-midi, le feu de l'ennemi a complètement cessé. Les dégâts ne présentent nulle part de dangers sérieux, quoique, au fort d'Issy, ils continuent à être considérables.

« A l'est, les Prussiens ont établi, à 5,000 mètres du fort de

Charenton, une batterie de six embrasures, reliée par une tranchée à Montmesly et placée sur le chemin de fer de Lyon. Des troupes de soutien sont massées en arrière, entre Boissy-Saint-Léger et Limeil. Le tir sur les forts de ce côté a continué, mais lent, si ce n'est sur le front sud du fort de Nogent, où il est très-actif.

« Au nord, le bombardement de Saint-Denis a été d'une grande violence. Des batteries nouvelles ont été établies. Des travaux sont signalés reliant Pont-Iblon aux batteries de Blancménil.

« On peut évaluer à mille le nombre des projectiles lancés aujourd'hui par l'ennemi sur le fort de la Briche, qui a eu à supporter les feux croisés à angle droit de six batteries : deux au-dessous d'Enghien, une à Deuil, une à Montmorency, deux à la Butte-Pinson.

« L'ennemi semble vouloir établir des batteries dans les tranchées de Villetaneuse et d'Épinay. Il a poussé une reconnaissance jusqu'à 300 mètres environ du fort ; quelques coups de fusil l'ont forcé à se retirer. Les Prussiens se sont montrés en grand nombre du côté de Pierrefitte, où ils font des tranchées. »

Protestation des médecins de l'asile Sainte-Anne contre le bombardement de cet établissement hospitalier.

Tout Paris se porte vers l'Hôtel-de-Ville, pour juger les effets matériels de la journée d'hier ; c'est à qui cherchera à dégager des balles entrées dans le bois des devantures de boutiques ou dans celui des arbres de l'avenue Victoria ; la place est à peu près dégarnie de troupes ; on comprend que tout danger est disparu.

Les dépêches de Chanzy sont l'objet des commentaires de tout le monde ; non seulement ce qu'on en lit, mais ce qu'on en devine répand une inquiétude générale ; bien que comptant sur l'énergie du général Vinoy, les Parisiens, qui comprennent, à la petite quantité et à la mauvaise qualité du pain qui leur est donné par rations, que le moment de la famine n'est pas bien éloigné, trouvent que la grande sortie si désirée est lente à se faire.

Le bombardement a repris avec une nouvelle vigueur sur Paris et sur Saint-Denis; les victimes se multiplient dans les deux villes, et la rive droite de la Seine sert de refuge aux habitants dont les maisons ont le plus à souffrir du bombardement.

Presque toutes les troupes rentrent dans Paris.

---

24 janvier (130e journée). — L'activité de l'armée assiégeante se remarque sur tous les points de la ligne d'investissement.

De nouvelles batteries sont installées en arrière de la gorge de Montretout, comme si l'ennemi voulait augmenter ses défenses contre un nouveau retour offensif sur le terrain où s'est produit l'engagement du 19 janvier.

Le pont de bateaux de l'île de la Loge, au-dessous de Bougival, a été complètement rétabli dans la journée d'hier, et une tête de pont est en construction.

Au sud, pendant la journée, ralentissement sensible du tir de l'ennemi, causé sans doute par la brume.

Vingt-deux obus ont passé au-dessus des murs du 7e secteur. Le 8e a été plus éprouvé cette nuit; nos pièces de l'enceinte ont riposté avec succès.

Le fort de Vanvres n'a plus eu à souffrir de la batterie du Moulin-de-Pierre, que ses mortiers avaient battue hier. Un homme seulement a été blessé.

A l'est, le bombardement a continué lentement sur la boucle de la Marne, les redoutes de Gravelle et de la Faisanderie, et le fort de Vincennes. Feu vif sur Nogent; au nord, deux batteries nouvelles attaquent Drancy, le Petit-Drancy et Aubervilliers; des projectiles parviennent jusqu'aux points les plus rapprochés de l'enceinte. Au Petit-Drancy, le lieutenant-colonel Bisson, légèrement blessé, a continué son service. Au fort d'Aubervilliers, trois blessés.

Feu vif contre les forts de l'Est et de la Briche; sur le premier sont tombés 244 obus, de 7 heures du matin à 4 heures du soir; le feu s'est concentré surtout sur le second, qu'attaque un cercle de batteries.

Canonnade plus vigoureuse sur Saint-Denis à partir de 2 heures; la butte d'Orgemont, où de nouveaux travailleurs sont signalés, envoie quelques obus vers l'enceinte, par-dessus Saint-Ouen.

Aujourd'hui, tout Paris a éprouvé une grande déception: un pigeon arrivé hier soir et porté en toute hâte au gouvernement avait perdu la plume autour de laquelle étaient enroulées les dépêches si impatiemment attendues. Cet accident est interprété en mauvaise part: on craint que le gouvernement n'ose pas nous annoncer quelque nouveau désastre. Tout l'espoir des assiégés s'est tourné vers le général Vinoy, qui doit, dit-on, tenter de reprendre demain le plateau de Châtillon avec des forces considérables; en effet, une assez grande quantité de troupes se sont dirigées vers le sud, où la canonnade s'est fait entendre toute la matinée.

Une nouvelle, soi-disant venue de province, s'est répandue aujourd'hui dans Paris : M. Gambetta se serait brûlé la cervelle. Bien que rien ne justifie ce bruit et qu'il ne soit arrivé aucune dépêche des départements, chacun est inquiet sur les armées des généraux Bourbaki et Faidherbe, derniers espoirs de la capitale assiégée.

Vers dix heures, des groupes nombreux stationnent sur les boulevards; on dit que, depuis hier, le gouvernement est en pourparler à Versailles, pour traiter d'un armistice qui ne serait autre chose qu'une capitulation ; personne ne veut croire à un pareil bruit, contre lequel s'élèvent de violentes protestations.

---

25 janvier (131ᵉ journée). — Le feu de l'ennemi a été moins vif ce soir. Dans la journée, il a été très-violent contre le fort d'Issy, les ouvrages de Vincennes et les ouvrages de Saint-Denis. La lutte d'artillerie a été sérieuse entre les ouvrages de Champigny et Villiers.

L'activité des travaux prussiens à Montmesly, au Bourget, à Villetaneuse et au viaduc de Meudon s'est fait encore remarquer aujourd'hui. De nombreux convois sont toujours entendus à l'est, et au nord surtout.

La population de Saint-Denis, mal protégée contre les effets des projectiles, a dû en grande partie se replier vers l'enceinte de la ville, et a rencontré quelques difficultés sérieuses, inévitables dans les conditions où elle se déplaçait.

Le fort de Rosny a reçu 45 obus pour sa 30ᵉ journée de bombardement ; il ne se produit heureusement plus ni dégâts, ni blessures pour ceux qui continuent à l'occuper et à le défendre.

Les bruits d'hier se confirment aujourd'hui, et, bien qu'aucun document officiel n'ait encore paru, tout le monde répète que le général Faidherbe a été battu et s'est replié sur Lille, où il est bloqué, après avoir perdu 10,000 hommes ; on ajoute que Bourbaki n'aurait pu réussir à débloquer Belfort et se trouverait bientôt acculé à la frontière suisse, où il serait obligé de mettre bas les armes.

Paris, à bout de ressources, privé de pain dans quelques jours, se trouverait obligé de capituler, et le gouvernement aurait pris le parti de traiter avec Versailles, par l'entremise de lord

Lyons, qui se serait déjà transporté à l'état-major du roi Guillaume.

Voici quelles seraient les propositions faites au nom du gouvernement par l'ambassadeur d'Angleterre :

Armistice de trois semaines.

L'armée prussienne prendrait possession de nos forts.

Paris serait ravitaillé.

On convoquerait immédiatement une Assemblée nationale pour traiter la paix.

La garde nationale conserverait ses armes.

La garnison sortirait avec ses armes et de l'artillerie.

L'émotion est à son comble, et la ville est séparée en deux camps ; l'un composé de ceux qui sentent que toute résistance est désormais inutile, puisque les armées de province ont succombé et que Paris est à la veille de la famine; l'autre qui, n'écoutant qu'un patriotisme irréfléchi, demande une sortie quand même avec toute la garnison de la capitale. Des groupes menaçants se forment devant l'Hôtel-de-Ville et se séparent en s'y donnant rendez-vous pour le lendemain.

La lettre suivante a été adressée aux officiers des neuf secteurs, des forts et des états-majors de l'armée de Paris :

« MESSIEURS ET CHERS CAMARADES,

« Le bruit, faux ou fondé, se répand que, sous la menace de la famine, la capitulation serait imminente. S'il peut appartenir au gouvernement de décider entre une question d'humanité et celle de l'honneur national, l'armée a le droit de sauvegarder son honneur militaire.

« Nous vous proposons donc de signer avec nous l'adresse suivante au gouvernement de la défense nationale :

« Les officiers de l'armée de Paris demandent avec instance qu'avant qu'aucun traité intervienne, l'armée épuise dans un suprême effort toutes ses munitions, et que le gouvernement prenne ensuite les mesures les plus énergiques pour détruire tout le matériel de guerre et faire sauter tous les forts.

« Ils croient que l'honneur militaire ne sera sauf qu'autant que ni un bastion des défenses extérieures, ni un canon, ni un fusil, ne sera livré intact à l'ennemi.

« Ils déclarent formellement que, si les mesures nécessaires ne sont pas prises, ils feront personnellement tout ce qui sera en leur pouvoir pour arriver à ce résultat, et empêcher ainsi qu'un immense matériel de guerre ne soit tourné contre leurs frères de province.

> « F. Garnier, lieutenant de vaisseau, chef d'état-major du 8ᵉ secteur; P. Dumoulin, chef d'escadron d'état-major de la garde nationale, attaché au 8ᵉ secteur; E. Eveillard, lieutenant de vaisseau, aide de-camp; Ch. Vimont, lieutenant de vaisseau, attaché au 8ᵉ secteur. »

26 janvier (132ᵉ journée). — Le bombardement poursuit son œuvre avec une implacable régularité. Des obus sont tombés rue Cambronne, 49, où une jeune fille de dix-huit ans, Mˡˡᵉ Lucie Villeret, a été tuée; rue Lecourbe, 98; rue de Sèvres, 106. Rue Blomet, 66, une famille tout entière était réunie; M. Boulanger, âgé de soixante-sept ans a été tué; sa femme et son beau-frère, M. Tissier, ont été littéralement décapités. Un obus tombé rue de la Tombe-Issoire a glissé sur le pavé pendant près de 300 mètres, et a passé le long d'une foule de femmes et d'enfants faisant queue à la porte d'un boulanger.

On frissonne à l'idée du mal qu'il aurait fait s'il avait pris le trottoir au lieu de la chaussée.

Communication officielle.

Tant que le gouvernement a pu compter sur l'arrivée d'une armée de secours, il était de son devoir de ne rien négliger pour prolonger la défense de Paris. En ce moment, quoique nos armées soient encore debout, les chances de la guerre les ont refoulées, l'une sous les murs de Lille, l'autre au-delà de Laval; la troisième opère sur la frontière de l'est.

« Nous avons dès lors perdu tout espoir qu'elles puissent se rapprocher de nous, et l'état de nos subsistances ne nous permet plus d'attendre. Dans cette situation, le gouvernement avait le devoir absolu de négocier; les négociations ont lieu en ce moment. Tout le monde comprendra que nous ne pouvons en indiquer les détails sans de graves inconvénients. Nous espérons pouvoir les publier demain. Nous pouvons cependant dire dès aujourd'hui que le principe de la souveraineté nationale sera sauvegardé par la réunion immédiate d'une Assemblée; que l'armistice a pour but la convocation de cette Assemblée; que pendant cette armistice, l'armée allemande occupera les forts, mais n'entrera pas dans l'enceinte de Paris; que nous conserverons notre garde nationale intacte et une division de l'armée, et qu'aucun de nos soldats ne sera emmené hors du territoire. »

27 janvier (133ᵉ journée). — On négocie, comme le prouve la déclaration suivante du gouvernement :

« CITOYENS,

« La convention qui met fin à la résistance de Paris n'est pas encore signée, mais ce n'est qu'un retard de quelques heures. Les bases en demeurent fixées telles que nous les avons annoncées hier; l'ennemi n'entrera pas dans l'enceinte de Paris; la garde nationale conservera son organisation et ses armes; une division de douze mille hommes demeure intacte; quant aux autres troupes, elles resteront dans Paris, au milieu de nous, au lieu d'être, comme on l'avait d'abord proposé, cantonnées dans la banlieue. Les officiers garderont leur épée. Nous publierons les articles de la convention aussitôt que les signatures auront été échangées, et nous ferons en même temps connaître l'état exact de nos subsistances. Paris veut être sûr que la résistance a duré jusqu'aux dernières limites du possible. Les chiffres que nous donnerons en seront la preuve irréfragable, et nous mettrons qui que ce soit au défi de les contester.

« Nous montrerons qu'il nous reste tout juste assez de pain pour attendre le ravitaillement, et que nous ne pouvions prolonger la lutte sans condamner à une mort certaine deux millions d'hommes, de femmes et d'enfants.

« Le siége de Paris a duré quatre mois et douze jours ; le bombardement un mois entier. Depuis le 15 janvier, la ration de pain est réduite à 300 grammes ; la ration de viande de cheval, depuis le 15 décembre, n'est que de 30 grammes. La mortalité a plus que triplé. Au milieu de tant de désastres, il n'y a pas eu un seul jour de découragement.

« L'ennemi est le premier à rendre hommage à l'énergie morale et au courage dont la population parisienne tout entière vient de donner l'exemple. Paris a beaucoup souffert ; mais la République profitera de ses longues souffrances, si noblement supportées. Nous sortons de la lutte qui finit, retrempés pour la lutte à venir. Nous en sortons avec tout notre honneur, avec toutes nos espérances ; malgré les douleurs de l'heure présente, plus que jamais nous avons foi dans les destinées de la patrie.

« *Les membres du gouvernement.* »

On lit dans le *Journal officiel* :

« Plusieurs journaux se livrent à des attaques violentes contre le gouvernement et répandent les nouvelles les plus étrangement fausses, notamment en ce qui concerne les subsistances. Le gouvernement, depuis le commencement du siége, a laissé la plus entière liberté à la presse, et il n'entend pas changer de conduite à la veille des élections pour l'Assemblée nationale.

« On peut donc discuter les actes du gouvernement et même les calomnier en pleine liberté. Mais si les journalistes s'oublient jusqu'à provoquer à des actes proscrits par la loi, et qui peuvent amener la guerre civile, le gouvernement, chargé de maintenir l'ordre, et résolu à remplir son mandat, n'hésitera pas à sévir avec la dernière rigueur. »

28 janvier (134e journée). — On s'étonne du redoublement de violence avec lequel les Prussiens continuent le bombardement jusqu'à l'expiration de la dernière minute des négociations, et quand l'arrangement est déjà moralement conclu. Vendredi soir, la nouvelle des conditions de l'armistice avait irrité ceux qui ne se résignent pas facilement à livrer Paris. Des groupes nombreux se formèrent sur le boulevard, à Montmartre, à Belleville, à La Villette, etc., etc. On parlait de résister malgré le gouvernement, de se joindre aux marins, de se mettre sous le commandement de l'amiral Saisset, d'occuper les forts et de les défendre. L'agitation augmenta dans la nuit. On alla aux mairies. Le tocsin fut sonné, notamment à l'église Saint-Laurent et à l'église Saint-Nicolas. Partout les habitants de ces quartiers sortent de leurs maisons, croyant à un incendie; mais dès qu'ils s'aperçoivent qu'il ne s'agit que d'une simple échauffourée, ils rentrent paisiblement au logis, et le calme ne tarde pas à se rétablir.

Cette manifestation a provoqué la proclamation suivante de M. Clément Thomas :

« La nuit dernière, des officiers de la garde nationale ont tenté de réunir leur troupe et de prendre des dispositions militaires en dehors de tout commandement.

« Le général, tout en ressentant aussi vivement la douleur patriotique qui les a égarés, ne saurait partager leurs illusions, et il a la douleur de prévenir la garde nationale qu'en cédant à de tels entraînements, elle compromettrait un armistice honorable, et l'avenir de Paris et de la France entière.

« Quelque douloureux qu'il puisse être pour un chef de calmer les ardeurs de la troupe placée sous son commandement, et de blâmer comme une faute les actes qu'elles inspirent, le commandant supérieur n'hésite pas à le faire dans cette circonstance.

« Il rappelle à la garde nationale que de son attitude, du calme et de la dignité avec lesquels sera supportée la douleur qui nous atteint, dépendent aujourd'hui l'ordre dans Paris, dont elle va être la garnison, et le ravitaillement de cette grande ville dont l'éternel honneur sera d'avoir prolongé la lutte au milieu des plus cruelles privations et jusqu'au complet épuisement de ses ressources.

« *Le général commandant supérieur,*
« Clément Thomas. »

On lit dans le *Journal officiel* :

« C'est le cœur brisé de douleur que nous déposons les armes. Ni les souffrances, ni la mort dans le combat n'auraient pu contraindre Paris à ce cruel sacrifice. Il ne cède qu'à la faim. Il s'arrête quand il n'a plus de pain. Dans cette cruelle situation, le gouvernement a fait tous ses efforts pour adoucir l'amertume d'un sacrifice imposé par la nécessité. Depuis lundi soir il négocie ; ce soir a été signé un traité qui garantit à la garde nationale tout entière son organisation et ses armes ; l'armée, déclarée prisonnière de guerre, ne quittera point Paris. Les officiers garderont leur épée. Une Assemblée nationale est convoquée. La France est malheureuse, mais elle n'est pas abattue. Elle a fait son devoir ; elle reste maîtresse d'elle-même.

« Voici le texte de la convention signée ce soir à huit heures et rapportée par M. le ministre des affaires étrangères. Le gouvernement s'est immédiatement occupé de régler toutes les conditions du ravitaillement, et d'expédier les agents, qui partiront dès demain matin :

Convention.

« Entre M. le comte de Bismark, chancelier de la Confédération germanique, stipulant au nom de S. M. l'empereur d'Allemagne, roi de Prusse, et M. Jules Favre, ministre des affaires étrangères du gouvernement de la défense nationale, munis de pouvoirs réguliers,

« Ont été arrêtées les conventions suivantes :

« Art. 1er. — Un armistice général, sur toute la ligne des opérations militaires en cours d'exécution entre les armées allemandes et les armées françaises, commencera pour Paris aujourd'hui même, pour les départements dans un délai de trois jours ; la durée de l'armistice sera de vingt-un jours, à dater d'aujourd'hui, de manière que sauf le cas où il serait renouvelé, l'armistice se terminera partout le 19 février, à midi.

« Les armées belligérantes conserveront leurs positions respectives qui seront séparées par une ligne de démarcation. Cette ligne partira de Pont-l'Évêque, sur les côtes du département du Calvados, se dirigera sur Lignières, dans le nord-est du département de la Mayenne, en passant entre Briouze et Fromentel ; en touchant au département de la Mayenne à Lignières, elle suivra la limite qui sépare ce département de celui de l'Orne et de la Sarthe, jusqu'au nord de Morannes, et sera continuée de manière à laisser à l'occupation allemande les départements de la Sarthe, Indre-et-Loire, Loir-et-Cher, du Loiret, de l'Yonne, jusqu'au point où, à l'est de Quarre-les-Tombes, se touchent les départements de la Côte-d'Or, de la Nièvre et de l'Yonne. A partir de ce point, le tracé de la ligne sera réservé à une entente qui aura lieu aussitôt que les parties contractantes seront renseignées sur la situation actuelle des opérations militaires en exécution dans les départements de la Côte-d'Or, du Doubs et du Jura. Dans tous les cas, elle traversera le territoire composé de ces trois départements, en laissant à l'occupation allemande les départements situés au nord, à l'armée française ceux situés au midi de ce territoire.

« Les départements du Nord et du Pas-de-Calais, les forteresses de Givet et de Langres, avec le terrain qui les entoure, à une distance de dix kilomètres, et la péninsule du Hâvre jusqu'à une ligne à tirer d'Étretat, dans la direction de Saint-Romain, resteront en dehors de l'occupation allemande.

« Les deux armées belligérantes et leurs avant-postes, de part et d'autre, se tiendront à une distance de dix kilomètres au moins des lignes tracées pour séparer leurs positions. Chacune des deux armées se réserve le droit de maintenir son autorité dans le territoire qu'elle occupe, et d'employer les moyens que ses commandants jugeront nécessaires pour arriver à ce but.

« L'armistice s'applique également aux forces navales des deux pays, en adoptant le méridien de Dunkerque comme ligne de démarcation, à l'ouest de laquelle se tiendra la flotte française, et à l'est de laquelle se retireront, aussitôt qu'ils pourront être avertis, les bâtiments de guerre allemands qui se trouvent dans les eaux occidentales. Les captures qui seraient faites après la conclusion et avant la notification de l'armistice seront restituées, de même que les prisonniers qui pourraient être faits de part et d'autre, dans des engagements qui auraient eu lieu dans l'intervalle indiqué.

« Les opérations militaires sur le terrain des départements du Doubs, du Jura et de la Côte-d'Or, ainsi que le siège de Belfort, se continueront, indépendamment de l'armistice, jusqu'au moment où on se sera mis d'accord sur la ligne de démarcation, dont le tracé à travers les trois départements mentionnés a été réservé à une entente ultérieure.

« Art. 2. — L'armistice ainsi convenu a pour but de permettre au gouvernement de la défense nationale de convoquer une Assemblée librement élue qui se prononcera sur la question de savoir si la guerre doit être continuée, ou à quelles conditions la paix doit être faite.

« L'Assemblée se réunira dans la ville de Bordeaux.

« Toutes les facilités seront données par les commandants des armées allemandes pour l'élection et la réunion des députés qui la composeront.

« Art. 3. — Il sera fait immédiatement remise à l'armée allemande, par l'autorité militaire française, de tous les forts formant le périmètre de la défense extérieure de Paris, ainsi que de leur matériel de guerre. Les communes et les maisons situées en dehors de ce périmètre ou entre les forts pourront être occupées par les troupes allemandes, jusqu'à une ligne à tracer par des commissaires militaires. Le terrain restant entre cette ligne et l'enceinte fortifiée de la ville de Paris sera interdit aux forces armées des deux parties. La manière de rendre les forts et le tracé de la ligne mentionnée formeront l'objet d'un protocole à annexer à la présente convention.

« Art. 4. — Pendant la durée de l'armistice, l'armée allemande n'entrera pas dans la ville de Paris.

« Art. 5. — L'enceinte sera désarmée de ses canons, dont les affûts seront transportés dans les forts à désigner par un commissaire de l'armée allemande (1).

« Art. 6. — Les garnisons (armée de ligne, garde mobile et marins) des forts et de Paris seront prisonnières de guerre, sauf une division de douze mille hommes que l'autorité militaire dans Paris conservera pour le service intérieur.

« Les troupes prisonnières de guerre déposeront leurs armes, qui seront réunies dans des lieux désignés et livrées suivant règlement par commissaires, suivant l'usage ; ces troupes resteront dans l'intérieur de la ville, dont elles ne pourront pas franchir l'enceinte pendant l'armistice. Les autorités françaises s'engagent à veiller à ce que tout individu appartenant à l'armée et à la garde mobile reste consigné dans l'intérieur de la ville. Les officiers des troupes prisonnières seront désignés par une liste à remettre aux autorités allemandes.

« A l'expiration de l'armistice, tous les militaires appartenant à l'armée consignée dans Paris auront à se constituer prisonniers de guerre de l'armée allemande, si la paix n'est pas conclue jusque-là.

« Les officiers prisonniers conserveront leurs armes.

« Art. 7. — La garde nationale conservera ses armes ; elle sera chargée de la garde de Paris et du maintien de l'ordre. Il en sera de même de la gendarmerie et des troupes assimilées,

---

(1) Dans le protocole, cette condition du transport des affûts dans les forts a été abandonnée par les commissaires allemands, sur la demande des commissaires français.

employées dans le service municipal, telles que garde républicaine, douaniers et pompiers ; la totalité de cette catégorie n'excédera pas trois mille cinq cents hommes.

« Tous les corps de francs-tireurs seront dissous par une ordonnance du gouvernement français.

« Art. 8. — Aussitôt après la signature des présentes et avant la prise de possession des forts, le commandant en chef des armées allemandes donnera toutes facilités aux commissaires que le gouvernement français enverra, tant dans les départements qu'à l'étranger, pour préparer le ravitaillement et faire approcher de la ville les marchandises qui y sont destinées.

« Art. 9. — Après la remise des forts et après le désarmement de l'enceinte et de la garnison stipulés dans les articles 5 et 6, le ravitaillement de Paris s'opérera librement par la circulation sur les voies ferrées et fluviales. Les provisions destinées à ce ravitaillement ne pourront être puisées dans le terrain occupé par les troupes allemandes, et le gouvernement français s'engage à en faire l'acquisition en dehors de la ligne de démarcation qui entoure les positions des armées allemandes, à moins d'autorisation contraire donnée par les commandants de ces dernières.

Art. 10. — Toute personne qui voudra quitter la ville de Paris devra être munie de permis réguliers délivrés par l'autorité militaire française, et soumis au visa des avant-postes allemands. Ces permis et visas seront accordés de droit aux candidats à la députation en province et aux députés de l'Assemblée.

« La circulation des personnes qui auront obtenu l'autorisation indiquée ne sera admise qu'entre six heures du matin et six heures du soir.

« Art. 11. — La ville de Paris paiera une contribution municipale de guerre de la somme de deux cents millions de francs. Ce paiement devra être effectué avant le quinzième jour de l'armistice. Le mode de paiement sera déterminé par une commission mixte allemande et française.

« Art. 12. — Pendant la durée de l'armistice, il ne sera

rien distrait des valeurs publiques pouvant servir de gages au recouvrement des contributions de guerre.

« Art. 13. — L'importation dans Paris d'armes, de munitions ou de matières servant à leur fabrication sera interdite pendant la durée de l'armistice.

« Art. 14. — Il sera procédé immédiatement à l'échange de tous les prisonniers de guerre qui ont été faits par l'armée française depuis le commencement de la guerre. Dans ce but, les autorités françaises remettront, dans le plus bref délai, des listes nominatives des prisonniers de guerre allemands aux autorités militaires allemandes, à Amiens, au Mans, à Orléans et à Vesoul. La mise en liberté des prisonniers de guerre allemands s'effectuera sur les points les plus rapprochés de la frontière. Les autorités allemandes remettront en échange, sur les mêmes points, et dans le plus bref délai possible, un nombre pareil de prisonniers français, de grades correspondants, aux autorités militaires françaises.

« L'échange s'étendra aux prisonniers de condition bourgeoise, tels que les capitaines de navires de la marine marchande allemande et les prisonniers français civils qui ont été internés en Allemagne.

« Art. 15. — Un service postal pour des lettres non cachetées sera organisé entre Paris et les départements, par l'intermédiaire du quartier-général de Versailles.

« En foi de quoi les soussignés ont revêtu de leurs signatures et de leur sceau les présentes conventions.

« Fait à Versailles, le 28 janvier 1871.

Signé : « BISMARK. » *Signé* : « Jules FAVRE. »

29 janvier (135e *journée*).

Annexes à la convention.

Lignes de démarcation devant Paris. — « Les lignes de démarcation seront formées : du côté français par l'enceinte de la ville ; du côté allemand, sur le front sud, la ligne partant de la

Seine à la hauteur de l'extrémité nord de l'île Saint-Germain, l'égout d'Issy, et continuera entre l'enceinte et les forts d'Issy, de Vanvres, de Montrouge, de Bicêtre, d'Ivry, en se tenant à une distance d'environ 500 mètres des fronts des forts, jusqu'à la bifurcation des routes de Paris à Port-à-l'Anglais et d'Alfort.

« Sur le front est, depuis le dernier point indiqué, la ligne traversera le confluent de la Marne et de la Seine, longeant ensuite les lisières de l'ouest et du nord du village de Charenton, pour se diriger directement à la porte de Fontenay, en passant par le rond-point de l'obélisque.

« Puis la ligne se dirigera vers le nord jusqu'à un point à 500 mètres à l'ouest du fort de Rosny, et au sud des forts de Noisy et de Romainville, jusqu'à l'endroit où la route de Pantin touche au bord du canal de l'Ourcq; la garnison du château de Vincennes sera d'une compagnie de 200 hommes et ne sera pas relevée pendant l'armistice.

« Sur le front nord, la ligne continuera jusqu'à 500 mètres au sud-ouest du fort d'Aubervilliers, le long de la lisière sud du village d'Aubervilliers et du canal de Saint-Denis, traversant ce dernier à 500 mètres au sud de la courbe, gardant une distance égale au sud des ponts du canal et se prolongeant en droite ligne jusqu'à la Seine.

« Sur le front ouest, à partir du point où la ligne indiquée touche à la Seine, elle en longera la rive gauche en amont jusqu'à l'égout d'Ivry.

« De légères déviations de cette ligne de démarcation seront permises aux troupes allemandes, autant qu'elles seront nécessaires pour établir leurs avant-postes, de la manière qu'exige la sûreté de l'armée. »

Reddition des forts et redoutes. — « La reddition s'opérera dans le courant des journées des 29 et 30 janvier 1871, à partir de dix heures du matin, le 29, de la manière suivante :

« Les troupes françaises auront à évacuer les forts et le terrain neutre, en laissant dans chacun des forts le commandant de place, le garde du génie, le garde d'artillerie et le portier-consigne.

« Aussitôt après l'évacuation de chaque fort, un officier d'état-major français se présentera aux avant-postes allemands, afin de donner les renseignements qui pourraient être demandés sur ce fort, ainsi que l'itinéraire à suivre afin de s'y rendre.

« Après la prise de possession de chaque fort, et après avoir donné les renseignements qui pourraient leur être demandés, le commandant de place, le garde du génie, le garde d'artillerie et le portier-consigne rejoindront à Paris la garnison du fort. »

Remise de l'armement et du matériel. — « Les armes, pièces de campagne et le matériel seront remis aux autorités militaires allemandes dans un délai de quinze jours à partir de la signature de la présente convention, et déposés par les soins des autorités françaises à Sévran. Un état d'effectif de l'armement et du matériel sera remis par les autorités françaises aux autorités allemandes avant le 4 février prochain.

« Les affûts des pièces qui arment les remparts devront être également enlevés avant cette époque.

« Les présentes ont été vues et approuvées et revêtues de nos signatures, pour servir à la convention d'hier 28 janvier 1871.

« Versailles, le 29 janvier 1871.

Signé : « DE BISMARK. »   *Signé* : « Jules FAVRE. »

C'était un triste spectacle que celui de l'évacuation des forts.

Elle a eu lieu de onze heures à trois heures de l'après-midi.

Pour empêcher toute occasion de conflit, on avait donné sévèrement, à toutes les portes de Paris, la consigne de ne laisser sortir personne, fût-on muni d'un permis ou d'un laisser-passer.

J'ai vu des marins, tout en traînant des charrettes chargées de leurs bagages, essuyer de grosses larmes qui leur roulaient sur les joues.

L'*Opinion nationale* a reçu la lettre suivante :

« Monsieur le rédacteur,

« Le fort de Montrouge, déjà si éprouvé, vient de faire une nouvelle perte.

« Déjà trois capitaines de frégate, commandants en second du fort, avaient été tués par les obus prussiens.

« Le quatrième, M. Larret de Lamalgini, capitaine de frégate, qui jusqu'à présent avait échappé aux obus ennemis, a voulu se brûler hier la cervelle pour ne pas voir, lui vivant, son fort occupé par les ennemis.

« Il a une balle dans la tête et une dans la poitrine.

« Transporté à l'ambulance de la marine, son état est des plus graves.

« E. Lablez,
« Employé au ministère de la marine. »

Les marins du *Louis XIV* ont quitté le fort de Montrouge vers trois heures. Les Prussiens ne sont entrés dans le fort que lorsqu'il a été complètement évacué.

L'attitude des marins était sinistre. Ils défilaient sans se parler. La foule, qui se pressait sympathiquement sur leur passage, partageait leur émotion et leur tristesse. On les saluait, mais pas un cri.

A la même heure, nos troupes de ligne, nos chasseurs, nos compagnies du génie et notre artillerie quittaient les Hautes-Bruyères et le Moulin-Saquet.

A midi les Prussiens ont pris possession du Mont-Valérien. Dès sept heures on remarquait de grands mouvements dans leurs lignes. On entendait distinctement le bruit de nombreuses troupes en marche.

Effectivement, vers huit heures, elles prirent possession de la Fouilleuse, abandonnée la veille par nos grand'gardes.

A neuf heures, un parlementaire prussien se présenta à la redoute des Galets, où il fut reçu par un officier d'état-major qui, après lui avoir bandé les yeux, l'introduisit dans le fort.

Le général Noël vérifia les pouvoirs du parlementaire et lui remit la forteresse. A dix heures, le général suivi de son état-major, des marins de la garnison, quittait cette magnifique place de guerre qu'il avait su rendre imprenable.

L'émotion était grande ; pas de cris, pas de récriminations, pas de vaines et impuissantes colères; une résignation farouche assombrissait les figures, une sourde rage broyait les cœurs.

Les marins surtout faisaient peine à voir; les pauvres gens qui, jusqu'au bout, ont fait leur devoir, que l'on a toujours trouvés les premiers sur la brèche et au feu, semblaient éviter les regards; ils avaient bien tort, car ils pouvaient lever hautement la tête. Quoique obligés de rendre leur fort, ils n'en étaient pas moins les glorieux défenseurs, puisqu'aucun effort de l'ennemi n'avait réussi à le leur enlever.

Les Prussiens n'ont fait entendre ni chant, ni cris de joie ; ils sont entrés tranquillement, ont placé leurs factionnaires et leurs grand'gardes.

A une heure, tout était terminé.

Élections à l'Assemblée nationale.

Le *Journal officiel* contient le décret réglant les élections à l'Assemblée nationale.

En voici les dispositions principales :

Les électeurs du département de la Seine sont convoqués pour le dimanche 5 février.

Les électeurs des autres départements pour le 8 février.

Les électeurs des départements occupés par les armées allemandes sont également convoqués.

Dans les départements où une cause quelconque retardera les

élections, les électeurs seront convoqués par décision des préfets. Si un second tour de scrutin est nécessaire, il aura lieu trois jours après le premier. L'Assemblée nationale se réunira le 12 février à Bordeaux.

Les soldats des troupes composant les armées françaises voteront dans les localités où ils se trouvent, mais pour les départements auxquels ils appartiennent.

Les élections auront lieu au scrutin de liste, conformément à la loi de 1849. Les fonctionnaires seront éligibles.

L'Assemblée nationale se composera de 753 membres.

Le département de la Seine a 43 députés à élire.

---

30 janvier (136e journée). — Le gouvernement a reçu une dépêche de Faidherbe, à la date du 7 janvier. Il était sous les murs de Lille avec 36,000 hommes et 90 canons. Il affirmait qu'il éviterait un désastre, mais n'espérait plus pouvoir reprendre l'offensive.

Le décret du 22 janvier 1871, qui supprime les clubs jusqu'à la fin du siége, ne s'applique pas aux réunions électorales :

« Le gouvernement de la défense nationale,

« Considérant que, dans les circonstances actuelles, il importe de laisser aux électeurs toute la latitude de choix compatible avec la sincérité électorale, sans tenir compte de toutes les causes d'inéligibilité admises par le législateur de 1849,

« Décrète :

« Ne recevront pas leur application pour l'élection de l'Assemblée nationale les articles 81 à 100 de la loi du 15 mars 1849, à l'exception des dispositions du paragraphe 4 de l'article 82, qui concerne les préfets et sous-préfets, et du paragraphe 5 de l'article 85.

« En conséquence, les préfets et sous-préfets ne seront pas éligibles dans les départements où ils exercent leurs fonctions. »

« Le gouvernement de la défense nationale,

« Vu l'article 7 de la convention du 28 janvier 1871, portant :

« Tous les corps de francs-tireurs seront dissous par une or-
« donnance du gouvernement français. »

« Décrète :

« Art. 1er. — Tous les corps francs (éclaireurs, francs-tireurs, guérillas, etc.) faisant partie de l'armée de Paris sont dissous.

« Art. 2. — Un règlement spécial déterminera le mode de licenciement et de désarmement de ces corps.

« Art. 3. — Ceux de ces corps qui perçoivent des allocations en deniers ou en nature continueront à les recevoir jusqu'au 1er avril.

« Art. 4. — Le ministre de la guerre est chargé de l'exécution du présent décret. »

Ordre du jour.

« MM. les chefs de bataillon sont invités à vouloir bien désigner dans leurs bataillons respectifs des officiers ou gardes chargés de recueillir les souscriptions pour l'érection du monument à élever aux gardes nationaux tués dans la bataille du 19 janvier.

« *Le général commandant supérieur,*
« Clément Thomas. »

---

31 janvier (137e journée). — Voici le texte de la proclamation du général Chanzy à son armée, à la suite de l'armistice :

« Officiers et soldats de la deuxième armée,

« Un nouveau coup nous frappe, mais ne doit ni ne peut

nous abattre. Après une lutte héroïque qui a duré près de cinq mois, après des souffrances et des privations noblement supportées, alors que toutes ressources étaient épuisées à Paris, le gouvernement de la défense nationale a dû conclure le 28 janvier, à Versailles, avec l'ennemi, une convention dont la conséquence est un armistice de vingt et un jours expirant le 19 février.

« Quelque pénible que soit pour vous la situation que crée cette mesure, alors que, confiants en votre bon droit, animés par votre patriotisme, vous alliez tenter de nouveaux efforts, la parole du gouvernement engagée doit être loyalement acceptée ; les hostilités sont suspendues.

« Une Assemblée est convoquée ; elle saura affirmer que la France entend que son honneur reste intact comme son territoire.

« Le devoir pour vous est de mettre ce repos forcé à profit, pour vous préparer à reprendre la lutte, si des prétentions orgueilleuses rendent une paix honorable impossible.

« Sans autre idée que de sauver la patrie, vous resterez l'armée de l'ordre et de la défense nationale, prête à tous les sacrifices, animée d'un seul désir, celui de combattre à outrance jusqu'au triomphe ; d'un seul sentiment, celui de la vengeance, si le but de l'Allemagne est de nous opprimer, de nous réduire et de nous humilier.

« Au grand quartier-général, à Laval, le 31 janvier 1871.

« *Le général commandant la deuxième armée,*
« CHANZY. »

1er février (138e journée). — « L'Assemblée nationale qui, dans onze jours, se réunira à Bordeaux et sera notre seul pouvoir légitime, et d'autant plus souverain que nous sommes en présence de l'étranger, aura devant le pays et devant l'histoire une double tâche et un double devoir :

« Sauver la France.

« Constituer un bon gouvernement. »

On lit dans le *Journal officiel* :

« M. Jules Simon, membre du gouvernement, ministre de l'instruction publique, est parti ce matin pour Bordeaux. Il va se joindre à la délégation du gouvernement, pour assurer l'exécution de la convention du 28 janvier et préparer la réunion de l'Assemblée nationale.

« M. André Lavertujon, secrétaire du gouvernement, accompagne M. Jules Simon. »

Monsieur DUFAURE, *président du comité libéral républicain.*

« Paris, le 1er février 1871.

« MONSIEUR,

« Plusieurs membres du comité libéral républicain, que vous présidez, ont bien voulu m'offrir l'inscription de mon nom sur la liste des candidatures dont ils se proposent de recommander l'adoption aux électeurs de Paris.

« Je ne puis accepter cet honneur.

« Je n'ai consenti à garder la présidence du gouvernement que parce que j'avais le devoir de porter jusqu'à la fin, avec mes collègues, le poids des responsabilités qui nous étaient communes. Je vais en être prochainement déchargé ; et mon rôle, comme je l'annonçais dans ma proclamation d'entrée en fonctions, le 18 août 1870, doit finir avec les événements qui l'ont fait naître.

« Je vous prie d'agréer, Monsieur, l'assurance de ma haute considération.

Signé : « Général TROCHU. »

L'ordre du jour suivant a été adressé à l'armée par le ministre de la guerre :

« SOLDATS, MARINS ET GARDES MOBILES,

« Tant qu'une bouchée de pain a été assurée à Paris, vous

avez défendu cette grande cité, qui a été pendant cinq mois le boulevard de la France; vous l'avez défendue au prix de votre sang qui a coulé à pleins bords.

« Aujourd'hui que des malheurs inouïs, que votre courage et vos sacrifices n'ont pu conjurer, vous ramènent dans son enceinte, de nouveaux devoirs, non moins sacrés que ceux que vous avez accomplis déjà, vous sont imposés. A tout prix vous devez donner à tous l'exemple de la discipline, de la bonne tenue, de l'obéissance. Vous le devez par respect de vous-mêmes, par respect pour notre patrie en deuil, dans l'intérêt de la sécurité publique.

« Vous ne faillirez pas, j'espère, à cette obligation sacrée; y manquer serait plus qu'une faute : ce serait un crime.

« Officiers, sous-officiers et soldats, restez unis dans un sentiment commun de patriotisme passionné; soutenez-vous, fortifiez-vous les uns les autres, afin qu'après avoir versé tant de sang pour l'honneur de Paris et les plus grands intérêts de la patrie, vous méritiez qu'on dise de vous : Ils ne sont pas seulement de braves soldats; ils sont aussi de bons citoyens.

  « *Le ministre de la guerre,*
      « Général LE FLÔ. »

2 février (139e journée).

Ordre général.

Le vice-amiral commandant supérieur du 6e secteur aux troupes placées sous ses ordres pendant la durée du siége de Paris.

« Au moment pénible où, par la conclusion d'un armistice, la défense de Paris va cesser son action, je considère comme un devoir de remercier les troupes qui ont participé à la défense spéciale du 6e secteur du concours qu'elles m'ont offert pour l'accomplissement de la tâche si difficile et si honorable de sauvegarder nos remparts.

« L'ennemi, rendant hommage à votre constante fermeté

dans l'exécution d'un service souvent rigoureux et devenu des plus dangereux pendant le bombardement, nous a épargné la douleur de voir les remparts tomber en sa puissance ; nous en conservons encore la défense.

« Unissons aujourd'hui nos cœurs, et élevons-les à la hauteur des malheurs de la patrie ; serrons encore nos rangs pour maintenir les principes d'ordre et de discipline qui sont la sauvegarde des sociétés. Faisons respecter la liberté et la propriété des habitants de notre territoire, qui sont déjà assez cruellement frappés.

« Je remercie les chefs de corps de la garde nationale et des vétérans, de la gendarmerie, de l'artillerie, du génie, des marins, des forestiers, des douaniers, des gardiens de la paix publique, de la garde mobile tant de l'artillerie que de l'infanterie, et des corps francs, qui m'ont secondé par leur zèle et leurs lumières dans l'œuvre sainte de la défense du 6e secteur.

« Je dois aussi mes remerciments aux officiers de mon état-major général qui m'ont secondé plus intimement encore et avec le dévoûment le plus absolu ; je les offre surtout à mon chef d'état-major, M. le capitaine de frégate Denuc qui, depuis les premiers jours du siége, s'est montré le fidèle exécuteur de mes ordres, et par son courage civique dans nos crises civiles, son attitude militaire pendant le bombardement, et aussi par la plus constante application à ses devoirs, a donné l'exemple du plus patriotique dévoûment.

« Je ne puis mieux reconnaître ses services qu'en le mettant à l'ordre du jour, dans le présent ordre général adressé aux troupes de toutes armes placées sous mes ordres dans le 6e secteur.

« *Le vice-amiral commandant supérieur du 6e secteur,*
« Vicomte A. FLEURIOT DE LANGLE. »

---

3 février (140e journée).

« Le gouvernement de la défense nationale,

« Considérant que de nombreuses réclamations se sont élevées contre la brièveté du délai fixé pour les élections de Paris ;

« Considérant que le renvoi de ces élections au 8 février n'a pas d'inconvénient, puisqu'il n'aura pas pour effet de retarder la réunion de l'assemblée de Bordeaux,

« Décrète :

« Art. 1er. — Les élections de Paris, précédemment fixées au dimanche 5 février, auront lieu le mercredi 8 février.

« Art. 2. — Le ministre de l'intérieur est chargé de l'exécution du présent décret.

« *Les membres du gouvernement.* »

---

4 février (141e journée).

Proclamation de Gambetta.

« Bordeaux, 31 janvier, 4 heures.

Intérieur à préfets et sous-préfets.

« Citoyens,

« L'étranger vient d'infliger à la France la plus cruelle injure qu'il lui ait été donné d'essuyer dans cette guerre maudite, châtiment démesuré des erreurs et des faiblesses d'un grand peuple.

« Paris, inexpugnable à la force, vaincu par la famine, n'a pu tenir en respect plus longtemps les hordes allemandes. Le 28 janvier, il a succombé. La cité reste encore intacte, comme un dernier hommage arraché par sa puissance et sa grandeur morale à la barbarie.

« Les forts seuls ont été rendus à l'ennemi. Toutefois, Paris, en tombant, nous laisse le prix de ses sacrifices héroïques. Pendant cinq mois de privations et de souffrances, il a donné à la France le temps de se reconnaître, de faire appel à ses enfants, de trouver des armes et de former des armées, jeunes encore, mais vaillantes et résolues, auxquelles il n'a manqué, jusqu'à présent, que la solidité qu'on n'acquiert qu'à la longue.

« Grâce à Paris, si nous sommes des patriotes résolus, nous tenons en main tout ce qu'il faut pour le venger et nous affranchir.

« Mais, comme si la mauvaise fortune tenait à nous accabler, quelque chose de plus sinistre et de plus douloureux que la chute de Paris nous attendait.

« On a signé, à notre insu, sans nous avertir, sans nous consulter, un armistice dont nous n'avons connu que tardivement la coupable légèreté ; qui livre aux troupes prussiennes les départements occupés par nos soldats, et qui nous impose l'obligation de rester trois semaines en repos, pour réunir, en les tristes circonstances où se trouve le pays, une Assemblée nationale.

« Nous avons demandé des explications à Paris et gardé le silence, attendant, pour vous parler, l'arrivée promise d'un membre du gouvernement auquel nous étions déterminés à remettre nos pouvoirs. Délégation du gouvernement, nous avons voulu obéir, pour donner un gage de modération et de bonne foi ; pour remplir ce devoir qui commande de ne quitter le poste qu'après en avoir été relevé ; enfin pour prouver à tous, amis et dissidents, par l'exemple, que la démocratie n'est pas seulement le plus grand des partis, mais le plus scrupuleux des gouvernements.

« Cependant, personne ne vient de Paris, et il faut agir ; il faut, coûte que coûte, déjouer les perfides combinaisons des ennemis de la France.

« La Prusse compte sur l'armistice pour amollir, énerver, dissoudre nos armées ; la Prusse espère qu'une Assemblée réunie à la suite de revers successifs, et sous l'effroyable chute de Paris, sera nécessairement tremblante et prompte à subir une paix honteuse.

« Il dépend de nous que ces calculs avortent et que les instruments mêmes qui ont été préparés pour tuer l'esprit de résistance le raniment et l'exaltent. De l'armistice, faisons une école d'instruction pour nos jeunes troupes ; employons ces trois semaines à préparer, à pousser avec plus d'ardeur que jamais l'organisation de la défense, de la guerre.

« A la place de la chambre réactionnaire et lâche que rêve l'étranger, installons une Assemblée vraiment nationale, républicaine, voulant la paix, si la paix assure l'honneur, le rang et l'intégrité de notre pays, mais capable de vouloir aussi la guerre et prête à tout plutôt que d'aider à l'assassinat de la France !

« Français ! songeons à nos pères qui nous ont légué une France compacte et indivisible ; ne trahissons pas notre histoire ; n'aliénons pas notre domaine traditionnel aux mains des barbares. Qui donc signerait ? Ce n'est pas vous, légitimistes, qui vous battez si vaillamment sous le drapeau de la République, pour défendre le sol du vieux royaume de France ; ni vous, fils des bourgeois de 1789, dont l'œuvre maîtresse a été de sceller les vieilles provinces dans un pacte d'indissoluble union ; ce n'est pas vous, travailleurs des villes, dont l'intelligent et généreux patriotisme sait toujours représenter la France dans sa force et son unité, comme l'initiative des peuples aux libertés modernes ; ni vous, enfin, ouvriers propriétaires des campagnes, qui n'avez jamais marchandé votre sang pour la défense de la révolution à laquelle vous devez la propriété du sol et votre titre de citoyens !

« Non, il ne se trouvera pas un Français pour signer ce pacte infâme ; l'étranger sera déçu ; il faudra qu'il renonce à mutiler la France, car, tous animés du même amour pour la mère patrie, impassibles dans les revers, nous redeviendrons forts et nous chasserons l'étranger.

« Pour atteindre ce but sacré, il faut dévouer nos cœurs, nos volontés, notre vie, et, sacrifice plus difficile peut-être, laisser là nos préférences.

« Il faut nous serrer tous autour de la République, faire preuve surtout de sang-froid et de fermeté d'âme. N'ayons ni passion, ni faiblesse ; jurons simplement comme des hommes libres de défendre envers et contre tous la France et la République.

« Aux armes ! Vive la France ! vive la République !

« Léon GAMBETTA. »

Décret.

« Les membres du gouvernement de la défense nationale délégués pour représenter le gouvernement et en exercer le pouvoir,

« Considérant qu'il est juste que tous les complices du régime qui a commencé par l'attentat du 2 décembre pour finir par la capitulation de Sédan, en léguant à la France la ruine et l'invasion, soient frappés momentanément de la même déchéance politique que la dynastie à jamais maudite dont ils ont été les coupables instruments ;

« Considérant que c'est là une sanction de la responsabilité qu'ils ont encourue en aidant et assistant avec connaissance de cause l'ex-Empereur dans l'accomplissement des divers actes de son gouvernement qui ont mis la patrie en danger ;

« Décrète :

« ART. 1er. — Ne pourront être élus représentants du peuple à l'Assemblée nationale les individus qui, depuis le 2 décembre 1851 jusqu'au 4 septembre 1870, ont accepté les fonctions de ministre, sénateur, conseiller d'État et préfet.

« ART. 2. — Sont également exclus de l'éligibilité à l'Assemblée nationale les individus qui, aux Assemblées législatives qui ont eu lieu depuis le 2 décembre 1851 jusqu'au 4 septembre 1870, ont accepté la candidature officielle, et dont les noms figurent dans les listes des candidatures recommandées par les préfets aux suffrages des électeurs et ont été au *Moniteur officiel* avec les mentions : Candidats du gouvernement ; — candidats de l'administration ; — candidats officiels.

« ART. 3. — Sont nuls, de nullité absolue, les bulletins de vote portant les noms des individus compris dans les catégories ci-dessus désignées.

« Ces bulletins ne seront pas comptés dans la supputation des voix.

« CRÉMIEUX, GAMBETTA, GLAIS-BIZOIN, FOURICHON. »

On lit au *Journal officiel* :

« Le gouvernement de la défense nationale,

« Considérant qu'il y a lieu de procéder immédiatement à la formation des listes du jury, conformément au décret du 14 octobre 1870, dont les nécessités du siège ont retardé l'exécution dans le département de la Seine ;

« Considérant, toutefois, qu'il est nécessaire que le cours de la justice criminelle ordinaire ne reste pas plus longtemps suspendu ;

« Décrète :

« Art. 1er. — Il sera procédé immédiatement à la confection des listes du jury dans le département de la Seine, conformément au décret du 14 octobre 1870.

« Art. 2. — La Cour d'assises de la Seine reprendra son fonctionnement à partir du 16 février 1871.

« Il sera procédé provisoirement au tirage du jury sur la liste dressée d'après la loi du 4 juin 1853 pour l'année 1870.

« Art. 3. — Aucune excuse tirée du service antérieur ne sera admise.

« Art. 4. — Le garde des sceaux, ministre de la justice, et le ministre de l'intérieur sont chargés, chacun en ce qui le concerne, de l'exécution du présent décret. »

« Le gouvernement de la défense nationale,

« Décrète :

« Art. 1er. — Les régiments de la garde nationale mobilisée, dits régiments de Paris, sont dissous.

« Art. 2. — Les compagnies de guerre qui composaient ces divers régiments rentrent dans leurs bataillons respectifs, sous l'autorité des officiers supérieurs (lieutenants-colonels ou chefs de bataillon) qui commandent ces bataillons.

« Art. 3. — Les lieutenants-colonels des régiments dissous conserveront leur grade et leurs insignes jusqu'à une réorganisation ultérieure de la garde nationale.

« ART. 4. — Les officiers de tout grade appartenant aux régiments de Paris toucheront, à titre d'indemnité, la solde due à leur grade jusqu'au 1er mars 1871.

« ART. 5. — Le ministre de l'intérieur est chargé de l'exécution du présent décret. »

---

5 février (142e journée). — Le gouvernement de la défense nationale vient de publier la proclamation suivante, en réponse à celle de Gambetta, datée du 31 janvier, à Bordeaux :

« FRANÇAIS !

« Paris a déposé les armes à la veille de mourir de faim. On lui avait dit :

« Tenez quelques semaines, et nous vous délivrerons. » Il a résisté cinq mois, et, malgré d'héroïques efforts, les départements n'ont pu le secourir.

« Il s'est résigné aux privations les plus cruelles. Il a accepté la ruine, la maladie, l'épuisement. Pendant un mois, les bombes l'ont accablé, tuant les femmes, les enfants. Depuis plus de six semaines, les quelques grammes de mauvais pain qu'on distribue à chaque habitant suffisent à peine à l'empêcher de mourir.

« Et quand, ainsi vaincu par la plus inexorable nécessité, la grande cité s'arrête pour ne pas condamner deux millions de citoyens à la plus horrible catastrophe; quand, profitant de son reste de force, elle traite avec l'ennemi au lieu de subir une reddition à merci, au dehors on accuse le gouvernement de la défense nationale de coupable légèreté, on le dénonce, on le rejette.

« Que la France nous juge, nous et ceux qui nous comblaient hier de témoignages d'amitié et de respect, et qui aujourd'hui nous insultent !

« Nous ne relèverions pas leurs attaques, si le devoir ne nous commandait de tenir jusqu'à la dernière heure, d'une main ferme, le gouvernail que le peuple de Paris nous a confié au milieu de la tempête. Ce devoir, nous l'accomplirons.

« Lorsqu'à la fin de janvier, nous nous sommes résignés à essayer de traiter, il était bien tard. Nous n'avions plus de farine que pour dix jours, et nous savions que la dévastation du pays rendait le ravitaillement tout à fait incertain. Ceux qui se lèvent aujourd'hui contre nous ne connaîtront jamais les angoisses qui nous agitaient. Il fallait cependant les cacher, aborder l'ennemi avec résolution, paraître encore prêts à combattre et munis de vivres.

« Ce que nous voulions, le voici :

« Avant tout, n'usurper aucun droit. A la France seule appartient celui de disposer d'elle-même. Nous avons voulu le lui réserver. Il a fallu de longues luttes pour obtenir la reconnaissance de la souveraineté. Elle est le point le plus important de notre traité.

« Nous avons conservé à la garde nationale sa liberté et ses armes.

« Si, malgré nos efforts, nous n'avons pu soustraire l'armée et la garde mobile aux lois rigoureuses de la guerre, au moins les avons-nous sauvées de la captivité en Allemagne et de l'internement dans un camp retranché, sous les fusils prussiens.

« On nous reproche de n'avoir pas consulté la délégation de Bordeaux ! On a oublié que nous étions enfermés dans un cercle de fer que nous ne pouvions briser.

« On oublie, d'ailleurs, que chaque jour rendait plus probable la terrible catastrophe de la famine, et cependant nous avons disputé le terrain pied à pied, pendant six jours, alors que la population de Paris ignorait et devait ignorer sa situation véritable, et qu'entraîné par une généreuse ardeur elle demandait à combattre.

« Nous avons donc cédé à une nécessité fatale.

« Nous avons, pour la convocation de l'Assemblée, stipulé un armistice, alors que les armées qui pouvaient nous venir en aide étaient refoulées loin de nous.

« Une seule tenait encore, nous le croyions du moins. La Prusse a exigé la reddition de Belfort. Nous l'avons refusé, et, par là même, pour protéger la place, nous avons pour quelques jours réservé la liberté d'action de son armée de secours. Mais, ce que nous ignorions, il était trop tard. Coupé en deux par les armées allemandes, Bourbaki, malgré son héroïsme, ne pouvait plus résister, et, après l'acte de généreux désespoir auquel il s'abandonnait, sa troupe était forcée de passer la frontière.

« La convention du 28 janvier n'a donc compromis aucun intérêt, et Paris seul a été sacrifié.

« Il ne murmure pas. Il rend hommage à la vaillance de ceux qui ont combattu loin de lui pour le secourir. Il n'accuse même pas celui qui est aujourd'hui si injuste et si téméraire, M. le ministre de la guerre, qui a arrêté le général Chanzy voulant marcher au secours de Paris, et lui a donné l'ordre de se retirer derrière la Mayenne.

« Non! tout était inutile, et nous devions succomber. Mais notre honneur est debout, et nous ne souffrirons pas qu'on y touche.

« Nous avons appelé la France à élire librement une Assemblée qui, dans cette crise suprême, fera connaître sa volonté.

« Nous ne reconnaissons à personne le droit de lui en imposer une, ni pour la paix, ni pour la guerre.

« Une nation attaquée par un ennemi puissant lutte jusqu'à la dernière extrémité; mais elle est toujours juge de l'heure à laquelle la résistance cesse d'être possible.

« C'est ce que dira le pays consulté sur son sort.

« Pour que son vœu s'impose à tous comme une loi respectée, il faut qu'il soit l'expression souveraine du libre suffrage de tous. Or, nous n'admettons pas qu'on puisse imposer à ce suffrage des restrictions arbitraires.

« Nous avons combattu l'empire et ses pratiques; nous n'entendons pas les recommencer en instituant des candidatures officielles par voie d'élimination.

« Que de grandes fautes aient été commises, que de lourdes

responsabilités en dérivent, rien n'est plus vrai ; mais le malheur de la patrie efface tout sous son niveau ; et d'ailleurs, en nous rabaissant au rôle d'homme de parti, pour proscrire nos anciens adversaires, nous aurions la douleur et la honte de frapper ceux qui combattent et versent leur sang à nos côtés.

« Le souvenir des dissensions passées quand l'ennemi foule notre sol ensanglanté, c'est rapetisser par ses rancunes la grande œuvre de la délivrance de la patrie. Nous mettons les principes au-dessus de ces expédients. Nous ne voulons pas que le premier décret de convocation de l'Assemblée républicaine en 1871 soit un acte de défiance contre les électeurs.

« A eux appartient la souveraineté ; qu'ils l'exercent sans faiblesse, et la patrie pourra être sauvée.

« Le gouvernement de la défense nationale repousse donc et annule au besoin le décret illégalement rendu par la délégation de Bordeaux, et il appelle tous les Français à voter, sans catégories, pour les représentants qui leur paraîtront les plus dignes de défendre la France.

« Vive la République ! vive la France !

« Paris, le 4 février 1871.

« *Les membres du gouvernement.* »

« Le gouvernement de la défense nationale,

« Vu un décret en date du 31 janvier 1871, émané de la délégation du gouvernement à Bordeaux, par lequel sont frappées d'inéligibilité diverses catégories de citoyens éligibles aux termes du décret du 29 janvier 1871 ;

« Considérant que les restrictions imposées au choix des électeurs par le susdit décret sont incompatibles avec le principe de la liberté du suffrage universel,

« Décrète :

« Le décret susvisé, rendu par la délégation du gouvernement à Bordeaux, est annulé.

« Les décrets du 29 janvier 1871 sont maintenus dans leur intégrité.

« *Les membres du gouvernement.* »

Paris n'aura pas supporté seulement, avec la bravoure qu'on sait, l'investissement, la séparation des familles, la privation de nouvelles, le service des remparts et des tranchées, la lutte sanglante des sorties, le bombardement, la famine ; il aura enduré une mortalité dont le chiffre a dépassé toutes les prévisions.

Celle de la dernière semaine, du 28 janvier au 3 février, a été de 4,671.

Voici les chiffres selon l'âge :

Au-dessous de 1 an.................... 716
De 1 an à 15 ans..................... 693
De 15 ans à 50 ans.................... 1,260
De 50 ans et au-dessus................ 1,355

La troupe de ligne et la garde mobile ont perdu 638 hommes.

La variole est dans cette mortalité pour 258, la fièvre typhoïde pour 324, la pneumonie pour 465, la bronchite pour 625, les accidents de guerre (combat et bombardement) pour 315. Le recensement arrêté le 7 janvier donnait, pour la population civile, 2,019,877 habitants. La mortalité de la semaine est de 1 sur 500.

Voici la proclamation que Garibaldi adressait à ses troupes le lendemain de son succès devant Dijon :

« Soldats ! tous les jours nos braves francs-tireurs présentent à la République de nouveaux trophées, en attendant que nous partagions tous, selon votre impatience et la mienne, leurs glorieuses fatigues.

« Jeunes miliciens de la sainte cause de la République, vous apprendrez à vos ennemis la différence qui existe entre l'esclave d'un despote et le champion de la liberté.

« Ces redoutables soldats du roi de Prusse, jadis si fiers contre un tyran, commencent à plier devant les nobles défenseurs du droit et de la justice ; et c'est à vous, génération prédestinée, que la fortune confia le soin, non seulement de déblayer le sol de votre belle patrie de l'envahisseur, mais d'établir sur des fondements perpétuels les principes saints de la liberté et de la fraternité des nations, que vingt siècles d'efforts des générations passées n'ont pu obtenir, grâce à la tenace et diabolique association du tyran et du lévite.

« Les désastres sanglants que vient d'éprouver la France sont une dure, mais efficace leçon pour le sybaritisme que les rois voulaient imposer à votre noble pays.

« Mensonge et corruption, voilà le symbole de ces malfaiteurs !

« Vérité et justice sont empreintes sur les oriflammes de nos jeunes légions, et le sang, la désolation, les larmes de deux grands peuples trompés, ont engendré cette ère nouvelle où la famille humaine oubliera ces pages ensanglantées de l'histoire !

« Presque à la fin de ma carrière, je suis bien fier de marcher à vos côtés pour servir la plus noble des causes, confiant dans votre bravoure pour l'accomplissement de notre mission humanitaire.

« G. GARIBALDI. »

---

6 *février* (145ᵉ journée). — Les gares reprennent peu à peu leur physionomie d'autrefois. On répare les locomotives, on débarrasse la voie des wagons qui y avaient été accumulés. On remet en état les salles d'attente, les hangars à marchandises. Tout annonce une prochaine reprise du service.

Les établissements de bouillon commencent à pouvoir nourrir leurs habitués, excepté de pain. Mais ils ne tarderont pas à en avoir, et même du pain blanc, car on en a vu hier chez plusieurs boulangers.

La nouvelle de la mort du général Bourbaki ne paraît pas

être bien certaine, ~~par~~ la belle-mère du général aurait reçu de Bruxelles, le 3 février, à cinq heures du soir, une dépêche lui annonçant qu'une amélioration s'était produite dans l'état du blessé.

---

7 février (144ᵉ journée). — La dépêche suivante est communiquée par le ministre de l'intérieur :

Circulaire.

« Bordeaux, 6 février, 3 heures.

Intérieur et guerre à préfets et sous-préfets.

« Ma conscience me fait un devoir de résigner mes fonctions de membre du gouvernement avec lequel je ne suis plus en communication d'idées ni d'espérances. J'ai l'honneur de vous informer que j'ai remis ma démission aujourd'hui même, en vous remerciant du concours patriotique et dévoué que j'ai toujours trouvé en vous pour mener à bonne fin l'œuvre que j'avais entreprise.

« Je vous prie de me laisser vous dire que mon opinion, profondément réfléchie, est qu'à raison de la brièveté des délais et des graves intérêts qui sont en jeu, vous rendrez un suprême service à la République en faisant procéder aux élections du 8 février, et vous réservant après ce délai de prendre telles déterminations qui vous conviendront.

« Je vous prie d'agréer l'expression de mes sentiments fraternels.

« Léon Gambetta.
« Pour copie conforme :
« *Le ministre de l'intérieur par intérim,*
« F. Hérold. »

Voici le grand jour : le sort de la France va se décider. Le vote de demain peut la perdre comme il peut la ressusciter. Dernière et suprême bataille !

M. Crémieux a adressé la lettre suivante aux membres du gouvernement de la défense nationale :

« Messieurs et chers collègues,

« Veuillez recevoir ma démission du ministère de la justice. Je vous prie de me faire savoir à qui je dois remettre ce service important.

« Je ne puis résigner mes pouvoirs de membre du gouvernement, que je tiens de l'acclamation et de l'acceptation du peuple, qu'aux mains des représentants du peuple ; mais, en attendant la réunion de l'Assemblée nationale, je cesse de prendre part à vos délibérations et à vos actes.

« Je consens néanmoins à ne pas publier cette lettre avant mercredi, jour des élections.

« Agréez, etc.

« Bordeaux, 6 février, dix heures du soir. »

« Ad. Crémieux. »

Le lendemain, M. Crémieux a reçu la réponse suivante :

« Cher collègue,

« Nous ne pourrons pas accepter votre démission, et vous ne pouvez pas la maintenir. L'état actuel du pays ne comporte aucune dissidence entre des hommes que rien ne sépare, qui ont été unis depuis le commencement de la révolution, et qui, à des postes différents, ont combattu du même cœur.

« Nous vous prions d'agréer l'expression de notre inaltérable et fraternelle amitié.

« E. Arago, Garnier-Pagès, Glais-Bizoin,
   E. Pelletan, J. Simon, L. Fourichon. »

8 février (145º journée). — Le *Journal officiel* contient la note suivante :

« Le gouvernement a reçu hier une dépêche de M. Gambetta

contenant sa démission de membre du gouvernement, de ministre de l'intérieur et de délégué du ministère de la guerre.

« Cette démission a été acceptée. M. Emmanuel Arago a été chargé, à Bordeaux, du portefeuille de l'intérim. M. le général Le Flô, ministre de la guerre, est parti hier soir pour prendre la direction des affaires militaires. »

Le 4 février, le citoyen Tavernier, nommé préfet du Loiret, arrivait à Orléans pour y procéder aux opérations électorales et y réinstaller, aux termes de l'armistice, une administration française.

Il publiait aussitôt une proclamation ferme et modérée, qui se résumait en ceci : sauver la France et garder la République. Deux jours après, il subissait la voie de fait qu'il raconte dans la lettre suivante adresssée au baron de Koenneritz :

« Orléans, 6 février 1871.

« MONSIEUR LE BARON,

« Interrogé par vous sur ma demande adressée le 5 février, votre puissant chancelier, M. le comte von Bismark, vous a ordonné de me faire reconduire en dehors des lignes allemandes avec une escorte.

« Je dois vous dire, Monsieur le baron, que M. le comte von Bismark n'a pas la primeur de cette violence sur ma personne. Le prince Louis-Napoléon, qui a si mal fini à Sédan, avait eu déjà l'honneur en 1851 d'arracher à son foyer et d'enlever à sa terre natale celui que vous chassez aujourd'hui. C'est une copie assez malheureuse. Je partirai donc demain 7 février, à onze heures, et vous ferez, monsieur le baron de Koenneritz, les élections après-demain mercredi.

« Il me serait difficile de ne point porter témoignage de votre courtoisie personnelle, mais il me serait impossible de ne pas témoigner qu'au fond :

« 1° Vous vous êtes fait un jeu cruel de nos élections dans les départements envahis, et notoirement dans le Loiret, où règne l'effroi de vos autorités qui ont pris à la seule ville d'Orléans *douze millions* et prétendent encore, outre les réquisitions quotidiennes, imposer 50 fr. par tête d'habitant, et dans nos campagnes dévastées 25 fr. par tête d'habitant aux mêmes conditions.

« 2° Vous avez repoussé l'administration française, présente à son poste, et vous avez opposé la force au droit résultant de l'armistice et de la simple nature des choses.

« 3° Vous avez protégé, à titre de conditions officielles, des noms souples à vos desseins, déclarant d'ailleurs que cela vous est bien égal, et que notre destinée, celle d'un peuple vaincu, vous est bien indifférente, ce que nous savions parfaitement.

« 4° Vous avez affiché une protestation de M. le comte von Bismark au *Moniteur de Versailles*, où le chancelier s'immisce jusque dans les intimités de notre politique et discute les décrets de notre gouvernement, dont les raisons morales échappent forcément à sa critique et à son examen.

« 5° Vous avez enfin, par la précipitation imposée aux élections, placé plus de la moitié du pays dans l'impossibilité d'un vote sérieux par manque de publicité, de réunions, d'affichage de candidatures, de distribution de bulletins, de moyens de communication pour le corps électoral, et par l'exclusion préméditée et habilement pratiquée d'un grand parti, qui est celui de la France réfléchie et éclairée, le grand parti de la République.

« Je me retire, Monsieur le baron, avec votre escorte. Il me reste à dire à mon ministre l'accueil qui m'a été fait, et à mon gouvernement le compte que tient le vôtre de la convention du 28 janvier.

« Je dépose entre vos mains, Monsieur le baron, une protestation courtoise et modérée, mais emportant le fond et la forme contre tout ce qui s'est fait et se fera ici pendant l'armistice, et contre le titre froidement injurieux de préfet du Loiret dont vous avez été investi par M. le chancelier, et que vous apposez au bas d'affiches placardées sur les murs de nos cités.

« Recevez, Monsieur le baron, l'expression de ma haute considération.

« *Le préfet du Loiret,*
« Tavernier. »

Le rationnement du pain.

« Le membre du gouvernement, maire de Paris,

« Arrête :

« Art. 1ᵉʳ. — A dater du 10 février, le rationnement du pain cessera d'avoir lieu.

« Art. 2. — Le pain sera désormais taxé au prix de 47 c. et demi le kilo, comme avant l'arrêté du 18 janvier dernier.

« Fait à Paris, le 8 février 1871.

« *Le maire de Paris,*
« Jules Ferry. »

J'ai sous les yeux une lettre datée du 5 février, adressée à un de mes amis, et qui lui donne des nouvelles de Pithiviers. Les Prussiens ont occupé cette ville dès le 20 septembre. Ils l'ont évacuée pendant quelques jours après la reprise d'Orléans par le général d'Aurelles de Paladines. Après sa dernière défaite et la réoccupation d'Orléans par l'ennemi, la garnison prussienne de Pithiviers était de 400 hommes, sans compter les troupes de passage qui n'ont cessé d'aller et venir. Avant l'armistice, des facteurs déguisés pouvaient, malgré cette occupation, faire parvenir aux habitants de Pithiviers les lettres parties de Paris par ballon. Chose bizarre et mystérieuse ! depuis la convention du 28 janvier, qui doit laisser librement passer les lettres ouvertes, ils ne reçoivent plus aucune nouvelle de Paris.

L'inquiétude des familles est d'autant plus grande dans cette ville et les environs, que les mobiles du Loiret ont donné dans la dernière affaire du 19 janvier, à Buzenval et Montretout.

A propos des mobiles du Loiret, je profite de l'occasion pour rendre hommage au courage dont ils ont fait preuve dans la défense de Paris. Hier, le *Journal officiel* mentionnait plusieurs décorations de la Légion-d'Honneur accordées à des officiers de mobiles de ce département. Une seule de ces distinctions était réservée à un garde du 4e bataillon, nommé Blon, qui vient de mourir à l'ambulance du ministère des affaires étrangères.

Ancien ouvrier mécanicien, ce jeune mobile, qui s'était vaillamment conduit à la bataille de Buzenval, avait été mortellement frappé d'une balle à la cuisse. Cette blessure avait nécessité l'amputation; mais le courage qu'il avait montré dans le combat ne l'abandonna pas pendant cette douloureuse opération : il ne voulut pas être endormi, et quand ce fut fini, il demanda doucement au chirurgien de regarder si la balle était bien dans sa jambe. Il avait supporté cette horrible douleur sans pousser la moindre plainte, stoïquement, et il n'a pu échapper à la mort. Au moment où il rendait le dernier soupir, le ministre des affaires étrangères a pris sur lui de lui accorder la croix de la Légion-d'Honneur; mais la nuit était déjà dans ses yeux, et il n'a pu voir ce dernier témoignage que la patrie rendait à sa vaillance par la décision spontanée d'un de ses représentants.

---

9 *février* (146e journée).

Recensement général des votes.

« Le membre du gouvernement délégué à la mairie de Paris et à l'administration du département,

« Considérant qu'à raison des difficultés considérables du dépouillement, il est matériellement impossible d'opérer, dans le délai fixé par l'arrêté du 8 février, le recensement général des votes,

« Arrête :

« Art. 1er. — Le recensement général des votes, qui devait

avoir lieu le vendredi 10 février, est remis au samedi 11 février, à midi.

« Art. 2. — Le secrétaire général de la mairie de Paris est chargé de l'exécution du présent arrêté.

« Fait à l'Hôtel-de-Ville, le 9 février 1871.

« Jules Ferry. »

On lit dans le *Journal officiel* la proclamation suivante, adressée par le gouvernement de Paris à tous les Français :

Proclamation.

Le gouvernement de Paris à ses concitoyens.

« Citoyens,

« Nous venons dire à la France dans quelle situation et après quels efforts Paris a succombé. L'investissement a duré depuis le 18 septembre jusqu'au 26 janvier. Pendant tout ce temps, sauf quelques dépêches, nous avons vécu isolés du reste du monde. La population virile tout entière a pris les armes, les jours à l'exercice et les nuits aux remparts et aux avant-postes. Le gaz nous a manqué le premier, et la ville a été plongée le soir dans l'obscurité ; puis est venue la disette de bois et de charbon. Il a fallu, dès le mois d'octobre, suppléer à la viande de boucherie en mangeant des chevaux ; à partir du 15 décembre, nous n'avons pas eu d'autre ressource. Pendant six semaines, les Parisiens n'ont mangé par jour que 30 grammes de viande de cheval ; depuis le 18 janvier, le pain, dans lequel le froment n'entre plus que pour un tiers, est tarifé à 300 grammes par jour, ce qui fait en tout, pour un homme valide, 330 grammes de nourriture. La mortalité, qui était à 1,500, a dépassé 5,000, sous l'influence de la variole persistante et des privations de toutes sortes.

« Toutes les fortunes ont été atteintes, toutes les familles ont eu leur deuil.

« Le bombardement a duré un mois, et a foudroyé la ville de

Saint-Denis et presque toute la partie de Paris située sur la rive gauche de la Seine.

« Au moment où la résistance a cessé, nous savions que nos armées étaient refoulées sur les frontières et hors d'état d'arriver à notre secours. L'armée de Paris, secondée par la garde nationale, qui s'est courageusement battue et a perdu un grand nombre d'hommes, a tenté, le 19 janvier, une entreprise que tout le monde qualifiait d'acte de désespoir. Cette tentative, qui avait pour but de percer les lignes de l'ennemi, a échoué, comme aurait échoué toute tentative de l'ennemi pour percer les nôtres.

« Malgré l'ardeur de nos gardes nationaux, qui, ne consultant que leur courage, se déclarèrent prêts à retourner au combat, il ne nous restait aucune chance de débloquer Paris ou de l'abandonner en jetant l'armée au dehors et la transformant en armée de secours. Tous les généraux déclaraient que cette entreprise ne pouvait être essayée sans folie ; que les ouvrages des Allemands, leur nombre, leur artillerie, rendaient leurs lignes infranchissables ; que nous ne trouverions au-delà, si par impossible nous leur passions sur le corps, qu'un désert de trente lieues ; que nous y péririons de faim, car il ne fallait pas penser à emporter des vivres, puisque déjà nous étions à bout de ressources.

« Les généraux divisionnaires furent consultés après les chefs d'armée, et répondirent comme eux. On appela, en présence des ministres et des maires de Paris, les colonels et les chefs de bataillon signalés pour les plus braves. Même réponse. On pouvait se faire tuer : mais on ne pouvait plus vaincre. A ce moment, quand on avait perdu tout espoir de secours et toute chance de succès, il nous restait du pain assuré pour huit jours, et de la viande de cheval pour quinze jours, en abattant tous les chevaux. Avec les chemins de fer détruits, les routes effondrées, la Seine obstruée, ce n'était pas, tant s'en faut, la certitude d'aller jusqu'à l'heure du ravitaillement. Aujourd'hui même, nous tremblons de voir cesser le pain et les autres provisions avant l'arrivée des premiers convois. Nous avons donc tenu au delà du possible ; nous avons affronté la chance, qui nous menace encore, de soumettre aux horribles éventualités de la famine une population de deux millions d'âmes.

« Nous disons hautement que Paris a fait absolument et sans réserve tout ce qu'une ville assiégée pouvait faire. Nous rendons à la population, que l'armistice vient de sauver, ce témoignage qu'elle a été jusqu'à la fin d'un courage et d'une constance héroïques. La France, qui retrouve Paris après cinq mois, peut être fière de sa capitale.

« Nous avons cessé la résistance, rendu les forts, désarmé l'enceinte; notre garnison est prisonnière de guerre; nous payons une contribution de deux cents millions.

« Mais l'ennemi n'entre pas dans Paris; il reconnaît le principe de la souveraineté populaire; il a laissé à notre garde nationale ses armes et son organisation; il laisse intacte une division de l'armée de Paris.

« Nos régiments gardent leurs drapeaux; nos officiers gardent leurs épées. Personne n'est emmené prisonnier hors de l'enceinte. Jamais place assiégée ne s'est rendue dans des conditions aussi honorables; et ces conditions sont obtenues quand le secours est impossible et le pain épuisé.

« Enfin, l'armistice qui vient d'être conclu a pour effet immédiat la convocation, par le gouvernement de la République, d'une Assemblée qui décidera souverainement de la paix ou de la guerre.

« L'Empire, sous ses diverses formes, offrait à l'ennemi de commencer les négociations.

« L'Assemblée arrivera à temps pour mettre à néant ces intrigues et pour sauvegarder le principe de la souveraineté nationale. La France seule décidera des destinées de la France. Il a fallu se hâter; le retard, dans l'état où nous sommes, était le plus grand péril. En huit jours, la France aura choisi ses mandataires. Qu'elle préfère les plus dévoués, les plus désintéressés, les plus intègres.

« Le grand intérêt pour nous, c'est de revivre et de panser les plaies saignantes de la patrie. Nous sommes convaincus que cette terre ensanglantée et ravagée produira des moissons et des hommes, et que la prospérité nous reviendra après tant d'épreuves, pourvu que nous sachions mettre à profit, sans aucun délai, le peu de jours que nous avons pour nous reconstituer et nous consulter.

« Le jour même de la réunion de l'Assemblée, le gouvernement déposera le pouvoir entre ses mains. Ce jour-là, la France, en se regardant, se retrouvera profondément malheureuse ; mais si elle se trouve aussi retrempée par le malheur et en pleine possession de son énergie et de sa souveraineté, elle sentira renaître sa foi dans les grandeurs de son avenir.

« *Les membres du gouvernement,*

« Général Trochu, Jules Favre, Emmanuel Arago, Jules Ferry, Garnier-Pagès, Eugène Pelletan, Ernest Picard, Jules Simon. »

---

10 février (147e journée).

Ordre du jour du général Garibaldi *à la vaillante armée des Vosges.*

« Dijon, 25 janvier.

« La Pologne, ce pays de l'héroïsme et du martyre, vient de perdre un de ses plus vaillants enfants, le général Bossak. Ce chef de notre première brigade de l'armée des Vosges a voulu, le 21, se convaincre par lui-même de l'approche de l'ennemi vers le Val-Suzon, et se précipitant sur lui avec une bravoure inouïe, suivi d'une douzaine d'officiers et de soldats, il voulut arrêter une armée avec une poignée d'hommes.

« Ce moderne Léonidas, si bon et si aimé de tous, est une grande perte pour l'avenir du monde démocratique, dont il a été un des plus zélés champions.

« Mais il est surtout une perte pour sa noble patrie ; que la République adopte la veuve et les enfants de ce héros.

« Depuis longtemps déjà j'ai été affecté désagréablement par les bruits sur les horreurs commises par les Prussiens. Je croyais, et je le souhaitais aussi, que ces bruits étaient exagérés. Mais dans les trois combats de ces derniers jours, dans lesquels la victoire nous a été propice, les horribles méfaits de l'ennemi se sont montrés dans toute leur brutale et sauvage vérité. A quelques-uns de nos blessés qui sont tombés entre leurs mains, ils ont défoncé le crâne à coups de crosse.

« Nos chirurgiens qui, comme c'est leur habitude, sont restés sur le champ de bataille pour ramasser et soigner nos blessés et ceux de l'ennemi, ont été assassinés de la manière la plus abominable.

« Médecins, ambulanciers et chirurgiens, servirent de cible à ces barbares et sauvages mercenaires.

« Un capitaine de nos francs-tireurs, blessé, qui était resté au château de Pouilly, a été lié par les mains et les pieds, et brûlé vif. Le corps de ce malheureux a été trouvé presque entièrement brûlé; les endroits seuls où il avait été lié étaient intacts des flammes.

« Eh bien ! noirs instruments de toutes les tyrannies, votre règne vient, le règne des bouchers. Votre temps favori, le moyen âge revient, et après que votre héros de Sedan, avec son sourire satanique sur les lèvres, est tombé, vous vous tournez vers le nouvel empereur souillé de sang et de meurtres.

« La colère des milices de la République a atteint son degré extrême. Je ferai mon possible pour empêcher des représailles; mais j'espère que l'Europe saura distinguer et reconnaître la loyale et généreuse conduite des enfants de la République et flétrir les actes sauvages des mercenaires d'un despote.

« GARIBALDI. »

---

11 février (148ᵉ journée). — Le lent et laborieux dépouillement du scrutin se prolonge d'heure en heure et de jour en jour. Le recensement général des votes à l'Hôtel-de-Ville, annoncé pour aujourd'hui midi, est encore ajourné, et cette fois on n'ose même plus fixer le jour. On espère néanmoins annoncer ce recensement tant retardé pour demain dimanche.

———

12 février (149ᵉ journée). — M. Jules Favre est parti hier pour Bordeaux, où il va rejoindre ses collègues, MM. Jules Simon, Eugène Pelletan, Arago, Garnier-Pagès.

Il ne reste plus du gouvernement à Paris que le général Trochu, MM. Jules Ferry et Ernest Picard.

M. Jules Favre va, dit-on, à Bordeaux pour ouvrir aujourd'hui, aux termes de la convention d'armistice, l'Assemblée nationale ; il reviendrait à Paris pour régler avec M. de Bismark la prolongation de l'armistice.

Hier, c'est M. Ernest Picard qui est allé conférer à Versailles avec M. de Bismark.

Il y avait à régler le paiement des deux cents millions de contribution de guerre exigés, dans les quinze jours, de la ville de Paris, et dont l'échéance arrive demain lundi.

———

« Le gouvernement de la défense nationale,

« Considérant que par l'article 11 de la convention du 28 janvier 1871, la ville de Paris a été frappée d'une contribution municipale de guerre de deux cents millions de francs, dont le paiement doit être effectué avant le quinzième jour de l'armistice ;

« Considérant que la ville de Paris ne peut se procurer cette somme que par la voie de l'emprunt ;

« Considérant qu'il est nécessaire d'établir, pour faire face à la contribution de guerre, de nouvelles taxes municipales qui deviendront naturellement le gage de l'emprunt de deux cents millions et qui pourront recevoir, à cet effet, une affectation spéciale ;

« Considérant, enfin, que, pour donner à la ville de Paris toute liberté d'action et offrir aux tiers toutes les garanties qui pourraient être réclamées, il convient d'autoriser également la ville de Paris à disposer, à titre de gage ou d'hypothèque, de son domaine immobilier,

« Décrète :

« Art. 1er. — La ville de Paris est autorisée à emprunter aux meilleures conditions qui pourront être réalisées, et sous telle forme qu'il lui conviendra d'adopter, la somme de deux cents millions, plus une somme afférente aux frais d'émission ou de négociation, lesquels ne pourront dépasser cinq pour cent du principal.

« Art. 2. — La ville de Paris établira, pour faire face au service de l'emprunt, une taxe municipale de guerre sur tels objets de consommation ou sur telle nature de revenu qu'il lui plaira d'imposer, et cette taxe pourra être attribuée par une affectation spéciale aux souscripteurs de l'emprunt.

« Art. 3. — La ville de Paris est également autorisée à engager, en tant que de besoin, pour la garantie de l'emprunt de guerre de deux cents millions, tous les biens immobiliers qu'elle possède et qui ne sont pas affectés à un service public.

« *Les membres du gouvernement.* »

---

13 février (150e journée). — Le recensement est à peu près terminé. Il manque cependant plusieurs sections de trois arrondissements et plusieurs communes. Le recensement général ne sera sans doute proclamé que demain.

---

14 février (151e journée). — Le recensement n'est pas encore terminé. Il manque les 14e et 18e arrondissements, vingt-deux communes et le vote de l'armée.

Le dimanche 12, il n'était arrivé à Bordeaux que 246 représentants. L'ouverture de l'Assemblée nationale a eu lieu néanmoins, selon la lettre de la convention d'armistice. Une séance préparatoire a été tenue à trois heures ; on s'est borné à constater le nombre des membres présents, et on a fixé le jour de la première réunion publique au samedi 18 février.

---

15 février (152ᵉ journée).

Résultat définitif des élections du 8 février pour Paris.

Sont élus :

MM. Louis BLANC, Victor HUGO, GAMBETTA, GARIBALDI, Edgard QUINET, Henri ROCHEFORT, Amiral SAISSET, Ch. DELESCLUZE, P. JOIGNEAUX, V. SCHŒLCHER, Félix PYAT, Henri MARTIN, Amiral POTHUAU, GAMBON, LOCKROY, DORIAN, RANC, MALON, Henri BRISSON, THIERS, SAUVAGE, Martin BERNARD, Marc DUFRAISSE, GREPPO, LANGLOIS, Général FRÉBAULT, CLÉMENCEAU, VACHEROT, Jean BRUNET, Ch. FLOQUET, COURNET, TOLAIN, LITTRÉ, Jules FAVRE, ARNAUD (de l'Arriége), LEDRU-ROLLIN, Léon SAY, TIRARD, RAZOUA, Edmond ADAM, MILLIÈRE, A. PEYROT, E. FARCY.

---

16 février (153ᵉ journée).

Prolongation de l'armistice.

« L'armistice est prolongé de cinq jours.

« Il expirera le vendredi 24 février, à midi. »

Garibaldi, à qui on a demandé quel était son programme, a envoyé au gouvernement de Bordeaux la communication suivante :

« Mon programme, le voici :

« 1° Mon vote à la République, la République gouvernement des gens honnêtes, gouvernement qui tombe par la corruption et qui se soutient par la vertu, gouvernement qui seul peut empêcher la France d'avoir une révolution avant six mois ;

« 2° Comme conditions de paix :

« Le *statu quo ante bellum*, les frais de la guerre devant nécessairement être payés par les sept millions de *oui* qui l'ont voulue, et particulièrement par les impérialistes et les prêtres qui ont provoqué les *oui*.

« Les frais de guerre devront être déterminés par l'arbitrage d'un nombre égal de puissances neutres d'un côté et d'autre, au choix des contendants.

« G. GARIBALDI. »

Le général Clément Thomas a adressé au général Trochu, président du gouvernement, la lettre suivante :

« MONSIEUR LE PRÉSIDENT DU CONSEIL,

« Je remets au gouvernement de la défense nationale le commandement supérieur des gardes nationales de la Seine.

« Je le prie d'agréer l'expression de ma gratitude pour le bienveillant appui qu'il m'a toujours prêté, et croire à ma douleur profonde de n'avoir pu faire plus pour la patrie.

« Veuillez agréer, Monsieur le président du conseil, l'assurance de ma plus haute considération.

« Clément THOMAS. »

La démission du général Thomas a été acceptée.

Le colonel Montagut, chef d'état-major général des gardes nationales de la Seine, a donné également sa démission, qui a été acceptée.

Le commandement supérieur de toutes les forces de Paris, gardes nationales et armée, est confié au général Vinoy, jusqu'à la nomination d'un nouveau général de la garde nationale.

On donne, à titre non de document, mais de curiosité, le manifeste suivant de l'homme du Deux-Décembre et de Sédan.

On recommande surtout à l'admiration des lecteurs la phrase où le personnage s'écrie qu'il est temps de demander compte

« du sang répandu sans nécessité, des ruines amoncelées sans raison, des ressources du pays gaspillées sans contrôle ! »

« Français,

« Trahi par la fortune, j'ai gardé depuis ma captivité ce profond silence qui est le deuil du malheur. Tant que les armées ont été en présence, je me suis abstenu de toutes démarches, de toutes paroles qui auraient pu diviser les esprits. Je ne puis, aujourd'hui, me taire plus longtemps devant les désastres du pays, sans paraître insensible à ses souffrances.

« Au moment où je fus obligé de me constituer prisonnier, je ne pouvais traiter de la paix. N'étant plus libre, mes résolutions auraient semblé dictées par des considérations personnelles. Je laissai au gouvernement de la régente, siégeant à Paris au milieu des chambres, le devoir de décider si l'intérêt de la nation exigeait la continuation de la lutte.

« Malgré des revers inouïs, la France n'était pas domptée; nos places fortes étant encore debout, peu de départements envahis, Paris en état de défense, l'étendue de nos malheurs pouvait être limitée.

« Mais pendant que tous les regards étaient tournés vers l'ennemi, une insurrection éclate dans Paris; le siége de la représentation nationale fut violé, la sécurité de l'Impératrice menacée; un gouvernement s'installa par surprise à l'Hôtel-de-Ville, et l'empire, que toute la nation venait d'acclamer pour la troisième fois, abandonné par ceux qui devaient le défendre, fut renversé.

« Faisant trêve à mes justes ressentiments, je m'écriai : « Qu'importe la dynastie, si la patrie peut être sauvée? » et, au lieu de protester contre la violation du droit, j'ai fait des vœux pour le succès de la défense nationale, et j'ai admiré le dévoûment patriotique qu'ont montré les enfants de toutes les classes et de tous les partis.

« Maintenant que la lutte est suspendue; que la capitale, malgré une résistance héroïque, a succombé, et que toute chance raisonnable de vaincre a disparu, il est temps de demander compte à ceux qui ont usurpé le pouvoir du sang répandu sans nécessité, des ruines amoncelées sans raison, des ressources du pays gaspillées sans contrôle.

« Les destinées de la France ne peuvent être abandonnées à un gouvernement sans mandat, qui, en désorganisant l'administration, n'a pas laissé debout une seule autorité émanant du suffrage universel.

« Une nation ne saurait obéir longtemps à ceux qui n'ont aucun droit pour commander. L'ordre, la confiance, une paix solide ne seront rétablis que lorsque le peuple aura été consulté sur le gouvernement le plus capable de réparer les maux de la patrie.

« Dans les circonstances solennelles où nous nous trouvons, en face de l'invasion et de l'Europe attentive, il importe que la France soit *une* dans ses aspirations, dans ses désirs comme dans ses résolutions. Tel est le but vers lequel doivent tendre les efforts de tous les bons citoyens.

« Quant à moi, meurtri par tant d'injustices et d'amères déceptions, je ne viens pas aujourd'hui réclamer des droits que quatre fois en vingt ans vous m'avez librement conférés. En présence des calamités qui nous entourent, il n'y a pas de place pour une ambition personnelle ; mais tant que le peuple régulièrement réuni dans ses comices n'aura pas manifesté sa volonté, mon devoir sera de m'adresser à la nation comme son véritable représentant et de lui dire : « Tout ce qui est fait sans votre participation directe est illégitime. »

« Il n'y a qu'un gouvernement issu de la souveraineté nationale qui, s'élevant au-dessus de l'égoïsme des partis, ait la force de cicatriser nos blessures, de rouvrir vos cœurs à l'espérance comme les églises profanées à vos prières, et de ramener au sein du pays le travail, la concorde et la paix.

« Wilhelmshœhe, le 8 février 1871.

« Napoléon. »

17 février (154e journée). — Voici les textes de la double démission que Garibaldi a donnée et comme représentant et comme général :

« Citoyen président de l'Assemblée nationale,

« Comme un dernier devoir rendu à la cause de la République française, je suis venu lui porter mon vote, que je dépose entre vos mains.

« Je renonce aussi au mandat de député dont j'ai été honoré par divers départements.

« Je vous salue.

« G. Garibaldi. »

« Citoyen ministre de la guerre,

« Ayant été honoré par le gouvernement de la défense nationale du commandement de l'armée des Vosges, et voyant ma mission finie, je demande ma démission.

« Je vous salue.

« G. Garibaldi. »

Le gouvernement a répondu au général :

« Général,

« Le ministre de la guerre nous remet la lettre par laquelle vous nous donnez votre démission du commandement de l'armée des Vosges.

« En acceptant cette démission, le gouvernement a le devoir de vous adresser au nom du pays ses remercîments et l'expression de ses regrets.

« La France n'oubliera pas, général, que vous avez glorieusement combattu avec ses enfants pour la défense de son territoire et pour la cause républicaine.

« Agréez notre salut cordial et fraternel.

« *Les membres du gouvernement.* »

18 février (155ᵉ journée). — Le gouvernement a reçu la dépêche suivante :

« Bordeaux, 17 février, 2 heures du matin.

Intérieur à préfet et à l'intérieur intérim, Paris et maire de Melun.

« Le bureau de la chambre a été constitué ainsi :

« M. Grevy, président ; MM. Martel, Benoist-d'Azy, Vitet, Léon de Maleville, vice-présidents ; MM. Baze, général Martin des Pallières, Princeteau, questeurs ; MM. Bethmont, de Rémusat, de Barante, Johnston, secrétaires.

« La proposition suivante a été déposée sur le bureau de la chambre :

« Les représentants du peuple soussignés proposent à l'assemblée nationale la résolution suivante : « M. Thiers est nommé
« chef du pouvoir exécutif de la République française ; il
« exercera ses fonctions sous le contrôle de l'Assemblée nationale
« et avec le concours des ministres qu'il aura choisis et qu'il
« présidera. »

Signé : « Dufaure, Grévy, Vitet, de Maleville, Rivet, Mathieu de la Redorte, Barthélemy Saint-Hilaire. »

---

19 février (156ᵉ journée).

« Le gouvernement de la défense nationale,

« Décrète :

« La ville de Paris est autorisée à prélever une somme de trois millions sur celle de soixante-trois millions que l'art. 3 de la loi du 3 juillet 1870 l'a autorisée à se procurer au moyen de l'émission de bons de la caisse municipale, pour l'exécution de travaux neufs, et à employer ladite somme de trois millions aux dépenses de toute nature faites ou à faire par suite de la guerre, consistant soit en travaux, soit en secours, soit en approvisionnements.

« Fait à Paris, le 17 février 1871.

« Général Trochu, Jules Ferry, Glais-Bizoin. »

Garibaldi, en quittant la France, a adressé à ses vaillants compagnons d'armes de l'armée des Vosges la proclamation que voici :

« Bordeaux, 13 février 1871.

Aux braves de l'armée des Vosges.

« Je vous quitte avec bien de la peine, mes braves, et forcé à cette séparation par des circonstances impérieuses.

« En retournant dans vos foyers, racontez à vos familles les travaux, les fatigues et les combats que nous avons soutenus ensemble pour la sainte cause de la République.

« Dites-leur surtout que vous aviez un chef qui vous aimait comme ses propres enfants et qui était fier de votre bravoure.

« Au revoir, dans des circonstances meilleures.

Signé : « GARIBALDI. »

« MILICIENS DE L'EX-ARMÉE DES VOSGES,

« Mon devoir me prive, pour le moment, de ce qui a été pour moi le plus grand bonheur de ma vie : vivre et combattre près de notre illustre chef !

« Déjà, en 1860, j'ai dû rester pour veiller au sort des braves qui nous avaient suivis.

« En 1871, quoiqu'il m'en coûte, je ferai de même, et si un gouvernement ingrat méconnait vos services et vos mérites, je serai là pour les proclamer à la face du monde !

« *Le général chef d'état-major général,*

« BORDONE. »

---

20 février (167e *journée*). — Continuation de la vérification des pouvoirs.

---

21 février (158e *journée*). — Assemblée nationale à Bordeaux. A la séance du 17 février, l'Assemblée nationale, dépositaire de l'autorité souveraine de la nation, en attendant qu'il soit statué sur les institutions de la France, considérant qu'il importe de pourvoir au gouvernement actuel du pays et à la conduite des affaires, décrète :

« M. Thiers est nommé chef du pouvoir exécutif de la République française. Il exercera ses fonctions sous le contrôle et l'autorité de l'Assemblée nationale, et avec le concours des ministres qu'il aura choisis et qu'il présidera. »

Le Ministère et la Commission.

« Paris, 20 février 1871.

Le ministre de l'intérieur par intérim reçoit, à sept heures du matin, la dépêche suivante :

« Bordeaux, le 19 février 1871, 7 heures 50 du soir.

Le ministre de l'intérieur au ministre de l'intérieur par intérim, à Paris.

« Dans la séance d'aujourd'hui, lecture a été faite d'une lettre du général Faidherbe, déclarant donner sa démission de député.

« Dépôt de deux pétitions d'Alsaciens et de Lorrains, de Bordeaux et de Paris, qui protestent contre tout démembrement de la France.

« M. Germain dépose une proposition tendant à l'ouverture, au ministre des finances, d'un crédit de cent millions pour couvrir les frais de la guerre.

« M. Thiers, chef du pouvoir exécutif, prononce un discours. Il remercie l'Assemblée du grand témoignage de confiance qu'elle lui a donné ; il déclare qu'il met son dévoûment au service du pays, qui doit être d'autant plus obéi, servi et aimé, qu'il est plus malheureux.

« Il fait connaître la composition du cabinet, dont il se réserve la direction.

« M. Thiers ajoute qu'actuellement, il n'y a plus qu'une seule politique : faire cesser au plus tôt l'occupation étrangère au moyen d'une paix courageusement débattue et qui ne sera acceptée que si elle est honorable. Ensuite le pays dira comment il veut vivre. Jusque-là, il faut chercher à obtenir, par la concorde et la sagesse, l'estime et le concours de l'Europe.

« M. Barthélemy Saint-Hilaire émet une proposition tendant à ce que l'Assemblée forme huit commissions chargées de l'éclairer sur l'état des forces militaires, de la marine, des finances, des chemins de fer, des routes, des communications postales et télégraphiques, sur l'état des départements envahis, du commerce général de la France et de l'administration intérieure. L'urgence est déclarée.

« L'élection de M. Dubreuil de Saint-Germain dans la Haute-Marne est validée.

« M. Jules Favre, ministre des affaires étrangères, dépose une proposition tendant à la nomination par l'Assemblée d'une commission de quinze membres, laquelle assistera aux négociations qui vont s'ouvrir, donnera son avis et fera son rapport à l'Assemblée.

« L'urgence est déclarée, et l'Assemblée statue immédiatement.

« Les commissaires sont :

« MM. Benoist-d'Azy, Teisserenc-de-Bord, de Mérode, Pierrot-Deseilligny, Victor Lefranc, Laurenceau, de Lespérut, Saint-Marc-Girardin, Barthélemy Saint-Hilaire, le général d'Aurelle, l'amiral de la Roncière-le-Noury, Pouyer-Quertier, Vitet, Balbie, l'amiral Saisset.

« M. Thiers a invité l'Assemblée à suspendre ses séances pendant les négociations, afin qu'elles ne soient pas entravées par des propositions qui pourraient avoir une influence fâcheuse. La séance continue.

« Ernest Picard. »

« Pour copie conforme :
« *Le ministre de l'intérieur par intérim, à Paris,*
« Hérold. »

« Bordeaux, 20 février, 9 h. 30 matin.

« La proposition de M. Barthélemy-Saint-Hilaire a été adoptée sans modification.

« Les séances publiques sont ajournées.

« La commission des quinze part pour Paris. »

Discours de M. Thiers.

« Messieurs, je dois, avant toutes choses, vous remercier, non pas du fardeau accablant dont vous venez de me charger, mais du témoignage de confiance que vous m'avez donné dans la séance d'avant-hier. Quoique effrayé de la tâche difficile, périlleuse et surtout douloureuse, qui m'est imposée, je n'ai éprouvé qu'un sentiment, un seul, celui de l'obéissance immédiate, absolue, à la volonté du pays, qui doit être d'autant plus obéi, d'autant mieux servi, d'autant plus aimé, qu'il est plus malheureux !

« Hélas ! oui, il est malheureux, plus qu'il ne le fut à aucune époque de son histoire si vaste, si accidentée, si glorieuse, où on le voit tant de fois précipité dans un abîme d'infortune, pour remonter tout à coup au faîte de la puissance et de la gloire, et ayant constamment la main dans tout ce qui a été fait de grand, de beau, d'utile à l'humanité !

« Il est malheureux, sans doute ; mais il reste l'un des pays les plus grands, les plus puissants de la terre, toujours jeune, fier, inépuisable en ressources, toujours héroïque surtout, témoin cette longue résistance de Paris, qui demeurera l'un des monuments de la constance et de l'énergie humaines !

« Plein de confiance dans les puissantes facultés de notre chère patrie, je me rends sans hésitation, sans calcul, à la volonté nationale par vous exprimée, et me voici, à votre appel, à vos ordres si je puis dire, prêt à vous obéir, avec une réserve toutefois, celle de vous résister si, entraînés par un sentiment généreux, mais irréfléchi, vous me demandiez ce que la sagesse politique condamnerait, comme je le fis, il y a huit mois, lorsque je me levai soudainement pour résister aux entraînements funestes qui devaient nous conduire à une guerre désastreuse.

« Dans l'intérêt de l'unité d'action, vous m'avez laissé le choix de mes collègues ; je les ai choisis sans autre motif de préférence que l'estime publique universellement accordée à leur caractère, à leur capacité, et je les ai pris, non pas dans l'un des partis qui nous divisent, mais dans tous, comme a fait le pays lui-même en vous donnant ses votes, et en faisant figurer sur la même liste les personnages les plus divers, les plus opposés en apparence, mais unis par le patriotisme, les lumières et la communauté des bonnes intentions.

« Permettez-moi de vous énumérer les noms, les attributions des collègues qui ont bien voulu me prêter leur concours :

« M. Dufaure, ministre de la justice ;

« M. Jules Favre, ministre des affaires étrangères ;

« M. Picard, ministre de l'intérieur ;

« M. Jules Simon, ministre de l'instruction publique ;

« M. de Larcy, ministre des travaux publics ;

« M. Lambrecht, ministre du commerce ;

« M. le général Le Flô, ministre de la guerre ;

« M. l'amiral Pothuau, ministre de la marine.

« Dans cette énumération manque le ministre des finances. Ce choix est déjà arrêté dans la pensée du conseil ; mais l'honorable membre auquel sera attribué ce département n'étant point encore à Bordeaux, je n'ai pas cru devoir livrer son nom à la publicité.

« Vous avez remarqué sans doute que je ne me suis chargé d'aucun département ministériel, afin d'avoir plus de temps pour ramener à une même pensée, entourer d'une même vigilance, toutes les parties du gouvernement de la France.

« Sans vous apporter aujourd'hui un programme de gouvernement, ce qui est toujours un peu vague, je me permettrai de vous présenter quelques réflexions sur cette pensée d'union qui me dirige, et de laquelle je voudrais faire sortir la reconstitution actuelle de notre pays.

« Dans une société prospère, régulièrement constituée, cédant paisiblement, sans secousse, au progrès des esprits, chaque parti représente un système politique, et les réunir tous dans une même administration, ce serait, en opposant des tendances contraires qui s'annuleraient réciproquement ou se combattraient, ce serait aboutir à l'inertie ou au conflit.

« Mais, hélas ! une société régulièrement constituée, cédant doucement au progrès des esprits, est-ce là notre situation présente ?

« La France, précipitée dans une guerre sans motif sérieux, sans préparation suffisante, a vu une moitié de son sol envahie, son armée détruite, sa belle organisation brisée, sa vieille et puissante unité compromise, ses finances ébranlées, la plus grande partie de ses enfants arrachée au travail pour aller mourir sur les champs de bataille, l'ordre profondément troublé par une subite apparition de l'anarchie, et après la reddition forcée de Paris, la guerre suspendue pour quelques jours seulement, et prête à renaître si un gouvernement estimé de l'Europe, acceptant courageusement le pouvoir, prenant sur lui la responsabilité de négociations douloureuses, ne vient mettre un terme à d'effroyables calamités !

« En présence d'un pareil état de choses, y a-t-il, peut-il y avoir deux politiques ? Et au contraire, n'y en a-t-il pas une seule, forcée, nécessaire, urgente, consistant à faire cesser le plus promptement possible les maux qui nous accablent ?

« Quelqu'un pourrait-il soutenir qu'il ne faut pas, le plus tôt, le plus complètement possible, faire cesser l'occupation étrangère, au moyen d'une paix courageusement débattue, et qui ne sera acceptée que si elle est honorable ; débarrasser nos campagnes de l'ennemi qui les foule et les dévore ; rappeler des prisons étrangères nos soldats, nos officiers, nos généraux prisonniers ; reconstituer avec eux une armée disciplinée et vaillante ; rétablir l'ordre troublé ; remplacer ensuite et sur-le-champ les administrateurs démissionnaires ou indignes ; reformer par l'élection nos conseils généraux, nos conseils municipaux dissous ; reconstituer ainsi notre administration désorganisée ; faire cesser des dépenses ruineuses ; relever sinon nos finances, ce qui ne saurait être l'œuvre d'un jour, du moins notre crédit, moyen unique de faire face à des engagements pressants ; renvoyer aux champs, aux ateliers, nos mobiles, nos mobilisés ; rouvrir les routes interceptées ; relever les ponts détruits ; faire renaître ainsi le travail partout interrompu, le travail qui peut seul procurer le moyen de vivre à nos ouvriers, à nos paysans ?

« Y a-t-il quelqu'un qui pourrait nous dire qu'il y a quelque chose de plus pressant que tout cela ? Et y aurait-il, par exemple, quelqu'un ici qui oserait discuter savamment des articles de la Constitution, pendant que nos prisonniers expirent de misère dans des contrées lointaines, ou pendant que nos populations, mourantes de faim, sont obligées de livrer aux soldats étrangers le dernier morceau de pain qui leur reste ?

« Non, non, messieurs ! pacifier, réorganiser, relever le crédit, ranimer le travail, voilà la seule politique possible, et même concevable en ce moment. A celle-là, tout homme sensé, honnête, éclairé, quoi qu'il pense sur la monarchie ou la République, peut travailler utilement, et n'y eût-il travaillé qu'un an, six mois, il pourra rentrer dans le sein de la patrie le front haut, la conscience satisfaite.

« Ah ! sans doute, lorsque nous aurons rendu à notre pays les services pressants que je viens d'énumérer ; quand nous aurons relevé du sol où il gît ce noble blessé qu'on appelle la France ; quand nous aurons fermé ses plaies, ramené ses forces, nous le rendrons à lui-même, et, rétabli alors, ayant recouvré la liberté de ses esprits, il dira comment il veut vivre.

« Quand cette œuvre de réparation sera terminée, et elle ne saurait être bien longue, le temps de discuter, de peser ces théories de gouvernement, sera venu ; et ce ne sera plus un temps dérobé au salut du pays. Déjà un peu éloignés des souffrances d'une révolution, nous aurons retrouvé notre sang-froid ; ayant opéré notre reconstitution sous le gouvernement de la République, nous pourrons prononcer en connaissance de cause sur nos destinées, et ce jugement sera prononcé, non par une minorité, mais par la majorité des citoyens, c'est-à-dire par la volonté nationale elle-même.

« Telle est la seule politique possible, nécessaire, adaptée aux circonstances douloureuses où nous nous trouvons. C'est celle à laquelle mes honorables collègues sont prêts à dévouer leurs facultés éprouvées ; c'est celle à laquelle, pour ma part, malgré l'âge et les fatigues d'une longue vie, je suis prêt à consacrer les forces qui me restent, sans calcul, sans autre ambition, je vous le jure, que celle d'attirer sur mes derniers jours les regrets de mes concitoyens, et permettez-moi d'ajouter, sans même être assuré, après le plus complet dévoûment, d'obtenir justice pour mes efforts.

« Mais n'importe ! devant le pays qui souffre, qui périt, toute considération personnelle serait impardonnable. Unissons-nous, Messieurs, et disons-nous bien que, en nous montrant capables de concorde et de sagesse, nous obtiendrons l'estime de l'Europe, avec son estime son concours, de plus le respect de l'ennemi lui-même, et ce sera la plus grande force que vous puissiez donner à vos négociateurs pour défendre les intérêts de la France dans les graves négociations qui vont s'ouvrir.

« Faites donc renvoyer à un terme qui, du reste, ne saurait être bien éloigné, les divergences de principes qui nous ont divisés, qui nous diviseront peut-être encore ; mais n'y revenons que lorsque les divergences, résultat, je le sais, de convictions sincères, ne seront plus un attentat contre l'existence et le salut du pays. »

———

Voici une lettre du général Trochu au rédacteur en chef de la *Liberté*, qui lui avait demandé s'il était vrai que les Prussiens eussent la prétention d'entrer à Paris :

« Paris, le 19 février 1871.

« Monsieur,

« Vous me demandez mon sentiment au sujet du bruit qui se

répand de plus en plus de l'entrée prochaine de l'armée allemande dans Paris. Je vous le dirai tout entier.

« Après quatre mois et demi de siège; après huit combats et quatre batailles, dont l'initiative a toujours appartenu à l'assiégé; après le bombardement qui a fait tant d'innocentes victimes; après la convention, que la famine seule a pu dicter, l'ennemi devait à Paris les honneurs de la guerre, à moins qu'il n'eût aucun souci des traditions et des règles qui sont, devant l'opinion, les titres de noblesse des vainqueurs et des vaincus.

« Pour Paris, les honneurs de la guerre, c'était le respect de son enceinte et le respect de son deuil.

« L'ennemi veut pénétrer dans Paris, alors qu'il n'a forcé aucun des points de l'enceinte, pris d'assaut aucun des forts détachés, enlevé aucune des lignes extérieures de défense; s'il en est ainsi, que le gouvernement de la cité lui soit remis, pour qu'il ait l'odieux et les responsabilités de cette violence; que, par une muette et solennelle protestation, les portes soient fermées et qu'il les ouvre par le canon, auquel Paris désarmé ne répondra pas.

« Et laissons à la vérité, à la justice, à l'histoire, le soin de juger.

« Recevez, Monsieur, l'assurance de mes sentiments très-distingués.

« Général Trochu. »

---

22 février (159e journée). — M. Thiers s'est rendu hier à Versailles. Rien n'a transpiré encore sur le résultat de sa conférence avec M. de Bismark.

---

23 février (160e journée). — L'armistice a été prorogé au dimanche 26 courant, à minuit.

Tous les renseignements qui arrivent de Bordeaux constatent l'immense influence exercée par M. Thiers sur l'Assemblée nationale.

24 février (161e journée). — Les négociations continuent.

25 février (162e journée). — Les négociations sont fort avancées.

La lettre suivante a été adressée à l'*Avenir national* :

« Monsieur le Rédacteur,

« Les journaux français ont répété, d'après les journaux étrangers, que Phalsbourg avait capitulé. Phalsbourg n'a pas capitulé.

« Après avoir repoussé deux attaques de vive force, subi quatre bombardements, et lorsque nous avons vu que les vivres allaient manquer absolument, nous avons noyé nos poudres, brisé les 11,000 fusils qui se trouvaient entre les mains de nos soldats et à l'arsenal, encloué nos 65 canons et scié les affûts; le jour où le pain a manqué, nous avons ouvert nos portes, en avertissant les Prussiens que nous avions détruit tout notre matériel de guerre et que nous ne demandions rien.

« Ce n'est pas là une capitulation.

« *Le colonel commandant la place de Phalsbourg.*

« Taillant. »

26 février (163e journée). — Ce soir, à minuit, expire l'armistice consenti par l'état-major de l'armée allemande. M. Thiers, parti hier matin pour Versailles en compagnie de M. Jules Favre, n'était pas encore de retour à une heure avancée de la nuit.

27 février (164e journée). — On lit dans le *Journal officiel* de ce matin :

« Les préliminaires de paix viennent d'être signés aujourd'hui. Ils seront soumis au vote de l'Assemblée nationale. Un nouvel armistice de quinze jours fait cesser dès à présent les contributions et les réquisitions que chaque jour aggravait.

« Malgré tous les efforts, il n'a pas été possible d'empêcher l'entrée dans certains quartiers de Paris d'une partie de l'armée allemande.

« Nous n'avons pas besoin de dire les sentiments que fait naître en nous cette épreuve que le gouvernement aurait voulu épargner à la ville de Paris. Les négociateurs allemands avaient proposé de renoncer à toute entrée dans Paris, si l'importante place de Belfort leur était concédée définitivement. Il leur a été répondu que si Paris pouvait être consolé dans sa souffrance, c'était par la pensée que cette souffrance valait au pays la restitution d'un de ses boulevards, tant de fois et naguère encore illustré par la résistance de nos soldats.

« Nous faisons donc appel au patriotisme des habitants de Paris, en les conjurant de rester calmes et unis. La dignité dans le malheur est à la fois l'honneur et la force de ceux que la fortune a trahis ; elle doit être aussi leur espérance d'un meilleur avenir.

« *Le ministre de l'intérieur,*
« Ernest Picard. »

L'entrée des troupes allemandes a été réglée entre l'autorité militaire française et l'autorité militaire allemande. Cette entrée aura lieu mercredi 1ᵉʳ mars, à onze heures du matin. L'armée allemande occupera l'espace compris entre la Seine et la rue du Faubourg-Saint-Honoré, à partir de la place de la Concorde jusqu'au quartier des Ternes. L'effectif des troupes introduites ne dépassera pas trente mille hommes. L'évacuation aura lieu immédiatement après la ratification des préliminaires par l'Assemblée nationale. L'armée allemande pourvoira elle-même à sa subsistance et ne fera aucune réquisition. Les soldats seront, autant que possible, logés dans les bâtiments de l'État.

L'armée française occupera la rive gauche de la Seine. Nul ne pourra se présenter en armes ni en uniforme sur le terrain occupé par les troupes allemandes.

---

28 février (165º journée). — La vive agitation qui s'était manifestée dès lundi matin sur tous les points de Paris s'est apaisée sensiblement depuis hier.

Ainsi, dans les nombreux groupes qui s'étaient formés, hier encore, dans certains quartiers, notamment à la place Clichy, auprès de la statue du maréchal Moncey, les orateurs qui faisaient entendre des paroles d'apaisement étaient écoutés avec une attention d'excellent augure. Il semble que la réflexion venant peu à peu, les plus turbulents finissent par comprendre quelles horribles catastrophes seraient l'infaillible résultat d'une résistance sans dignité comme sans utilité.

A l'heure qu'il est, les vrais patriotes ont compris leur devoir, et l'immense majorité de la population parisienne saura, pendant la dernière et douloureuse épreuve qui lui est imposée, garder cette attitude muette et résignée qui doit être la plus haute et la plus digne des protestations d'un peuple désarmé contre les exigences du vainqueur.

Les pièces suivantes ont été affichées hier dans Paris :

AUX HABITANTS DE PARIS.

« Le gouvernement fait appel à votre patriotisme et à votre sagesse ; vous avez dans les mains le sort de Paris et de la France elle-même. Il dépend de vous de les sauver ou de les perdre.

« Après une résistance héroïque, la faim vous a contraints de livrer vos forts à l'ennemi victorieux ; les armées qui pouvaient venir à votre secours ont été rejetées derrière la Loire. Ces faits incontestables ont obligé le gouvernement et l'Assemblée nationale à ouvrir des négociations de paix.

« Pendant six jours, vos négociateurs ont disputé le terrain pied à pied; ils ont fait tout ce qui était humainement possible pour obtenir les conditions les moins dommageables. Ils ont signé des préliminaires de paix qui vont être soumis à l'Assemblée nationale.

« Pendant le temps nécessaire à l'examen et à la discussion de ces préliminaires, les hostilités auraient recommencé, et le sang aurait inutilement coulé sans une prolongation d'armistice.

« Cette prolongation n'a pu être obtenue qu'à la condition d'une occupation partielle et très-momentanée d'un quartier de Paris. Cette occupation sera limitée au quartier des Champs-Élysées. Il ne pourra entrer dans Paris que trente mille hommes, et ils devront se retirer dès que les préliminaires de paix auront été ratifiés, ce qui ne peut exiger qu'un petit nombre de jours.

« Si cette convention n'était pas respectée, l'armistice serait rompu; l'ennemi, déjà maître des forts, occuperait de vive force la cité tout entière; vos propriétés, vos chefs-d'œuvre, vos monuments, garantis aujourd'hui par la convention, cesseraient de l'être.

« Ce malheur atteindrait toute la France. Les affreux ravages de la guerre, qui n'ont pas encore dépassé la Loire, s'étendraient jusqu'aux Pyrénées.

« Il est donc absolument vrai de dire qu'il s'agit du salut de Paris et de la France. N'imitez pas la faute de ceux qui n'ont pas voulu nous croire, lorsqu'il y a huit mois nous les adjurions de ne pas entreprendre une guerre qui devait être si funeste.

« L'armée française qui a défendu Paris avec tant de courage occupera la gauche de la Seine, pour assurer la loyale exécution du nouvel armistice. C'est à la garde nationale à s'unir à elle pour maintenir l'ordre dans le reste de la cité.

« Que tous les bons citoyens qui se sont honorés à sa tête et se sont montrés braves devant l'ennemi reprennent leur ascendant, et cette cruelle situation d'aujourd'hui se terminera par la paix et le retour de la prospérité publique.

« Paris, le 27 février 1871.

« A. THIERS, *chef du pouvoir exécutif de la République française*; Jules FAVRE, *ministre des affaires étrangères*; Ernest PICARD, *ministre de l'intérieur.* »

ORDRE DU JOUR.

« Le rappel a été battu cette nuit sans ordres.

« Quelques bataillons, la plupart trompés, ont pris les armes et ont servi à leur insu de coupables desseins.

« Il n'en est pas moins constant que l'immense majorité de la garde nationale résiste à ces excitations, et qu'elle a compris les devoirs imposés en ce moment à tout citoyen, à tout Français digne de ce nom.

« Le gouvernement lui confie donc sans hésitation la garde de la cité; il compte sur son dévoûment, sur son intelligence pour maintenir dans ses quartiers un ordre scrupuleux dont elle comprendra plus que jamais la nécessité.

« La moindre agitation peut fournir des prétextes et amener d'irréparables malheurs. La garde nationale aidera ainsi la ville de Paris à traverser une crise douloureuse, et elle la préservera de périls que le calme et la dignité peuvent seuls conjurer.

« Les auteurs des désordres seront recherchés activement et mis dans l'impuissance de nuire.

« Le gouvernement s'est adressé à la population tout entière, et lui a fait connaître la situation générale.

« Le général commandant supérieur fait appel à la garde nationale, et, au nom des intérêts les plus sacrés de Paris et de la France, il attend d'elle un concours actif, dévoué et patriotique.

« *Le général commandant en chef la garde nationale et l'armée de Paris,*

« VINOY. »

ORDRE DU JOUR A MM. LES COMMANDANTS DE SECTEUR.

« A partir de demain 28 février, un service d'ordre destiné au maintien de la tranquillité sera établi dans chacun des vingt arrondissements de Paris.

« Ce service sera de vingt-quatre heures et commencera à six heures du matin pour finir le lendemain à pareille heure ; il sera composé du tiers des bataillons de l'arrondissement.

« Ainsi, un arrondissement ayant neuf bataillons en aura trois de service sur vingt-quatre heures en surplus du service habituel.

« Ces bataillons seront réunis au lieu ordinaire de leur rassemblement. Le chef de bataillon, après avoir constaté la présence des compagnies, partagera le bataillon en deux. Un premier service par la moitié du bataillon commencera immédiatement.

« L'autre moitié rentrera à domicile où les hommes seront de piquet en attendant de venir à dix heures du soir relever la première partie du bataillon qui, à son tour, sera de piquet, pouvant être appelée, en cas de convocation urgente, à prendre les armes, jusqu'au lendemain à dix heures du matin.

« Les bataillons devront faire parcourir le quartier par des patrouilles formées chacune d'une compagnie entière avec son cadre, lesquelles patrouilles, ayant connaissance des bataillons composant le service de jour et de nuit, devront passer au lieu de réunion des bataillons et s'assurer de l'état du quartier.

« S'il était indiqué par une de ces patrouilles un point de l'arrondissement où il se manifesterait un trouble quelconque, le bataillon averti devrait joindre une compagnie à la patrouille, afin de faire cesser la cause inquiétante signalée.

« Si l'effectif des bataillons ne présentait pas cinq cents hommes après son fractionnement, le chiffre serait complété en prenant le nombre d'hommes nécessaire dans la seconde partie du bataillon, ce qui aurait lieu également pour le service de nuit.

« Les chefs de bataillon enverront à la descente de la garde, ce qui aura lieu tous les matins à dix heures, leur adjudant-major rendre un compte succinct à l'état-major de la garde nationale, place Vendôme.

« Ce service, destiné à maintenir l'ordre dans Paris, se continuera sans interruption jusqu'à nouvel ordre.

« *Le général commandant en chef l'armée de Paris et la garde nationale,*

« Vinoy. »

1er mars (166e journée). — Aujourd'hui, jour fixé pour l'entrée des Prussiens dans Paris, la vie publique est interrompue, et Paris prouve à l'Europe, par son attitude, que le peuple le plus sensible au point d'honneur sait accepter, comme un sacrifice utile à la patrie, une dernière et suprême humiliation.

Les Prussiens devaient arriver à dix heures du matin.

Dès sept heures leurs éclaireurs venaient tâter le terrain. Vers huit heures et demie, arrivée de l'avant-garde, composée des détachements des corps qui doivent occuper le quartier.

C'est vers deux heures qu'a eu lieu la vraie arrivée. Les Prussiens ont débouché par l'avenue de la Grande-Armée, les Bavarois par l'avenue Uhrick. Le défilé a eu lieu à droite et à gauche de l'Arc-de-Triomphe, avec toutes les fanfares possibles.

Parmi les « personnages, » il y avait le grand-duc Ernest de Saxe-Cobourg-Gotha, le grand-duc de Mecklembourg, le prince Charles, le prince royal de Saxe, le prince Otto de Bavière, le prince de Tour et Taxis, etc.

Ils ont descendu les Champs-Élysées, ont fait le tour de la place de la Concorde, dont toutes les statues étaient voilées.

La façon dont les soldats tenaient leurs armes prouve qu'ils n'étaient pas rassurés le moins du monde sur la manière dont ils seraient reçus par la population parisienne ; mais elle a donné dans cette journée du 1er mars, date à jamais néfaste dans notre histoire, l'exemple d'un peuple cruellement éprouvé, restant calme et digne dans le malheur.

Tous les magasins demeurèrent fermés; pas un café, pas un restaurant du boulevard n'avait ouvert sa porte.

A partir de l'avenue de la Grande-Armée jusqu'à la place de la Concorde, les Prussiens ont pu voir un nombre considérable de drapeaux noirs suspendus aux fenêtres.

A l'extrémité opposée, barrière du Trône, un immense crêpe noir flotte entre les deux colonnes.

Après avoir descendu les Champs-Élysées, les Prussiens occupèrent l'espace déterminé par la convention.

Toutes les mairies de Paris avaient, en signe de deuil, arboré le drapeau noir.

Pas de journaux; les voitures ne sortaient pas; le soir, nuit complète.

---

2 mars (167e journée). — Cette journée a fort ressemblé à la première. Les officiers avaient l'air ennuyé et soucieux. Entrer dans un quartier extrême et y être maintenu, comme en prison, par des fusils braqués et par des barricades dressées; non seulement ne pas traverser la ville, mais ne pas même en aborder le centre, les boulevards, le mouvement, la vie, c'est mettre le pied sur le seuil : ce n'est pas entrer.

---

3 mars (168e journée). — On lit dans le *Journal officiel* :

« Le ministre des affaires étrangères est parti ce matin à six heures pour Versailles, porteur de la dépêche électrique qui annonçait le vote de l'Assemblée; il a demandé, conformément au traité des préliminaires de paix, l'évacuation immédiate de l'intérieur de Paris et des forts de la rive gauche. L'état-major allemand n'a pas cru pouvoir obtempérer à cette réclamation sans qu'il lui fût justifié par une pièce régulière du vote de l'Assemblée.

« L'objection avait été prévue. Un messager porteur d'un procès-verbal officiel avait dès hier soir quitté Bordeaux par un train spécial. A onze heures il arrivait à Paris; à midi et demie le ministre des affaires étrangères repartait pour Versailles, afin d'y procéder à l'échange des ratifications.

« Cet échange a eu lieu en effet, et immédiatement les généraux français se sont abouchés avec les généraux allemands pour les détails d'exécution, qui étaient réglés ce soir à neuf heures. Demain l'évacuation de Paris commencera à huit heures du matin; elle sera terminée à onze heures. Celle des forts s'opérera ensuite, et chacun d'eux sera successivement remis à l'autorité française, lorsque les chefs de corps allemands en auront retiré les nombreuses provisions de guerre qu'ils y avaient accumulées. La retraite des troupes s'effectuera sur toute la ligne dans les termes du traité et d'après l'entente établie entre les commandants militaires des deux nations. »

———

Ils sont partis.

L'évacuation, commencée ce matin à huit heures, était terminée à onze heures.

Les Bavarois ont ouvert la marche du mouvement de retraite.

L'ennemi, ne trouvant pas sans doute que son entrée eût été suffisamment triomphale, a voulu que sa sortie le fût davantage, et il a, cette fois, passé sous l'Arc-de-Triomphe de l'Étoile. Et en y passant, chaque commandant poussait un hourrah que ses soldats répétaient.

L'arrière-garde, formée de cavalerie, passait sous l'Arc-de-Triomphe, quand une détonation a éclaté.

C'était un soldat prussien qui avait tiré en signe de fête.

A dix heures et demie, le dernier Prussien avait disparu.

———

RÉPUBLIQUE FRANÇAISE.
MINISTÈRE DE L'INTÉRIEUR.

« L'armée allemande a évacué ce matin, à onze heures, les

quartiers où elle avait pénétré. Pendant son séjour, la tenue de Paris a été au-dessus de tout éloge ; partout, les lieux publics, les établissements industriels, les magasins des commerçants, se sont fermés spontanément.

« Des cordons de ligne et de garde nationale soigneusement disposés ont formé entre les troupes allemandes et la population des frontières provisoires qu'ils ont fait respecter.

« Les occupants, laissés à eux-mêmes, ont pu comprendre que si le droit succombe parfois devant la force, il n'est pas si facile de dompter les âmes, et que la fortune de la guerre ne domine pas seule le monde.

« Nous devons un juste tribut de reconnaissance aux habitants des arrondissements qui ont supporté la présence de l'étranger ; ils ont racheté leurs concitoyens et préservé la cité de malheurs imminents.

« Les municipalités du huitième, du seizième et du dix-septième arrondissement ont fait leur devoir avec autant de zèle que d'abnégation ; Paris n'aura jamais assez de respect pour les magistrats dévoués qu'il trouve auprès de lui à toutes les heures de danger et de douleur.

« Le gouvernement de la République les remercie ; il comptera toujours sur eux comme il compte sur la population pour que Paris reste une des premières villes du monde.

« *Le ministre de l'intérieur,*
« Ernest PICARD. »

Les préliminaires de paix.

L'Assemblée nationale a adopté le projet de loi dont la teneur suit :

« Le chef du pouvoir exécutif de la République française propose à l'Assemblée nationale le projet de loi dont la teneur suit :

« L'Assemblée nationale, subissant les conséquences de faits elle n'est pas l'auteur, ratifie les préliminaires de paix dont le texte est ci-annexé et qui ont été signés à Versailles, le 26 février 1871, par le chef du pouvoir exécutif et le ministre des affaires étrangères de la République française, d'une part ;

« Et d'autre part, par le chancelier de l'empire germanique, M. le comte Otto de Bismark-Schönhausen, le ministre d'État et des affaires étrangères de S. M. le roi de Bavière, le ministre des affaires étrangères de S. M. le roi de Wurtemberg et le ministre d'État représentant S. A. R. le grand-duc de Bade ;

« Et autorise le chef du pouvoir exécutif et le ministre des affaires étrangères à échanger les ratifications.

« *Le chef du pouvoir exécutif de la République française,*
« A. THIERS.

« *Pour le ministre des affaires étrangères absent,*
« J. DUFAURE. »

« Délibéré en séance publique, à Bordeaux, le premier mars mil huit cent soixante et onze.

« Jules GRÉVY, président ; baron DE BARANTE, N. JOHNSTON, CASTELLANE, secrétaires. »

Teneur des préliminaires de paix, dont lecture a été faite à l'Assemblée nationale et dont l'instrument authentique reste déposé aux archives du ministère des affaires étrangères.

« Entre le chef du pouvoir exécutif de la République française, M. Thiers, et le ministre des affaires étrangères, M. Jules Favre, représentant la France, d'un côté ;

« Et de l'autre, le chancelier de l'empire germanique, M. le comte Otto de Bismark-Schönhausen, muni des pleins pouvoirs de S. M. l'empereur d'Allemagne, roi de Prusse ;

« Le ministre d'État et des affaires étrangères de S. M. le roi de Bavière, M. le comte Otto de Bray-Steinburg ;

« Le ministre des affaires étrangères de S. M. le roi de Wurtemberg, M. le baron Auguste de Waechter ;

« Le ministre d'État, président du conseil des ministres de S. A. R. M͏ͬ le grand-duc de Bade, M. Jules Jolly;

« Représentant l'empire germanique;

« Les pleins pouvoirs des deux parties contractantes ayant été trouvés en bonne et due forme, il a été convenu ce qui suit pour servir de base préliminaire à la paix définitive à conclure ultérieurement :

« Art. 1ᵉʳ. — La France renonce en faveur de l'empire allemand à tous ses droits et titres sur les territoires situés à l'est de la frontière ci-après désignée :

« La ligne de démarcation commence à la frontière nord-ouest du canton de Cattenom, vers le grand-duché de Luxembourg, suit, vers le sud, les frontières occidentales des cantons de Cattenom et Thionville, passe par le canton de Briey en longeant les frontières occidentales des communes de Montois-la-Montagne et Roncourt, ainsi que les frontières orientales des communes de Marie-aux-Chênes, Saint-Ail, atteint la frontière du canton de Gorze qu'elle traverse le long des frontières communales de Vionville, Chambley et Onville, suit la frontière sud-ouest resp. sud de l'arrondissement de Metz, la frontière occidentale de l'arrondissement de Château-Salins jusqu'à la commune de Pettoncourt dont elle embrasse les frontières occidentale et méridionale, pour suivre la crête des montagnes entre la Seille et Moncel, jusqu'à la frontière de l'arrondissement de Sarrebourg au sud de Garde.

« La démarcation coïncide ensuite avec la frontière de cet arrondissement jusqu'à la commune de Tanconville dont elle atteint la frontière au nord ; de là elle suit la crête des montagnes entre les sources de la Sarre blanche et de la Vezouse jusqu'à la frontière du canton de Schirmeck, longe la frontière occidentale de ce canton, embrasse les communes de Saales, Bourg, Bruche, Colroy La Roche, Plaine, Ranrupt, Saulxures et Saint-Blaise-La-Roche du canton de Saales, et coïncide avec la frontière occidentale des départements du Bas-Rhin et du Haut-Rhin jusqu'au canton de Belfort dont elle quitte la frontière méridionale non loin de Vourvenans pour traverser le canton de Delle, aux limites méridionales des communes de Bourgogne et Froide-Fontaine, et atteindre la frontière suisse, en longeant les frontières orientales des communes de Jonchéey et Delle.

« L'empire allemand possédera ces territoires à perpétuité, en toute souveraineté et propriété. Une commission internationale, composée de représentants des hautes parties contractantes, en nombre égal des deux côtés, sera chargée, immédiatement après l'échange des ratifications du présent traité, d'exécuter sur le terrain le tracé de la nouvelle frontière, conformément aux stipulations précédentes.

« Cette commission présidera au partage des biens-fonds et capitaux qui jusqu'ici ont appartenu en commun à des districts ou des communes séparés par la nouvelle frontière ; en cas de désaccord sur le tracé et les mesures d'exécution, les membres de la commission en référeront à leurs gouvernements respectifs.

« La frontière, telle qu'elle vient d'être décrite, se trouve marquée en vert sur deux exemplaires conformes de la carte du territoire formant le gouvernement général d'Alsace publiée à Berlin en septembre 1870, par la division géographique et statistique de l'état-major général, et dont un exemplaire sera joint à chacune des deux expéditions du présent traité.

« Toutefois, le tracé indiqué a subi les modifications suivantes, de l'accord des deux parties contractantes: dans l'ancien département de la Moselle, le village de Marie-aux-Mines, près de Saint-Privat-la-Montagne, et de Vionville, à l'ouest de Rezonville, seront cédés à l'Allemagne ; par contre, la ville et les fortifications de Belfort resteront à la France avec un rayon qui sera déterminé ultérieurement.

« Art. 2. — La France paiera à S. M. l'empereur d'Allemagne la somme de cinq milliards de francs. Le paiement d'au moins un milliard de francs aura lieu dans le courant de l'année 1871, et celui de tout le reste dans un espace de trois années, à partir de la ratification des présentes.

« Art. 3. — L'évacuation des territoires français occupés

par les troupes allemandes commencera après la ratification du présent traité par l'Assemblée nationale siégeant à Bordeaux. Immédiatement après cette ratification, les troupes allemandes quitteront l'intérieur de la ville de Paris, ainsi que les forts situés sur la rive gauche de la Seine, et, dans le plus bref délai possible fixé par une entente entre les autorités militaires des deux pays, elles évacueront entièrement les départements du Calvados, de l'Orne, de la Sarthe, d'Eure-et-Loir, du Loiret, de Loir-et-Cher, de l'Yonne, et, de plus, les départements de la Seine-Inférieure, de l'Eure, de Seine-et-Oise, de Seine-et-Marne, de l'Aube et de la Côte-d'Or, jusqu'à la rive gauche de la Seine. Les troupes françaises se retireront en même temps derrière la Loire qu'elles ne pourront dépasser avant la signature du traité de paix définitif. Sont exceptées de cette disposition la garnison de Paris, dont le nombre ne pourra pas dépasser quarante mille hommes, et les garnisons indispensables à la sûreté des places fortes. L'évacuation des départements situés entre la rive droite de la Seine et la frontière de l'est par les troupes allemandes s'opérera graduellement après la ratification du traité de paix définitif, et le paiement du premier demi-milliard de la contribution stipulée par l'article 4, en commençant par les départements les plus rapprochés de Paris, et se continuera au fur et à mesure que les versements de la contribution seront effectués. Après le premier versement d'un demi-milliard, cette évacuation aura lieu dans les départements suivants : Somme, Oise, et les parties des départements de la Seine-Inférieure, Seine-et-Oise, Seine-et-Marne, situées sur la rive droite de la Seine, ainsi que la partie du département de la Seine et les forts situés sur la rive droite. Après le paiement de deux milliards, l'occupation allemande ne comprendra plus que les départements de la Marne, des Ardennes, de la Haute-Marne, de la Meuse, des Vosges, de la Meurthe, ainsi que la forteresse de Belfort avec son territoire, qui serviront de gage pour les trois milliards restants, et où le nombre des troupes allemandes ne dépassera pas cinquante mille hommes. S. M.

l'empereur sera disposée à substituer à la garantie territoriale, consistant dans l'occupation partielle du territoire français, une garantie financière si elle est offerte par le gouvernement français dans des conditions reconnues suffisantes par S. M. l'empereur et roi pour les intérêts de l'Allemagne. Les trois milliards dont l'acquittement aura été différé porteront intérêt à cinq pour cent à partir de la ratification de la présente convention.

Art. 4. — Les troupes allemandes s'abstiendront de faire des réquisitions, soit en argent, soit en nature, dans les départements occupés. Par contre, l'alimentation des troupes allemandes qui resteront en France aura lieu aux frais du gouvernement français, dans la mesure convenue par une entente avec l'intendance militaire allemande.

« Art. 5. — Les intérêts des habitants des territoires cédés par la France, en tout ce qui concerne leur commerce et leurs droits civils, seront réglés aussi favorablement que possible lorsque seront arrêtées les conditions de la paix définitive. Il sera fixé à cet effet un espace de temps pendant lequel ils jouiront de facilités particulières pour la circulation de leurs produits. Le gouvernement allemand n'apportera aucun obstacle à la libre émigration des habitants des territoires cédés, et ne pourra prendre contre eux aucune mesure atteignant leurs personnes ou leurs propriétés.

Art. 6. — Les prisonniers de guerre qui n'auront pas déjà été mis en liberté par voie d'échange seront rendus immédiatement après la ratification des présents préliminaires. Afin d'accélérer le transport des prisonniers français, le gouvernement français mettra à la disposition des autorités allemandes, à l'intérieur du territoire allemand, une partie du matériel roulant de ses chemins de fer, dans une mesure qui sera déterminée par des arrangements spéciaux, et aux prix payés en France par le gouvernement français pour les transports militaires.

« Art. 7. — L'ouverture des négociations pour le traité de paix définitif à conclure sur la base des présents préliminaires aura lieu à Bruxelles immédiatement après la ratification de ces derniers par l'Assemblée nationale et par S. M. l'empereur d'Allemagne.

« Art. 8. — Après la conclusion et la ratification du traité de paix définitif, l'administration des départements devant encore rester occupés par les troupes allemandes sera remise aux autorités françaises ; mais ces dernières seront tenues de se conformer aux ordres que le commandant des troupes allemandes croirait devoir donner dans l'intérêt de la sûreté, de l'entretien et de la distribution des troupes.

« Dans les départements occupés, la perception des impôts, après la ratification du présent traité, s'opérera pour le compte du gouvernement français et par le moyen de ses employés.

« Art. 9. — Il est bien entendu que les présentes ne peuvent donner à l'autorité militaire allemande aucun droit sur les parties du territoire qu'elles n'occupent point actuellement.

« Art. 10. — Les présentes seront immédiatement soumises à la ratification de l'Assemblée nationale française siégeant à Bordeaux et de S. M. l'empereur d'Allemagne.

« En foi de quoi les soussignés ont revêtu le présent traité préliminaire de leurs signatures et de leurs sceaux.

« Fait à Versailles, le 26 février 1871.

« A. Thiers.
« V. Bismark.   « Jules Favre. »

« Les royaumes de Bavière et de Wurtemberg et le grand-duché de Bade ayant pris part à la guerre actuelle comme alliés de la Prusse et faisant partie maintenant de l'empire germanique, les soussignés adhèrent à la présente convention au nom de leurs souverains respectifs.

« Versailles, 26 février 1871.

« Comte de Bray-Steinburg, baron de Waechter, Mitt-Acht, Jolly. »

Convention portant prolongation de l'armistice.

« Entre les soussignés, munis des pleins pouvoirs de l'empereur d'Allemagne et de la République française, la convention suivante a été conclue :

« Art. 1er. — Afin de faciliter la ratification des préliminaires de la paix conclue aujourd'hui entre les soussignés, l'armistice stipulé par les conventions du 28 janvier et du 15 février dernier est prolongé jusqu'au 12 mars prochain.

« Art. 2. — La prolongation de l'armistice ne s'appliquera pas à l'article 4 de la convention du 28 janvier, qui sera remplacé par la stipulation sur laquelle les soussignés sont tombés d'accord :

« La partie de la ville de Paris, à l'intérieur de l'enceinte, comprise entre la Seine, la rue du Faubourg-Saint-Honoré et l'avenue des Ternes, sera occupée par les troupes allemandes, dont le nombre ne dépassera pas 30,000 hommes. Le mode d'occupation et les dispositions pour le logement des troupes allemandes, dans cette partie de la ville, seront réglés par une entente entre deux officiers supérieurs des deux armées, et l'accès en sera interdit aux troupes françaises et aux gardes nationales armées pendant la durée de l'occupation.

« Art. 3. — Les troupes allemandes s'abstiendront à l'avenir de prélever des contributions en argent dans les territoires occupés. Les contributions de cette catégorie dont le montant ne serait pas encore payé seront annulées de plein droit. Celles qui seraient versées ultérieurement par suite d'ignorance de la présente stipulation devront être remboursées. Par contre, les autorités allemandes continueront à prélever les impôts de l'État dans les territoires occupés.

« Art. 4. — Les deux parties contractantes conserveront le droit de dénoncer l'armistice à partir du 3 mars, selon leur convenance, et avec un délai de trois jours pour la reprise des hostilités s'il y avait lieu.

« Fait et approuvé à Versailles, ce 26 février.

« A. THIERS.
« V. BISMARK.   « Jules FAVRE. »

---

5 mars (169ᵉ journée). — On lit dans le *Journal officiel* :

« Les faits les plus regrettables se sont produits depuis quelques jours et menacent gravement la paix de la cité. Des gardes nationaux en armes, obéissant, non à leurs chefs légitimes, mais à un comité central anonyme qui ne peut leur donner aucun ordre sans commettre un crime sévèrement puni par les lois, se sont emparés d'un grand nombre d'armes et de munitions de guerre, sous prétexte de les soustraire à l'ennemi, dont ils redoutaient l'invasion. Il semblait que de pareils actes dussent cesser après la retraite de l'armée prussienne. Il n'en a rien été ; ce soir le poste des Gobelins a été forcé, et des cartouches ont été pillées.

« Ceux qui provoquent ces désordres assument sur eux une terrible responsabilité ; c'est au moment où la ville de Paris, délivrée du contact de l'étranger, aspire à reprendre ses habitudes de calme et de travail qu'ils sèment le trouble et préparent la guerre civile. Le gouvernement fait appel aux bons citoyens pour étouffer dans leurs germes ces coupables manifestations.

« Que tous ceux qui ont à cœur l'honneur et la paix de la cité se lèvent ; que la garde nationale, repoussant de perfides instigations, se range autour de ses chefs et prévienne des malheurs dont les conséquences seraient incalculables. Le gouvernement et le général en chef sont décidés à faire énergiquement leur devoir ; ils feront exécuter les lois ; ils comptent sur le patriotisme et le dévoûment de tous les habitants de Paris.

« *Le ministre de l'intérieur,*
« Ernest PICARD. »

5 mars (170ᵉ journée). — A l'Assemblée nationale, séance du mercredi 1ᵉʳ mars 1871, M. Thiers demande la parole au sujet du traité de paix.

« Je ne dirai que quelques mots ; mais il faut cependant que la question soit nettement posée, et que les responsabilités soient justement attribuées.

« La guerre a eu deux périodes : celle qui a suivi cette fameuse déclaration que vous venez de flétrir et de punir, et celle qui a succédé au 4 septembre. Je ne juge personne, je ne condamne personne ; je suis convaincu que chacun a fait de son mieux. Quant à moi, j'ai été étranger à ces deux périodes. Si la guerre n'a pas réussi, ce n'est ni moi ni les collègues que l'Assemblée vient de me donner depuis quelques jours qu'on peut en accuser.

« J'ai trouvé, quand j'ai dû négocier, la reddition de Sédan, de Metz et de Paris, la dispersion des armées qui devaient aller au secours de la capitale et qui n'ont pas pu y arriver. J'ai conduit les négociations avec tout le patriotisme dont j'étais capable ; j'ai lutté de toutes mes forces pendant des jours entiers ; je n'ai pu faire mieux que je n'ai fait. Si vous croyez pouvoir obtenir de meilleures conditions, envoyez d'autres négociateurs, vous me rendrez un grand service (Mouvement) ; vous me soulagerez d'un poids accablant. Si vous croyez avoir des moyens militaires, venez ici nous les exposer. (Très bien !)

« Ne parlez pas d'honneur devant des gens qui en ont autant que vous (Approbation), mais qui mettent leur honneur à ne pas risquer de perdre leur pays pour une fausse popularité qu'on vient courtiser à cette tribune. (Applaudissements.)

« Pour ma part, je ne doute pas de la puissance de mon pays, quand je dis que nous ne pouvons pas lutter aujourd'hui. (C'est cela.) Non, je ne doute pas de la puissance de la France, et l'ennemi que nous avons devant nous n'en doute pas plus que moi..

« Ce traité même, Messieurs, est tout empreint des craintes que la France lui inspire, et quand il vous demande une si grande partie de vos richesses, c'est dans l'espoir de vous affaiblir. Oui, c'est sa crainte même qui se manifeste par l'énormité du chiffre. (Assentiment.) Ce n'est donc pas de la France que je doute. Oui, cette puissance de notre pays est ma consolation dans nos douleurs actuelles. Oui! je crois à son avenir. Oui! oui! j'y crois, mais à la condition que nous aurons enfin du bon sens, que nous ne nous paierons plus de mots (Approbation sur un grand nombre de bancs); que sous les mots nous voudrons mettre des réalités, et que nous aurons non seulement du bon sens, mais un bon sens courageux. (Très-bien! très-bien!)

« Je ne doute donc pas de la puissance de la France; mais c'est de son organisation actuelle que je doute; son organisation militaire est brisée; voilà le secret de sa faiblesse.

« Pourquoi cette organisation a-t-elle été brisée? Je n'en dirai qu'un mot, sans entrer dans les détails.

« Lorsqu'on a eu la folie de déclarer la guerre au mois de juillet dernier, je l'ai dit dès le premier jour : la France n'était pas prête. Alors qu'on avait des régiments d'infanterie de 11 à 1,490 hommes d'effectif réel, comment pouvait-on arriver en huit jours à en faire des régiments de guerre de 3,000 hommes? C'était impossible. J'ai dit aux ministres de ce temps : « Mettez-« moi en présence du ministre de la guerre, et je lui prouverai « que vous n'êtes pas prêts, que vous ne pouvez pas l'être. »

« Vous savez ce qui est arrivé. Pour faire nombre, au lieu d'envoyer un régiment, il a fallu en envoyer deux, c'est-à-dire envoyer des cadres sans soldats pour ainsi dire, ce qui était sans exemple dans l'organisation militaire. Je l'ai répété à toutes les puissances; ce n'était pas que la France ne fût plus, c'est qu'elle avait été détruite par l'imprudence et l'impéritie du gouvernement tombé.

« On a fait la guerre avec des cadres vides. Et qu'est-il arrivé? Sur 120 régiments, il y en a eu 116 faits prisonniers à Sédan et Metz. Par suite, vous avez été obligés de continuer la guerre sans cadres, sans officiers, avec des soldats pleins de bravoure (l'ennemi lui-même a loué leur bravoure devant moi); mais des soldats sans organisation, sans officiers, peuvent être braves; ils ne composent pas des armées. Ceux qui ne savent pas cela peuvent compromettre leur pays, s'ils entreprennent de conduire ses affaires.

« Sachez-le bien, on n'improvise pas des armées; la Révolution elle-même, qu'on cite souvent, n'en a pas improvisé; elle a fait une première guerre avec un homme supérieur, qu'un heureux hasard avait jeté sous sa main, le général Dumouriez, qui commandait l'armée royale. C'est avec cette armée que la Révolution a remporté ses premières victoires. (Mouvements divers.) Plus tard, elle a eu de longs revers, jusqu'au jour où elle a pu avoir fait enfin de véritables armées.

« Ainsi, ce n'est pas la faiblesse de la France que je viens plaider devant vous. Je mourrais plutôt que de la plaider. Je veux conserver l'espérance, car sans l'espérance je ne pourrais pas vivre. Je veux seulement vous dire que notre organisation a été brisée et que vous ne pouvez pas la refaire en quelques jours. S'il y a des hommes du métier qui croient pouvoir dire le contraire, qu'ils viennent le déclarer du haut de cette tribune, et je leur répondrai. Encore une fois, je l'affirme, ce n'est pas la France qui est brisée, qui est impuissante; c'est son organisation, qui, par suite d'une imprudence sans égale, a été détruite dès le début de la guerre.

« La France avait pu, à toutes les époques, fournir une, deux et trois armées; elle n'y a pas réussi cette fois, parce qu'on ne fait la guerre qu'avec des cadres et qu'il n'y avait plus de cadres en France. Les paysans, les citoyens, quelque courageux qu'ils soient, s'ils ne savent pas la guerre, ne peuvent être de vrais soldats. La preuve en est dans nos derniers désastres. C'étaient de braves et habiles gens que le général Faidherbe, que le général Chanzy, que le général Bourbaki; et cependant quel résultat vous ont-ils procuré? Ce n'est pas leur faute; je rends hommage à tout leur talent et à toute leur énergie! (Très-bien! très-bien! — Applaudissements.)

« Il n'en est pas moins vrai que l'armée du général Faidherbe a été dispersée dans les places fortes; que le généreux Bourbaki, qui a voulu ne pas survivre au malheur de son armée, et qui n'y a survécu que malgré lui, a été obligé de livrer à la Suisse son armée vaincue, sans que ce fût par sa faute, et que le général Chanzy lui-même a été obligé de se replier.

« Eh bien! que dans cette situation quelqu'un vienne me dire que nous pouvons résister à une armée de 500,000 hommes, je lui répondrai que non! Vous feriez détruire la France, vous l'appauvririez, vous feriez disparaître ses dernières ressources, et vous lui ôteriez les moyens d'arriver à cet avenir que vous souhaitez pour elle et que, moi, j'entrevois avec la seule satisfaction que je puisse ressentir aujourd'hui. (Bravo! bravo! — Vifs applaudissements.)

« Oui, Messieurs, vous voulez pour la patrie d'autres destinées. Je le veux aussi; je le souhaite ardemment; et, à mon vieil âge, ce qui me soutient, c'est l'espérance de pouvoir y contribuer, pas bien longtemps, mais quelque temps encore. Pour cela, il faut que vous sachiez la vérité; il faut que vous ayez le courage de vous la dire à vous-mêmes, et de la croire.

« C'est alors seulement que vous serez une nation sérieuse et que vous mériterez des destinées meilleures; mais tant que vous vous paierez de mots et de déclamations, je n'hésite pas à le déclarer, on ne vous prendra pas au sérieux, et vous ne mériterez pas, en effet, d'y être pris. (Marques d'adhésion.)

« C'est ainsi que, chargé par vous de négocier, je vous ai représentés auprès de l'ennemi en lui disant la vérité. Je n'ai point employé le mensonge, qui ne peut longtemps tromper personne, surtout un gouvernement aussi avisé que celui auquel nous avions affaire. J'ai fait valoir ces considérations de l'avenir, ces haines implacables qu'on allait soulever dans le cœur d'une grande nation. Mais, Messieurs, je dois aussi le dire : la victoire n'est pas toujours beaucoup plus sensée que la défaite. (Assentiment.) La vérité est bien difficile à faire entendre; je l'éprouve tous les jours, et j'en ressens de cruelles souffrances. Oui, il est bien difficile de faire entendre la vérité aux nations.

« A mes derniers jours je ne changerai pas de conduite, et

je ferai tous mes efforts pour faire entendre à mon pays la vérité tout entière. On ne l'a pas écoutée il y a six mois; on ne l'a pas écoutée à des époques plus récentes. Mais je ne me décourage pas. Si à votre tour vous ne voulez pas l'écouter, vous me rendrez bien malheureux pour mon pays; mais si j'osais le dire, en étant très-malheureux pour mon pays, je serais peut-être heureux pour moi-même de n'être pas cru. (Mouvement.) Je serais déchargé du fardeau que vous m'avez confié, et je vous remercierais, mais en pleurant sur mon pays infortuné.

« Messieurs, entendez la vérité; mais si vous ne savez pas où elle est, si vous ne voulez pas l'écouter et la croire, vous pourrez vanter l'avenir de notre nation, mais bien vainement; vous le perdez au moment même où vous le vantez. (Vive approbation; applaudissements prolongés.) »

---

6 mars (171ᵉ journée). — Le *Journal officiel* publie l'arrêté qui suit :

« Le président du conseil des ministres, chef du pouvoir exécutif de la République française,

« Sur la proposition du ministre de l'instruction publique et des cultes, ministre de l'intérieur délégué,

« Arrête :

« Art. 1ᵉʳ. — M. le général d'Aurelles de Paladines est nommé commandant supérieur des gardes nationales du département de la Seine.

Art. 2. — M. Roger (du Nord), colonel d'état-major de la garde nationale de Paris, est nommé chef d'état-major des gardes nationales du département de la Seine.

« Fait à Bordeaux, le 3 mars 1871.

« Thiers. »

---

7 mars (172ᵉ journée).

Ordre du jour du général d'Aurelles de Paladines.

« Le président du conseil des ministres, chef du pouvoir exécutif de la République française, vient de me confier le commandement supérieur de la garde nationale de la Seine. Je sens tout le prix d'un tel honneur. Il m'impose de grands devoirs.

« Le premier de tous est d'assurer le maintien de l'ordre et le respect des lois et de la propriété.

« Pour réussir, j'ai besoin du concours de tous les bons citoyens. Je fais donc appel au patriotisme de la garde nationale et de tous ses officiers.

« Pendant le siége de Paris, elle a partagé avec l'armée la gloire et les périls de la défense.

« C'est à elle, dans les douloureuses circonstances que nous traversons, à donner l'exemple des vertus civiques, et à moi à la diriger dans ces nobles efforts.

« Ma règle de conduite sera la justice, le respect des droits acquis et de tous les services rendus.

« Il est nécessaire que le travail répare le plus tôt possible les malheurs de la guerre. L'ordre seul peut nous ramener à la prospérité.

« J'ai la ferme volonté de réprimer avec énergie tout ce qui pourrait porter atteinte à la tranquillité de la cité.

« *Le général commandant supérieur des gardes nationales de la Seine,*

« D'AURELLES. »

---

8 mars (173ᵉ journée). — On lit dans la *Gazette de Péronne:*

« Bien des journaux ont parlé d'une façon incomplète, inexacte, du bombardement de Péronne.

« Les uns, justement émus de pitié, en ont raconté les douleurs et les ruines.

« Les autres, sur la foi des correspondants mal informés ou dirigés par un sentiment d'intérêt personnel, ont amoindri la résistance et les dégâts qui l'ont suivie.

« Il ne faut pas que la vérité soit plus longtemps célée.

« Il faut, avant que l'histoire du bombardement soit écrite, que l'on sache que la population a souffert, horriblement souffert ;

« Que, pendant treize jours, Péronne a été littéralement abîmée sous une pluie de fer et de feu.

« Il faut que l'on sache que, les faubourgs exceptés, l'incendie a consumé le dixième de ses maisons et la maladie le vingtième de sa population ;

« Que son vaste et magnifique hôpital a été complètement brûlé, son église détruite ;

« Que *dix* maisons à peine ont été respectées par les projectiles ennemis, et que le reste est percé, troué, démantelé.

« Il faut, pour juger de l'acharnement de l'ennemi à réduire la ville, que l'on sache qu'une seule batterie de six canons, placée au Mont-Saint-Quentin, a lancé, dans la nuit du 28 au 29 décembre, six-cent-trente-six projectiles, et que la ville, pendant le bombardement, a reçu plus de dix mille bombes et obus !

« Les ruines sont là, chaudes encore, qui attestent de l'étendue du désastre matériel, que l'on peut évaluer à près de SIX MILLIONS.

« Il y a certainement eu, dans la population, des défaillances. Mais, pour quelques faits isolés, personne n'a le droit de prononcer le mot de lâcheté. »

---

9 mars (174ᵉ journée). — Les bureaux de l'Assemblée nationale ont nommé les quinze commissaires chargées d'exprimer leur opinion au sujet de la translation et de la résidence future du siége du gouvernement.

Voici le texte du projet de loi relatif à la prorogation de l'échéance des effets de commerce, déposé par M. Dufaure, ministre de la justice, dans la séance du 6, et pour lequel l'Assemblée a déclaré l'urgence :

« Au nom du peuple français,

« ART. 1ᵉʳ. — Les effets de commerce, souscrits avant ou

après la loi du 13 août 1870, et venant à échéance après le 12 avril prochain, ne jouiront d'aucune prorogation de délai et seront exigibles suivant les règles de droit commun.

« Art. 2. — Tous les effets de commerce échus du 13 août au 12 novembre 1870 seront exigibles sept mois, date pour date, après l'échéance inscrite aux titres, avec les intérêts depuis le jour de cette échéance.

« Les effets échus du 13 novembre 1870 au 12 avril prochain seront exigibles, date pour date, du 13 juin au 12 juillet.

« Ces dispositions sont applicables aux effets qui auraient été déjà protestés ou suivis de condamnation.

« Art. 3. — Par dérogation à l'article 162 du Code de commerce, le délai accordé au porteur pour faire constater par un protêt le refus de paiement sera de dix jours.

« Les délais de dénonciation et de poursuites fixés par la loi courront du jour du protêt.

« Art. 4. — Les porteurs de traites ou lettres de change, tirées soit à un ou plusieurs jours, mois ou usances de vue qui, depuis le 13 août 1870, ne les auraient pas présentées en temps et lieu voulus, seront relevés de la déchéance prononcée par l'article 160 du Code de commerce, à la charge d'exiger le paiement ou l'acceptation desdits effets dans le mois qui suivra la promulgation de la présente loi, augmenté du délai légal des distances.

« Art. 5. — Dans les départements occupés en tout ou en partie par les troupes étrangères, conformément à l'article 3 du traité du 26 février, les tribunaux de commerce pourront, pendant le cours de l'année 1871, accorder des délais modérés pour le paiement des effets de commerce, conformément à l'article 1,244, § 2 du code civil.

« Art. 6. — Toutes les dispositions contraires aux présentes, contenues dans d'autres lois ou décrets, sont ou demeurent abrogées. »

Le général Faidherbe, à l'occasion du licenciement du 23e corps, vient d'adresser aux gardes nationaux du Nord la proclamation suivante :

« Gardes nationaux du Nord,

« Licenciés par ordre du gouvernement, je ne veux pas vous dissoudre sans vous adresser mes adieux.

« Vous avez rempli de dures obligations imposées par la défense du pays.

« Vous rentrerez dans vos foyers avec la satisfaction du devoir accompli et honorés par vos compatriotes.

« J'ai souvent plaint vos souffrances, admiré votre résignation, compris que vous êtes l'élément d'une armée d'élite dont la réorganisation militaire tirera parti.

« L'opinion publique châtiera ceux qui se sont soustraits au devoir patriotique et les marquera au front d'une tache éternelle.

« Je remercie les officiers et les soldats pour leur concours et leur courage. »

---

10 mars (175ᵉ journée). — On lit dans le *Journal officiel* :

« Au moment où vont s'ouvrir les négociations qui nous conduiront à la conclusion d'un traité de paix définitif, chacun de nous doit se pénétrer de la gravité de notre douloureuse situation et de l'importance capitale des pénibles devoirs qu'elle nous impose. Nous traversons une des plus cruelles épreuves qui puissent être infligées à une nation. Nous ne pouvons nous en sauver que par le bon sens et la ferme volonté d'en finir avec les faiblesses et les chimères.

« Après avoir follement abdiqué au profit d'un pouvoir infatué de lui-même, la France a reconnu trop tard qu'elle était menée à l'abîme ; maintenant qu'elle y est tombée, c'est en elle seule qu'elle doit chercher la force qui l'en tirera. Aussi s'est-elle tout d'abord constituée en République, parce que la République, c'est-à-dire le gouvernement de tous, par tous et pour tous, peut seule unir les âmes et les préparer à de nécessaires sacrifices. Ce serait donc un crime contre le pays que de l'attaquer par des intrigues ou des violences ayant pour but le succès d'une minorité monarchique ou dictatoriale. Ce ne serait pas un moindre crime de semer la division, de fomenter des troubles, de créer des agitations au profit de quelques ambitieux. Nous sommes à une heure où le plus grand patriotisme consiste à se soumettre à la discipline sociale et à l'obéissance aux lois. Ceux qui se font un jeu de les transgresser deviennent des ennemis publics, méritant toutes les sévérités de l'opinion d'abord, de la répression légale ensuite. Ceux qui veulent le maintien de la République et le retour à la prospérité veulent par là même le travail régulier, l'ordre dans la rue, l'obéissance aux chefs légitimes, le respect du droit de chacun.

« Au contraire, prêcher et pratiquer le mépris des lois, déshonorer la presse par l'injure et la calomnie, substituer des pouvoirs occultes à l'autorité légale, c'est faire œuvre de mauvais citoyen, c'est ruiner la République et ramener le despotisme.

« C'est pis encore, c'est retarder l'évacuation étrangère et peut-être nous exposer à une plus complète et plus terrible occupation. Sachons, en effet, envisager notre situation sans illusion. Nous avons été vaincus. Près de la moitié de notre sol a été au pouvoir d'un million d'Allemands; ils nous ont imposé la charge d'une indemnité écrasante de cinq milliards; ils n'abandonneront pas leur gage avant d'avoir été payés. Or, nous ne pouvons trouver des ressources que dans le crédit, et ce crédit, nous ne pouvons l'obtenir qu'à force d'économie, de sagesse, de bonne conduite. Nous n'avons pas une minute à perdre pour nous remettre au travail, notre seul salut; et c'est à ce moment suprême que nous aurions la triste folie de nous livrer à des dissensions civiles! Nous souffririons que quelques hommes, incapables de dire ce qu'ils veulent, troublassent la cité par des entreprises criminelles! Nous faisons un appel à la raison de nos concitoyens, et nous sommes sûrs qu'elle rendra impossibles de pareilles tentatives.

« Nos négociateurs vont avoir à débattre de graves, de difficiles, de douloureuses questions. Avec quelle autorité le pourront-ils faire, si on leur répète cette objection tant de fois opposée par nos adversaires : Vous n'êtes pas un gouvernement ; on vous insulte, on vous désobéit, on vous tient en échec ; vous ne pouvez offrir aucune garantie sérieuse de stabilité si, alors qu'ils se réunissent pour traiter, nos négociateurs ont à redouter des séditions, ils échoueront, comme au 31 octobre, lorsque l'émeute de l'Hôtel-de-Ville a autorisé l'ennemi à nous refuser l'armistice qui eût pu nous sauver.

« Aujourd'hui encore, nous avons besoin de toute notre force pour lutter contre un adversaire habile et victorieux ; cette force, nous la puiserons surtout dans l'opinion, qui ne nous sera favorable qu'autant que nous saurons nous la concilier par notre union, notre sagesse, notre dignité dans le malheur. Jamais une nation n'a eu un intérêt plus direct à pratiquer les véritables vertus civiques. C'est pour l'avoir oublié que nous souffrons ; et, par la grandeur même du mal qui nous accable, nous devons comprendre la nécessité absolue de profiter de la leçon et de placer notre refuge dans la connaissance et le respect de notre devoir.

« Le gouvernement met son honneur à fonder la République. Il la défendra énergiquement, avec le ferme dessein de lui donner pour base le crédit, sans lequel la richesse publique ne peut renaître ; le maintien de l'ordre et l'exécution des lois, qui seuls lui permettront de préparer une ère de réparation et de paix. »

---

11 mars (176ᵉ journée). — Le gouvernement a reçu la dépêche suivante :

« Bordeaux, 10 mars, 9 heures du soir.

« Versailles adopté à une immense majorité, malgré la commission, qui demandait Fontainebleau.

« Demain samedi, dernière séance à Bordeaux.

« Je partirai aussitôt que possible.

« Thiers. »

Le président de l'Assemblée nationale a lu une lettre que lui adressait M. Victor Hugo, et que voici :

« 8 mars.

« Il y a trois semaines, l'Assemblée a refusé d'entendre Garibaldi ; aujourd'hui elle refuse de m'entendre.

« Je donne ma démission.

« Victor Hugo. »

« Le général en chef de l'armée de Paris, exerçant pendant l'état de siége, en vertu des art. 7 et 9 de la loi des 9 et 11 août 1849, les pouvoirs nécessaires au maintien de l'ordre et de la police,

« Sur l'avis du conseil du gouvernement,

« Attendu qu'il n'y a pas de gouvernement libre possible lorsque, chaque jour, impunément, des feuilles publiques répandues à profusion prêchent la sédition et la désobéissance aux lois ;

« Que la République ne peut être fondée que par le respect des droits de tous, l'ordre et le travail ;

« Que l'ordre et le travail ne peuvent être établis tant que de pareilles publications seront tolérées ;

« Que les journaux ci-dessous désignés ne cessent de provoquer directement à l'insurrection et au pillage ;

« Qu'il est du devoir du gouvernement, dans les circonstances exceptionnelles où se trouvent la France, d'user des droits que lui donne l'état de siége ;

« Arrête :

« ART. 1er. — La publication des journaux : le *Vengeur*, le *Cri du Peuple*, le *Mot d'ordre*, le *Père Duchêne*, la *Caricature*, la *Bouche de fer*, est et demeure suspendue.

« ART. 2. — La publication de tous nouveaux journaux et écrits périodiques traitant de matières politiques ou d'économie sociale est interdite jusqu'à la levée de l'état de siége par l'Assemblée nationale.

« Art. 3. — Le préfet de police est chargé de l'exécution du présent arrêté.

« *Le général en chef de l'armée de Paris,*

Signé : « Vinoy. »

On lit dans la *Situation*, journal anglais de l'homme de Sedan, la protestation suivante que je donne à titre de curiosité :

A M. le président de l'Assemblée nationale, à Bordeaux.

« Monsieur le Président,

« Au moment où tous les Français, profondément attristés par les conditions de la paix, ne songeaient qu'aux maux de la patrie, l'Assemblée nationale a prononcé la déchéance de ma dynastie et a affirmé que j'étais seul responsable des calamités publiques.

« Je proteste contre cette déclaration injuste et illégale.

« Injuste, car lorsque la guerre fut déclarée, le sentiment national, surexcité par des causes indépendantes de ma volonté, avait produit un entraînement général et irrésistible.

« Illégale, car l'Assemblée, nommée dans le seul but de faire la paix, a outrepassé ses pouvoirs en tranchant des questions au dessus de sa compétence, et, fût-elle même constituante, elle serait impuissante à substituer sa volonté à celle de la nation. L'exemple du passé est là pour le prouver. L'hostilité de la Constituante, en 1848, est venue échouer devant l'élection du 10 décembre 1851 ; le peuple, par plus de sept millions de suffrages, m'a donné raison contre l'Assemblée législative.

« La passion politique ne saurait prévaloir contre le droit, et le droit public français pour la fondation de tout gouvernement légitime, c'est le plébiscite. Hors de lui, il n'y a qu'usurpation pour les uns, oppression pour les autres. Aussi suis-je prêt à m'incliner devant la libre expression de la volonté nationale, mais devant elle seulement.

« En présence d'événements douloureux, qui imposent à tous

l'abnégation et le désintéressement, j'aurais voulu garder le silence ; mais la déclaration de l'Assemblée me force de protester, au nom de la vérité outragée et des droits de la nation méconnus.

« Agréez, Monsieur le président, l'assurance de ma haute estime.

« Wilhlelmsbœhe, 6 mars 1871.

« NAPOLÉON. »

12 mars (177ᵉ journée). — A l'Assemblée nationale, discussion sur la question de la translation de l'Assemblée.

FIN DU DISCOURS DE M. THIERS.

« 12 mars.

« ..... Trop souvent, Messieurs, nous nous calomnions réciproquement. Cessons de nous calomnier ; sachons nous rendre justice, respectons les pensées les uns des autres. (Approbations.)

« Ces deux grands partis se subdivisent. Le parti monarchique lui-même n'est pas d'accord sur tous les points. (Légère interruption.) Le parti républicain est également divisé. Oui, il y a dans son sein des hommes généreux à qui je rends hommage et qui croient que la République, même quand elle n'est pas dans leurs mains, est encore la République. (C'est vrai ! — Mouvements divers.) Il en est d'autres qui n'admettent la République que quand elle est entre leurs mains. (Rires et approbations sur plusieurs bancs.)

« Je ne veux flatter personne, — ce n'est pas à mon âge que je commencerai, car je ne l'ai fait sous aucun régime, je n'ai flatté ni roi, ni peuple, ni parti ; — j'honore profondément les hommes qui ont le bon sens de reconnaître que l'institution elle-même n'étant pas rassurante pour notre pays, il faut que les hommes le soient. (Mouvement. — Oui ! oui ! vous avez raison !)

« Vous êtes donc profondément divisés, et cependant vous êtes unis en honnêtes gens, en bons citoyens, dans cette pensée commune de réorganiser le pays et de savoir différer le jour où on le constituera.

« C'est pour cela que vous vous trouvez ici. Il est vrai, comme l'a dit le grand agitateur, le cardinal de Retz, qu'assembler les hommes, c'est les émouvoir. Il est bien vrai que, réunis ici dans une grande Assemblée, dans une des situations les plus extraordinaires de l'histoire, vous pouvez vous heurter quelquefois. Moi-même, si je cédais aux mouvements de mon âme impétueuse, quelquefois aussi je m'animerais ; mais tout à coup je rentre en moi-même, je songe aux grands devoirs que vous m'avez imposés, et je contiens les mouvements de mon cœur. (Sensation profonde. — Applaudissements.)

« Mais en contenant les mouvements intérieurs de mon âme, je comprends les vôtres. Vous pouvez néanmoins vivre les uns à côté des autres et vous aider à accomplir cette tâche rude, écrasante, de réorganiser le pays, mais à une condition, d'éviter beaucoup de dissidences et de réserver les questions de constitution. (Mouvements divers.)

« Une des plus grandes questions constitutives, c'est le choix de la capitale. J'ai donc cru, Messieurs, qu'il ne serait pas loyal à nous de vouloir résoudre sur-le-champ cette question, en vous proposant d'aller directement à Paris. Bien que le canon prussien, au point de vue de la convenance, soit quelque chose, ce n'est pas lui qui nous a décidés : c'est la loyauté.

« Quel est notre devoir à nous? Quel est mon devoir à moi, que vous avez, je dirai, accablé de votre confiance? C'est la loyauté envers tous les partis qui divisent la France et qui divisent l'Assemblée.

« Ce que nous leur devons à tous, c'est de n'en tromper aucun, c'est de ne pas nous conduire de manière à préparer à votre insu une solution exclusive qui désolerait les autres partis. (Très-bien!)

« Non, Messieurs, je jure devant le pays, et si j'osais me

croire assez important pour parler de l'histoire, je dirais que je jure devant l'histoire de ne tromper aucun de vous, de ne préparer, sous le rapport des questions constitutives, aucune solution à votre insu, et qui serait de notre part, de ma part, une sorte de trahison. (Vifs applaudissements.)

« Permettez-moi de ne pas reculer devant les noms vrais des partis, et j'espère qu'en m'appuyant sur l'évidence des faits je n'aurai pas commis une inconvenance.

« Je dirai donc : « Monarchistes, républicains, non, ni les uns ni les autres vous ne serez trompés ; nous n'avons accepté qu'une mission déjà bien assez écrasante ; nous ne nous occuperons que de la réorganisation du pays. Nous vous demanderons toujours votre appui pour cette réorganisation, parce que nous savons que si nous sortions de cette tâche limitée, nous vous diviserions et nous nous diviserions nous-mêmes. »

« Nous ne travaillerons qu'à cette œuvre déjà bien assez difficile. Mais qu'il me soit permis de dire aux hommes qui ont donné leur vie entière à la République : « Soyez justes envers les membres de cette Assemblée qui ne pensent pas comme vous. Sous quelle forme se fera la réorganisation? Sous la forme de la République. »

« Il y avait ici beaucoup d'hommes très-respectables qui ont accepté ce mot dans un but d'union. Vous m'avez appelé « président du conseil, chef du pouvoir exécutif de la République française; » dans tous les actes du gouvernement, le mot de « République française » se trouve sans cesse répété. Cette réorganisation, si nous y réussissons, elle se fera sous la forme de la République et à son profit. (Mouvement. — Très-bien! très-bien! sur plusieurs bancs.)

« Maintenant, Messieurs, ne venez pas nous dire : « Ne sacrifiez pas la République ! » Ne la perdez pas vous-mêmes.

« La République est dans vos mains, elle sera le prix de votre sagesse et pas d'autre chose. Toutes les fois que vous vous emporterez, toutes les fois que vous soulèverez des questions inopportunes, toutes les fois que malgré vous, — malgré vous, je le sais, — vous paraîtrez, je dirai les confidents ou les complices sans le vouloir, — sans le vouloir certainement, — des hommes de désordre, dites-vous bien qu'en acceptant ces apparences de complicité, vous portez à la République le coup le plus funeste qu'elle puisse recevoir. (Mouvement.)

« Eh bien, je vous ai dit que je serais profondément sincère, vous le voyez : lorsque le pays sera réorganisé, nous viendrons ici, si nous avons pu le réorganiser nous-mêmes, si nos forces y ont suffi, si dans la route votre confiance ne s'est pas détournée, nous viendrons le plus tôt que nous pourrons, bien heureux, bien fiers d'avoir pu contribuer à cette noble tâche, vous dire : « Le pays, vous nous l'aviez confié sanglant, couvert de blessures, vivant à peine ; nous vous le rendons un peu ranimé ; c'est le moment de lui donner sa forme définitive ; » et, je vous en donne la parole d'un honnête homme, aucune des questions qui auront été réservées n'aura été résolue, aucune solution n'aura été altérée par une infidélité de notre part. (Bravo ! bravo ! — Applaudissements.)

« Telle est la pensée qui nous a animés en vous proposant d'aller à Versailles et de ne pas aller ailleurs. Nous n'avons pas pu faire un pas de plus, car c'était résoudre une de ces questions que nous devons réserver pour rester unis...

« Et maintenant, Messieurs, je vous en supplie, considérez ce que nous vous demandons avec une conviction profonde.

« Oh ! si nous étions dans ces temps où on est libre les uns et les autres, où les Assemblées sont libres de leur confiance parce qu'elles ont le choix ; où les ministres eux-mêmes sont libres et peuvent dire à quelles conditions ils restent ou ne restent pas, peut-être aurais-je pu me permettre des paroles qui ressembleraient à de la contrainte. Mais maintenant, non, Messieurs, je ne me séparerai pas de vous. Quelque accablant que soit le fardeau, je le porterai tant que vous ne m'aurez pas dispensé de le porter. (Très-bien ! très-bien !)

« Je ne veux pas élever, comme dans les temps ordinaires,

une question de cabinet, ce serait indécent ; je ne le ferai pas. (Vives approbations et nombreux applaudissements.)

« Mais je vous le dis, avec la plus grande sincérité, nous resterons les ministres de vos résolutions, quoi qu'il arrive. Mais nous vous demandons en retour de vouloir bien nous croire, et quand nous vous disons : « Il faut aller à Versailles, et pas ailleurs, » je vous demande de nous accorder confiance sans nous obliger à entrer dans des détails plus étendus.

« Nous vous le disons, non pas au nom d'une arrogante volonté ministérielle, non pas au nom et au profit d'un parti, mais au nom et au profit de l'État et pour l'État, c'est-à-dire pour la patrie ! (Bravo ! bravo ! — Acclamations chaleureuses et applaudissements prolongés. — M. le chef du pouvoir exécutif, en descendant de la tribune, reçoit de très-vives félicitations de ses collègues du gouvernement et de l'Assemblée.) »

---

13 mars (178º journée). — Le général Chanzy a adressé la proclamation suivante aux officiers et soldats de la 2º armée :

« Le traité ratifié le 1ᵉʳ mars par l'Assemblée nationale met fin à la guerre. Les armées sont dissoutes. En m'informant que mon commandement cesse, le ministre de la guerre ajoute :

« Dites à votre brave armée, officiers de tous grades et soldats, que je les remercie, au nom de notre pays tout entier, de leur courage et de leur patriotisme. Si la France avait pu être sauvée, elle l'eût été par eux. La fortune ne l'a pas voulu. »

« Je suis heureux de porter à votre connaissance le témoignage de la satisfaction du gouvernement. Vous pouvez être fiers d'avoir fait partie de la 2º armée, dont les efforts, s'ils n'ont pas abouti au succès que vous avez poursuivi avec tant d'opiniâtreté, ne resteront pas sans gloire pour le pays dont ils ont contribué à sauver l'honneur.

« Vous avez tenu tête aux armées les plus nombreuses et les mieux commandées de l'Allemagne. L'histoire racontera ce que vous avez fait; l'ennemi lui-même s'honorera en vous rendant justice.

« Vous allez rejoindre vos foyers, vos garnisons. Conservez inébranlable votre dévoûment au pays; restez, quoi qu'il arrive, les défenseurs de l'ordre.

« Quant à moi, mon plus grand honneur est de vous avoir commandés; mon plus vif désir, de me retrouver avec vous chaque fois qu'il s'agira de servir la France.

« *Le général en chef,*

Signé : « Général CHANZY. »

14 mars (179e journée). — M. Thiers est arrivé à Versailles. Dans la journée, il y a eu conseil des ministres.

Dans la réunion des maires, tenue hier soir au ministère de l'intérieur, la suppression des journaux a donné lieu à une vive discussion.

15 mars (180e journée). — M. de Moltke a invité hier le gouvernement français à évacuer de Paris tous les corps mis en non activité, et à n'y conserver que le chiffre d'hommes devant constituer la garnison de la capitale, d'après les préliminaires de paix; soixante-dix mille hommes doivent avoir quitté Paris ce soir.

16 mars (181e journée). — Par arrêté du président du conseil, chef du pouvoir exécutif de la République française, en date du 15 mars, le général Valentin est délégué pour exercer les fonctions de préfet de police.

Pendant la période de l'investissement, les Prussiens avaient occupé en masse certaines habitations de la banlieue. L'accumulation des troupes était telle sur certains points que les soldats prussiens étaient absolument entassés dans les maisons qui leur servaient de caserne. On en comptait quelquefois deux cents dans un corps de logis, et une seule chambre en a reçu jusqu'à cinquante.

Tous ces hommes étaient couchés sur la paille et se sont bien gardé, au moment du départ, de nettoyer les appartements qu'ils avaient d'ailleurs comblés d'immondices. La plupart d'entre eux sont devenus de véritables foyers d'infection, inhabitables quant à présent, et qu'il est de toute utilité d'assainir, avant qu'ils ne soient rendus à leur première destination.

L'acide phénique, le chlorure de calcium, et généralement tous les désinfectants, devront être employés. Il sera aussi nécessaire de ne se servir des puits qu'après les avoir fait soigneusement visiter.

Quelques-uns de ces puits ont servi de fosses d'aisances. Dans d'autres endroits, les Prussiens, peu scrupuleux sur le respect à accorder aux morts, y ont jeté des corps. C'est ainsi qu'au Petit-Bicêtre on a retrouvé hier, dans un puits, les cadavres de trois gardes mobiles qui y avaient séjourné depuis plus de trois mois.

On a encore retrouvé une dizaine de sépultures prussiennes dans les environs de Châtillon. Dans chacune d'elles on a compté parfois jusqu'à trente cadavres.

---

17 mars (182ᵉ journée). — Le ministre de la guerre a adressé aux troupes de la garde mobile licenciée la proclamation suivante :

« GARDES MOBILES DE PARIS ET DES DÉPARTEMENTS,

« Après six mois d'une campagne laborieuse, où vos courages ont été à la hauteur de tous les sacrifices qui vous étaient imposés, vous allez rentrer dans vos familles, justement fières de vous.

« Vous y porterez la consolation que donne le sentiment d'un devoir noblement accompli. La fortune a trahi vos efforts, mais vous avez sauvé l'honneur de notre patrie, et un jour viendra, pas trop éloigné, je l'espère, où il vous sera donné de lui rendre, à force d'énergie et de dévoûment, toute sa grandeur passée. Soyez-en sûrs, rien ni personne ne saurait arrêter longtemps les destinées providentielles de notre nation.

« Courage donc, patience et patriotisme ! »

18 mars (183e journée). — La reprise des travaux de la Chambre est fixée à lundi prochain 20 mars.

Un train spécial amenait hier les ministres à Versailles. Il était deux heures; quelques députés attendaient à la gare l'arrivée du train. M. Thiers avait travaillé toute la matinée; à onze heures, il recevait quelques maires du département, des commissions municipales, des magistrats et un certain nombre d'officiers des régiments récemment envoyés à Versailles.

Le conseil a eu lieu aussitôt après l'arrivée des ministres. La délibération a porté principalement sur les questions d'ordre public et le mouvement préfectoral.

L'autorité militaire a failli rentrer hier soir en possession d'une partie des canons, obusiers et mitrailleuses qui sont en ce moment au pouvoir des gardes nationaux du comité fédéral.

Le commandant du parc d'artillerie de la place des Vosges avait prononcé dans la journée quelques paroles qui permettaient de croire que le comité central était assez disposé à se démettre de sa haute surveillance. On envoya alors, vers dix heures, à la place des Vosges, de nombreux attelages destinés à conduire lesdites pièces au parc de l'avenue Wagram. Mais au quartier général des gardes nationaux, le commandant refusa absolument de livrer les canons, et l'on dut se retirer.

On va publier incessamment un projet de réorganisation de

l'armée par M. le général Faidherbe. Ce projet n'est pas le premier qu'il a fait. Quelque temps après Sadowa, le même officier général envoyait d'Oran un mémoire étendu sur la même question qui était alors aussi à l'ordre du jour. Ce document est encore conservé dans les archives des Tuileries.

L'évacuation d'Orléans.

Jeudi matin 16, les Prussiens ont quitté la ville d'Orléans et ses environs, après une occupation de près de six mois. Les habitants revoyaient avec surprise leurs rues libres et leurs foyers paisibles; ils retrouvaient la paix et la liberté. Dans tous les pays envahis, les Prussiens se sont montrés également cruels, mais il est douteux cependant qu'aucune province, si ce n'est la Lorraine et l'Alsace, ait subi plus de ravages que celle d'Orléans. Plus de la moitié des villages et des villes de l'Orléanais ont été saccagés, brûlés ou ruinés, dans les assauts que se livraient les soldats belligérants. Ce n'est pas seulement l'occupation qui a écrasé les habitants de ses exigences; c'est la guerre qui les a accablés de ses plus soudaines et de ses plus pénibles émotions. Ils ont eu sous leurs yeux les spectacles les plus affreux; les Prussiens leur ont fait connaître tous les abus de la victoire, mais ils ont encore plus indigné la France qu'ils ne l'ont vaincue.

CONCLUSION.

La France donne à la Prusse en toute souveraineté et propriété, qu'elle possédera à perpétuité :

1° Toute l'Alsace, moins quelques kilomètres carrés, entourant Belfort et Delle ;

2° Une grande partie des départements de la Moselle et de la Meurthe, avec une petite partie du département des Vosges ;

3° Cinq milliards de francs en trois ans, qu'elle ajoute aux terres, habitants et forteresses qu'elle lui donne.

Nos forteresses de Metz, Strasbourg, Schlestadt, Neufbrisach, Phalsbourg, Bitche et Marsal, qui défendaient nos frontières, sont aujourd'hui propriété prussienne et tournées contre nous. D'une force pour nous défendre, elles sont devenues une force pour nous attaquer.

La France qui, avant la guerre, possédait 89 départements, 546,975 kilomètres carrés, 37,510 communes et 38,067,094 habitants, n'a plus que 85 départements, si on réunit en un ce qui reste de la Moselle et de la Meurthe, et il ne lui reste que 531,809 kilomètres carrés, 35,747 communes et 36,476,594 habitants.

La France cède donc à la Prusse en toute propriété :

15,166 kilomètres carrés de son territoire, 1,763 communes et 1,590,500 habitants.

15,166 kilomètres carrés, c'est-à-dire 1,516,600 hectares! et de nos meilleures terres, dans nos plus riches et plus industrieuses provinces.

FÉDÉRATION RÉPUBLICAINE

DE LA GARDE NATIONALE,

LA COMMUNE,

Nouveaux pouvoirs non reconnus de la France.

Proclamations du gouvernement.

« Habitants de Paris,

« Nous nous adressons encore à vous, à votre raison et à votre patriotisme, et nous espérons que nous serons écoutés.

« Votre grande cité, qui ne peut vivre que par l'ordre, est profondément troublée dans quelques quartiers ; et le trouble de ces quartiers, sans se propager dans les autres, suffit cependant pour y empêcher le retour du travail et de l'aisance.

« Depuis quelque temps des hommes mal intentionnés, sous prétexte de résister aux Prussiens, qui ne sont plus dans vos murs, se sont constitués les maîtres d'une partie de la ville, y ont élevé des retranchements, y montent la garde, vous forcent à la monter avec eux, par ordre d'un comité occulte qui prétend commander seul à une partie de la garde nationale, méconnaît ainsi l'autorité du général d'Aurelles, si digne d'être à votre tête, et veut former un gouvernement en opposition au gouvernement légal, institué par le suffrage universel.

« Ces hommes qui vous ont causé déjà tant de mal, que vous avez dispersés vous-mêmes au 31 octobre, affichent la prétention de vous défendre contre les Prussiens, qui n'ont fait que paraître dans vos murs, et dont ces désordres retardent le départ définitif ; braquent des canons qui, s'ils faisaient feu, ne foudroieraient que vos maisons, vos enfants et vous-mêmes ; enfin, compromettent la République au lieu de la défendre, car s'il s'établissait dans l'opinion de la France que la République est la compagne nécessaire du désordre, la République serait perdue. Ne les croyez pas, et écoutez la vérité que nous vous disons en toute sincérité !

« Le gouvernement, institué par la nation tout entière, aurait déjà pu reprendre ces canons dérobés à l'État, et qui, en ce moment, ne menacent que vous, enlever ces retranchements ridicules qui n'arrêtent que le commerce, et mettre sous la main de la justice les criminels qui ne craindraient pas de faire succéder la guerre civile à la guerre étrangère ; mais il a voulu donner aux hommes trompés le temps de se séparer de ceux qui les trompent.

« Cependant le temps qu'on a accordé aux hommes de bonne foi pour se séparer des hommes de mauvaise foi est pris sur votre repos, sur votre bien-être, sur le bien-être de la France tout entière. Il faut donc ne pas le prolonger indéfiniment. Tant que dure cet état de choses, le commerce est arrêté, vos boutiques sont désertes, les commandes qui viendraient de toutes parts sont suspendues, vos bras sont oisifs, le crédit ne renaît pas ; les capitaux, dont le gouvernement a besoin pour délivrer le territoire de la présence de l'ennemi, hésitent à se présenter. Dans votre intérêt même, dans celui de votre cité, comme dans celui de la France, le gouvernement est résolu à agir. Les coupables qui ont prétendu instituer un gouvernement à eux vont être livrés à la justice régulière. Les canons dérobés à l'État vont être rétablis dans les arsenaux, et, pour exécuter cet acte urgent de justice et de raison, le gouvernement compte sur votre concours. Que les bons citoyens se séparent des mauvais ; qu'ils aident à la force publique au lieu de lui résister. Ils hâteront ainsi le retour de l'aisance dans la cité, et rendront service à la République elle-même, que le désordre ruinerait dans l'opinion de la France.

« Parisiens, nous vous tenons ce langage parce que nous estimons votre bon sens, votre sagesse, votre patriotisme ; mais, cet avertissement donné, vous nous approuverez de recourir à la force, car il faut à tout prix, et sans un jour de retard, que l'ordre, condition de votre bien-être, renaisse entier, immédiat, inaltérable.

« Paris, le 17 mars 1871.

« THIERS,

« *Président du conseil, chef du pouvoir exécutif de la République.*

« DUFAURE, ministre de la justice; E. PICARD, ministre de l'intérieur; POUYER-QUERTIER, ministre des finances; Jules FAVRE, ministre des affaires étrangères; Général LE FLÔ, ministre de la guerre; Amiral POTHUAU, ministre de la marine; Jules SIMON, ministre de l'instruction publique; DE LARCY, ministre des travaux publics; LAMBRECHT, ministre du commerce. »

A LA GARDE NATIONALE DE LA SEINE.

« Le gouvernement vous appelle à défendre votre cité, vos foyers, vos familles, vos propriétés.

« Quelques hommes égarés, se mettant au-dessus des lois, n'obéissant qu'à des chefs occultes, dirigent contre Paris les canons qui avaient été soustraits aux Prussiens.

« Ils résistent par la force à la garde nationale et à l'armée.

« Voulez-vous le souffrir ?

« Voulez-vous sous les yeux de l'étranger, prêt à profiter de nos discordes, abandonner Paris à la sédition ?

« Si vous ne l'étouffez pas dans son germe, c'en est fait de la République et peut-être de la France !

« Vous avez leur sort entre vos mains.

« Le gouvernement a voulu que vos armes vous fussent laissées.

« Saisissez-les avec résolution pour rétablir le régime des lois, sauver la République de l'anarchie, qui serait sa perte; groupez-vous autour de vos chefs : c'est le seul moyen d'échapper à la ruine et à la domination de l'étranger.

« Paris, le 18 mars 1871.

« *Le ministre de l'intérieur,*
« Ernest Picard. »

« *Le général commandant en chef les gardes nationales de la Seine,*
« D'Aurelles. »

Vers trois heures, une nouvelle proclamation du gouvernement a été affichée sur les murs de Paris :

« Gardes nationaux de Paris,

« On répand le bruit absurde que le gouvernement prépare un coup d'État.

« Le gouvernement de la République n'a et ne peut avoir d'autre but que le salut de la République.

« Les mesures qu'il a prises étaient indispensables au maintien de l'ordre : il a voulu et il veut en finir avec un comité insurrectionnel dont les membres, presque tous inconnus à la population, ne représentent que des doctrines communistes, et mettraient Paris au pillage et la France au tombeau, si la garde nationale et l'armée ne se levaient pour défendre, d'un commun accord, la patrie et la République.

« Paris, le 18 mars 1871.

« A. Thiers, Dufaure, E. Picard, Jules Favre, Jules Simon, Pouyer-Quertier, général Le Flô, amiral Pothuau, Lambrecht, de Larcy. »

On lit dans le *Journal officiel* :

« Gardes nationaux de Paris,

« Un comité prenant le nom de comité central, après s'être emparé d'un certain nombre de canons, a couvert Paris de barricades, et a pris possession pendant la nuit du ministère de la justice.

« Il a tiré sur les défenseurs de l'ordre ; il a fait des prisonniers ; il a assassiné de sang-froid le général Clément Thomas et un général de l'armée française, le général Lecomte.

« Quels sont les membres de ce comité ?

« Personne à Paris ne les connait ; leurs noms sont nouveaux pour tout le monde. Nul ne saurait même dire à quel parti ils appartiennent. Sont-ils communistes, ou bonapartistes, ou prussiens ? Sont-ils les agents d'une triple coalition ? Quels qu'ils soient, ce sont les ennemis de Paris qu'ils livrent au pillage, de la France qu'ils livrent aux Prussiens, de la République qu'ils livreront au despotisme. Les crimes abominables qu'ils ont commis ôtent toute excuse à ceux qui oseraient ou les suivre ou les subir.

« Voulez-vous prendre la responsabilité de leurs assassinats et des ruines qu'ils vont accumuler ? Alors, demeurez chez vous ! Mais si vous avez souci de l'honneur et de vos intérêts les plus sacrés, ralliez-vous au gouvernement de la République et à l'Assemblée nationale.

« Paris, le 19 mars 1871.

« *Les ministres présents à Paris,*

« DUFAURE, Jules FAVRE, Ernest PICARD, Jules SIMON, amiral POTHUAU, général LE FLÔ. »

Dans la nuit, le comité central, installé à l'Hôtel-de-Ville, s'est occupé de la rédaction des deux proclamations données plus bas.

RÉPUBLIQUE FRANÇAISE.

LIBERTÉ, ÉGALITÉ, FRATERNITÉ.

Au peuple.

« CITOYENS,

« Le peuple de Paris a secoué le joug qu'on essayait de lui imposer.

« Calme, impassible dans sa force, il a attendu sans crainte, comme sans provocation, les fous éhontés qui voulaient toucher à la République.

« Cette fois, nos frères de l'armée n'ont pas voulu porter la main sur l'arche sainte de nos libertés; merci à tous, et que Paris et la France jettent ensemble les bases d'une République acclamée avec toutes ses conséquences, le seul gouvernement qui fermera pour toujours l'ère des invasions et des guerres civiles.

« L'état de siége est levé.

« Le peuple de Paris est convoqué dans ses sections pour faire ses élections communales.

« La sûreté de tous les citoyens est assurée par le concours de la garde nationale.

« Hôtel-de-Ville, Paris, le 19 mars 1871.

« *Le Comité central de la garde nationale.*

« Assi, Bilhoray, Ferrat, Babick, Édouard Moreau, C. Dupont, Varlin, Boursier, Martier, Gouhier, Lavalette, Fr. Jourde, Rousseau, Ch. Lullier, Blanchet, J. Grollard, Barroud, H. Géresme, Fabre, Pougerot. »

Aux gardes nationales de Paris.

« Citoyens,

« Vous nous aviez chargés d'organiser la défense de Paris et de vos droits.

« Nous sommes convaincus d'avoir rempli cette mission. Aidés par votre généreux courage et votre admirable sang-froid, nous avons chassé le gouvernement qui nous trahissait.

« A ce moment, notre mandat est expiré, et nous vous le rapportons, car nous ne prétendons pas prendre la place de ceux que le souffle populaire vient de renverser.

« Préparez-vous, et faites de suite vos élections communales, et donnez-nous pour récompense la seule que nous ayons jamais espérée : celle de vous voir établir la seule République.

« En attendant, nous conservons, au nom du peuple, l'Hôtel-de-Ville.

« *Le Comité central de la garde nationale.* »

(Suivent les signatures.)

Il y a quelques semaines, nous pensions que les malheurs de la France étaient à leur comble ; nous ne supposions pas qu'au sang versé par des mains étrangères pût s'ajouter le sang versé par des mains françaises. N'avions-nous donc pas assez de deuils à porter, assez de ruines accumulées autour de nous ? Et quand les Prussiens occupent encore une partie de la patrie, Paris pourrait-il donc rallumer dans son sein la guerre civile, plus horrible, plus odieuse que celle qui cependant a fait tant de victimes !

Au nom de la patrie près d'expirer, au nom de nos pères qui nous maudiraient du fond de leurs tombes, au nom de nos enfants dont nous allons briser à jamais l'avenir, citoyens, arrêtons-nous !

La guerre civile aujourd'hui, c'est demain l'ennemi rentrant dans Paris, et après-demain peut-être la restauration d'un despotisme vassal de l'étranger.

Ouvrons les yeux, et voyons où nous courons, à des journées de juin avec les Prussiens à Saint-Denis !

L'insurrection a occupé la Préfecture de police et l'imprimerie nationale. Le drapeau rouge flotte sur l'Hôtel-de-Ville.

20 mars. — Tout le gouvernement est parti pour Versailles. Des mesures énergiques sont prises pour assurer la sécurité de l'Assemblée.

La proclamation suivante a été adressée aux habitants de Versailles par le maire :

« Chers concitoyens,

« Les déplorables évènements qui ont eu lieu à Paris, depuis l'heure où je vous faisais concevoir des espérances, entraînent une grande concentration de forces militaires dans notre ville.

« Le chef du pouvoir exécutif, qui ne saurait se séparer de l'Assemblée nationale, est venu se fixer près d'elle avec tous les ministres, et se trouve placé de façon à donner tous les ordres et obtenir tous les concours nécessaires.

« La ville de Versailles, qui n'a rien à redouter, grâce aux forces dont le gouvernement dispose, a de grands devoirs à accomplir. Il faut surtout que notre armée soit bien accueillie par elle, et, à cet égard, je suis heureux de pouvoir féliciter notre population des excellentes dispositions qu'elle a déjà manifestées.

« Espérons que le calme se fera bientôt dans les esprits ; que la loi sera respectée et l'ordre public rétabli ; qu'enfin la République sortira encore une fois victorieuse, avec l'appui des bons citoyens, des cruelles épreuves que lui imposent les passions anarchiques.

« *Le maire de Versailles,*
« Rameau. »

L'affiche suivante a été placardée hier soir sur les murs de Paris :

RÉPUBLIQUE FRANÇAISE.

« Le comité central de la garde nationale,

« Considérant qu'il y a urgence de constituer immédiatement l'administration communale de la ville de Paris,

« Arrête :

« 1° Les élections du conseil communal de Paris auront lieu mercredi prochain 22 mars.

« 2° Le vote se fera au scrutin de liste et par arrondissement.

« 3° Le scrutin sera ouvert de huit heures du matin à six heures du soir. Le dépouillement aura lieu immédiatement.

« 4° Les municipalités des vingt arrondissements sont chargées, chacune en ce qui la concerne, de l'exécution du présent arrêté.

« Une affiche ultérieure indiquera le nombre de conseillers à élire par arrondissement. »

(Suivent les signatures.)

21 mars. — La situation matérielle est aujourd'hui ce qu'elle était hier. Le comité central siège toujours à l'Hôtel-de-Ville.

Tous les chefs des légations étrangères sont allés s'établir à Versailles, auprès du gouvernement reconnu de la France.

Circulaire de Versailles.
Intérieur à préfets et sous-préfets.

« La situation de Paris n'est pas aggravée. L'insurrection est désavouée par tout le monde ; elle est déshonorée par des actes de violence individuelle. Général Chanzy et plusieurs officiers sont retenus prisonniers ; les maires protestent unanimement et se refusent à procéder aux élections ; l'Assemblée est unanime pour flétrir ces désordres et les auteurs. Des officiers et des gardes nationaux sont venus à Versailles demander la nomination de l'amiral Saisset et promettent une action prochaine et énergique.

« La séance de l'Assemblée a été excellente ; tous les partis sont d'accord pour condamner le mouvement.

« Les événements dont Paris vient d'être le théâtre ont produit sur nos ennemis l'effet qu'on devait naturellement en attendre. Des ordres ont été donnés immédiatement en Allemagne pour interrompre le retour des prisonniers français ; tous les convois déjà en route vers la France ont été arrêtés en chemin.

« Les Prussiens, à la nouvelle de l'émeute de Paris, se sont rapprochés de la capitale et ont réoccupé en grandes forces Saint-Denis, qu'ils avaient évacué.

« Leur mouvement de retraite est aujourd'hui complètement arrêté. »

Par arrêté du gouvernement, en date du 19 mars, l'amiral Saisset a été nommé commandant supérieur des gardes nationales de la Seine.

Adresse du Conseil municipal d'Orléans à l'Assemblée nationale.

Les journaux officieux du comité central annonçaient que la ville d'Orléans était dans un état d'agitation extrême. Effectivement, Orléans est très-ému de ce qui se passe à Paris, et c'est inspiré du sentiment général que le conseil municipal de la ville a cru devoir adresser à l'Assemblée l'adresse suivante :

Aux membres du gouvernement et à l'Assemblée nationale, à Versailles.

« La France voit s'accomplir des événements qui sont pour elle un nouveau deuil, et constituent une nouvelle atteinte à la souveraineté nationale et à la vraie liberté.

« Des hommes égarés, sous le prétexte de sauver la République, n'ont pas craint de substituer leur volonté à celle du suffrage universel, et s'efforcent de s'imposer despotiquement à notre pays. Quand l'ennemi occupe encore notre territoire, lorsque les dernières élections ont été libres, il ne peut y avoir d'autre drapeau que celui de la représentation nationale et du pouvoir qu'elle a choisi. Toute agitation qui tend à renverser ce pouvoir est donc une révolte contre le suffrage universel, contre la République et contre le pays.

« Le Conseil municipal d'Orléans, à l'unanimité, proteste énergiquement contre des actes insensés qui viennent aggraver les souffrances de notre malheureuse patrie; confiant dans l'Assemblée nationale et dans le pouvoir qu'elle a élu, il tient à leur donner l'assurance de son entière adhésion. »

La garde nationale et les habitants de Versailles à l'armée.

« Le siége de l'Assemblée nationale et du gouvernement de la France est à Versailles. Cette preuve de confiance nous impose un devoir que nous serons fiers de remplir. Ce devoir, loyalement et courageusement, vous l'accomplirez avec nous.

« Vous avez défendu le pays sur les champs de bataille ; vous saurez le défendre encore. Si des faiblesses déplorables ont eu lieu, nous sommes certains que vous les répudiez. Si des hommes égarés par de misérables insensés tentaient de pénétrer dans nos murs pour y produire leur œuvre de désordre et de ruine, nous sommes tous prêts à marcher contre eux au milieu de vous, aux cris de : Vive la France ! vive la République ! vive l'armée !

« *Les délégués de la garde nationale,*
« Le colonel, MICHEL. »

Dépêches du gouvernement.

Le chef du pouvoir exécutif à tous les généraux commandant divisions et subdivisions militaires, à tous les préfets et sous-préfets.

« Donnez l'ordre à tous les militaires, soldats ou officiers venant isolément ou en troupe, de s'arrêter aux stations de Versailles, Étampes, Corbeil, Melun, Nogent-sur-Seine, Meaux, Soissons, Pontoise, Chantilly et Poissy.

« Donnez le même ordre aux marins, ainsi qu'aux fonctionnaires publics.

« A. THIERS. »

Intérieur aux préfets et sous-préfets.

« Faites saisir de suite le *Journal officiel* du 20 mars, daté de Paris ; il est l'œuvre de l'insurrection qui s'est emparée des presses de l'*Officiel* à Paris : prévenez la population.

« Ernest PICARD. »

22 mars. — L'Assemblée nationale, dans sa séance d'hier, s'est occupée, avec un patriotique empressement, de remédier à la terrible situation où se trouve Paris, et de l'arrêter sur cette pente de l'insurrection et de la guerre civile, qui ne peut mener qu'aux abîmes.

« Versailles, le 21 mars 1871.

« L'Assemblée nationale a adopté le projet de loi dont la teneur suit :

« Article unique. — Le département de Seine-et-Oise est mis en état de siège.

« Jules Grévy, président ; Paul Bethmont, Paul de Rémusat, N. Johnston, secrétaires. »

La manifestation d'hier.

Un grand nombre de citoyens s'étaient donné rendez-vous à une heure place de la Madeleine, pour faire une manifestation en faveur de l'ordre et de la tranquillité publique.

A l'heure dite, plus de vingt mille personnes se trouvaient réunies ; on n'y remarquait que des gens de toute condition en costume bourgeois et des gardes nationaux, tous sans armes. A la tête de la colonne se trouvait une bannière où étaient inscrits ces mots : *Vive l'ordre ! vive la République !*

La manifestation se met lentement en marche sur le boulevard. Les passants s'arrêtent et agitent leurs chapeaux ; de part et d'autre on se répond par les cris de : *Vive la paix ! vive la République !*

Quand cette foule, parfaitement calme, se fut engagée rue de la Paix, il se produisit place Vendôme un mouvement que dans le tumulte occasionné par les curieux personne ne remarqua.

Plusieurs compagnies de la garde nationale sortirent de l'état-major et se mirent en bataille, avec l'intention évidente de barrer le chemin à la manifestation. Quelques citoyens essayèrent de parlementer en faisant entendre que la population parisienne, fatiguée des troubles de ces derniers jours, venait pacifiquement demander à l'état-major d'unir ses efforts aux siens pour rétablir l'ordre. Il arriva alors un de ces faits que l'on ne saurait trop flétrir : sans en avoir reçu aucun ordre, plusieurs gardes nationaux déchargèrent leurs fusils en tirant au-dessus de la foule. A ces détonations faites aussi brusquement, un cri d'indignation partit de toutes les poitrines ; c'est alors que plusieurs compagnies, parmi lesquelles on remarquait des gens sans uniforme, déchargèrent à leur tour leurs fusils sur cette masse de citoyens inoffensifs. Un grand nombre de personnes tombèrent. Cette fusillade occasionna un tel bouleversement, qu'il est impossible, de prime abord, de dire exactement le nombre des victimes.

L'Assemblée nationale au peuple et à l'armée.

« CITOYENS ET SOLDATS,

« Le plus grand attentat qui se puisse commettre chez un peuple qui veut être libre, une révolte ouverte contre la souveraineté nationale, ajoute en ce moment comme un nouveau désastre à tous les maux de la patrie.

« Des criminels, des insensés, au lendemain de nos revers, quand l'étranger s'éloignait à peine de nos champs ravagés, n'ont pas craint de porter dans ce Paris qu'ils prétendent honorer et défendre plus que le désordre et la ruine, le déshonneur. Ils l'ont taché du sang qui soulève contre eux la conscience humaine, en même temps qu'il leur interdit de prononcer ce noble mot de « République » qui n'a de sens qu'avec l'inviolable respect du droit et de la liberté.

« Déjà, nous le savons, la France entière repousse avec indignation cette odieuse entreprise. Ne craignez pas de nous ces faiblesses morales qui aggraveraient le mal en pactisant avec les coupables. Nous vous conserverons intact le dépôt que vous nous avez commis pour sauver, organiser, constituer le pays, ce grand et tutélaire principe de la souveraineté nationale.

« Nous le tenons de vos libres suffrages, les plus libres qui furent jamais. Nous sommes vos représentants et vos seuls mandataires ; c'est par nous, c'est en notre nom que la moindre parcelle de notre sol doit être gouvernée ; à plus forte raison cette héroïque cité, le cœur de notre France, qui n'est pas faite pour se laisser longtemps surprendre par une minorité factieuse.

« Citoyens et soldats,

« Il s'agit du premier de vos droits ; c'est à vous de le maintenir. Pour faire appel à vos courages, pour réclamer de vous une énergique assistance, vos représentants sont unanimes. Tous, à l'envi, sans dissidence, nous vous adjurons de vous serrer étroitement autour de cette Assemblée, votre œuvre, votre image, votre espoir, votre unique salut. »

RÉPUBLIQUE FRANÇAISE.

LIBERTÉ, ÉGALITÉ, FRATERNITÉ.

A la garde nationale et à tous les citoyens, les maires et adjoints de Paris et les députés de la Seine.

« La patrie sanglante et mutilée est près d'expirer, et nous, ses enfants, nous lui portons le dernier coup ! L'étranger est à nos portes, épiant le moment d'y rentrer en maître, et nous tournerions les uns contre les autres nos armes fratricides !

« Au nom de tous les grands souvenirs de notre malheureuse France ; au nom de nos enfants dont nous détruirions à jamais l'avenir, nos cœurs brisés font appel aux vôtres, — que nos mains s'unissent encore comme elles s'unissaient durant les heures douloureuses et glorieuses du siége. — Ne perdons pas en un jour cet honneur qu'avaient gardé intact cinq mois de courage sans exemple.

« Cherchons, citoyens, ce qui nous unit et non ce qui nous divise.

« Nous voulions le maintien, l'affermissement de la grande institution de la garde nationale dont l'existence est inséparable de celle de la République.

« Nous l'aurons.

« Nous voulions que Paris retrouvât sa liberté municipale, si longtemps confisquée par un arrogant despotisme.

« Nous l'aurons.

« Vos vœux ont été portés à l'Assemblée nationale par vos députés ; l'Assemblée y a satisfait par un vote unanime qui garantit les élections municipales, sous bref délai, à Paris et dans toutes les communes de France.

« En attendant ces élections, seules légales et régulières, seules conformes aux vrais principes des institutions républicaines, le devoir des bons citoyens est de ne pas répondre à un appel qui leur est adressé sans titre et sans droit.

« Nous, vos représentants municipaux, nous, vos députés, déclarons donc rester entièrement étrangers aux élections annoncées pour demain et protestons contre leur illégalité.

« Citoyens, unissons-nous dans le respect de la loi, et la patrie et la République seront sauvées.

« Vive la France ! vive la République !

« Paris, 22 mars 1871. »

(Suivent les signatures des maires, des adjoints et des représentants de la Seine.)

23 mars. — La fusillade de la place Vendôme a plongé Paris dans la consternation et le deuil. Mais elle excite en même temps une indignation générale. Les détails communiqués par les témoins de cet attentat lui donnent de plus en plus un caractère véritablement affreux.

JOURNAL OFFICIEL DE L'ÉMEUTE.

Comité central.

« CITOYENS,

« Le comité central a reçu du quartier-général prussien la dépêche suivante :

Au commandant actuel de Paris.

« Le soussigné, commandant en chef, prend la liberté de vous informer que les troupes allemandes qui occupent les forts du nord et de l'est de Paris, ainsi que les environs de la rive droite de la Seine, ont reçu l'ordre de garder une attitude amicale et passive tant que les événements dont l'intérieur de Paris est le théâtre ne prendront point, à l'égard des armées allemandes, un caractère hostile et de nature à les mettre en danger, mais se maintiendront dans les termes arrêtés par les préliminaires de la paix.

« Mais dans les cas où ces événements auraient un caractère d'hostilité, la ville de Paris serait traitée en ennemie.

« *Le chef du quartier-général,*
Signé : « Von SCHLOTHEIM, major-général. »

Le délégué du comité central aux relations extérieures a répondu :

« Paris, le 22 mars 1871.

Au commandant en chef du troisième corps des armées impériales prussiennes.

« Le soussigné, délégué du comité central aux affaires extérieures, en réponse à votre dépêche en date de Compiègne, 21 mars courant, vous informe que la révolution accomplie à Paris par le comité central, ayant un caractère essentiellement municipal, n'est en aucune façon agressive contre les armées allemandes.

« Nous n'avons pas qualité pour discuter les préliminaires de la paix votés par l'Assemblée de Bordeaux.

« *Le Comité central et son délégué aux affaires extérieures.* »

Appel aux volontaires pour le rétablissement de l'ordre.

« Versailles, 23 mars 1871.

Intérieur à préfets des départements de l'Ouest, du Nord et du Centre.

« Une fraction considérable de la population et de la garde nationale de Paris sollicitent le concours des départements pour le rétablissement de l'ordre.

« Formez et organisez des bataillons de volontaires pour répondre à cet appel et à celui de l'Assemblée nationale.

« Avertissez-moi de ce que vous aurez fait et des dispositions que vous aurez rencontrées. »

Dépêche télégraphique.

« Versailles, 21 mars 1871.

Le chef du pouvoir exécutif à MM. les préfets et sous-préfets.

« La situation n'est pas sensiblement changée, mais le changement est dans le sens du bien. Le parti de l'ordre s'est organisé dans Paris et occupe les principaux quartiers de la ville, notamment la partie ouest, et se trouve ainsi en communication continuelle avec Versailles.

« L'armée se renforce et se consolide ; les bataillons constitutionnels destinés à la garde de l'Assemblée s'organisent, et les populations, ainsi que les autorités, ne sauraient trop s'occuper de cet objet. Hier, la présence des maires de Paris a produit une émotion vive dans l'Assemblée.

« Dans la séance du soir, une explication de l'un des maires de Paris, M. Arnaud (de l'Arriége), a fait disparaître les impressions pénibles de la journée.

« L'Assemblée reste unie avec elle-même et surtout avec le pouvoir exécutif. L'ordre, un moment troublé à Lyon, tend à se rétablir par l'intervention de la garde nationale attachée à l'ordre. La France, justement émue, peut se rassurer.

« L'armée allemande, devenue menaçante lorsqu'on pouvait craindre le triomphe du désordre, a changé d'attitude tout à coup et est redevenue pacifique ; elle a fait parvenir au chef du pouvoir exécutif les explications les plus satisfaisantes.

Signé : « A. THIERS. »

Dépêche du gouvernement.

Intérieur à préfets et sous-préfets.

« A Paris, grande manifestation aux cris de : Vive l'Assemblée nationale ! à bas les comités !

« Le concours des départements est unanime.

« Le mouvement de Paris n'a aucun écho.

« Les journaux de Paris de toute nuance ont fait une déclaration collective qui les honore ; ils réprouvent l'insurrection, désavouent le comité, et déclarent non avenue la convocation faite pour élire la Commune.

« Ernest PICARD. »

De toutes parts arrivent les protestations les plus énergiques de dévoûment à l'Assemblée nationale.

Le vice-amiral commandant en chef provisoire de la garde nationale vient de faire placarder l'affiche suivante, qui ne laisse plus même l'ombre d'un prétexte aux troubles dont Paris a été le théâtre :

RÉPUBLIQUE FRANÇAISE..
Liberté, Égalité, Fraternité.

« CHERS CONCITOYENS,

« Je m'empresse de porter à votre connaissance que, d'accord avec les députés de la Seine et les maires élus de Paris, nous avons obtenu du gouvernement de l'Assemblée nationale :

« 1° La reconnaissance complète de vos franchises municipales ;

« 2° L'élection de tous les officiers de la garde nationale, y compris le général en chef ;

« 3° Des modifications à la loi sur les échéances ;

« 4° Un projet de loi sur les loyers, favorable aux locataires jusques et y compris les loyers de 1,200 francs.

« En attendant que vous confirmiez ma nomination ou que vous m'ayez remplacé, je resterai à mon poste d'honneur, pour veiller à l'exécution des lois de conciliation que nous avons réussi à obtenir, et contribuer ainsi à l'affermissement de la République !

« *Le vice-amiral, commandant en chef provisoire,*
« SAISSET. »

25 mars. — Le quartier de la Banque et du Palais-Royal a été, cette nuit, sur un qui-vive perpétuel. Le rappel y a été battu à trois reprises avec une véhémence qui aurait pu faire croire à une attaque.

Les rues étaient barrées par des factionnaires, et il fallait parlementer pour rentrer chez soi.

Les défenseurs de la place Vendôme ont construit des barricades à l'entrée de la rue Castiglione et de la rue de la Paix, afin d'éviter toute surprise.

Le Comité central a fait afficher la proclamation suivante :

COMITÉ CENTRAL.

« Entraînés par notre ardent désir de conciliation, heureux de réaliser cette fusion, but incessant de tous nos efforts, nous avons loyalement ouvert, à ceux qui nous combattaient, une main fraternelle. Mais la continuation de certaines manœuvres, et notamment le transport nocturne de mitrailleuses à la mairie du 2ᵉ arrondissement, nous obligent à maintenir notre résolution première.

« Le vote aura lieu dimanche 26 mars.

« Si nous nous sommes mépris sur la pensée de nos adversaires, nous les invitons à nous le témoigner, et de s'unir à nous dans le vote commun de dimanche.

« Hôtel-de-Ville, 25 mars 1871. »

26 mars.

Le chef du pouvoir exécutif aux préfets et sous-préfets.

« L'ordre se maintient dans la presque totalité de la France ; il se rétablit à Lyon ; il a été troublé à Marseille, mais pas d'une manière inquiétante.

« A Paris, le parti de l'ordre contient celui du désordre et lui tient tête. Il y a eu un certain retour de calme dû à l'intervention des maires.

« A Versailles, l'armée, largement pourvue de tout ce qui lui est nécessaire, s'augmente considérablement ; une nombreuse cavalerie est arrivée.

« Tous les chefs rentrés de l'armée continuent d'accourir pour offrir leurs épées.

« L'Assemblée siége tous les jours et reste unie au gouvernement. Nous ne pouvons que conseiller le calme aux populations ; avec le calme et la résolution, l'ordre sera sauvé ; la République n'est mise en péril que par les anarchistes.

« THIERS. »

Les volontaires de province.

De tous les départements plusieurs bataillons de gardes nationales se mettent en route pour Versailles, où ils resteront à la disposition de l'Assemblée.

L'escadron de la garde nationale de Rouen a décidé qu'il allait se rendre immédiatement à Versailles. Dans l'Eure, gardes nationaux sédentaires, mobilisés et mobiles se disposent à se rendre à Versailles au premier appel.

27 mars. — La situation ne s'est point éclaircie depuis hier ; il n'y a encore aucun renseignement positif sur les *résultats du scrutin.*

Tous les comités du monde auront beau faire ; il faudra tôt ou tard songer au commerce, à l'industrie expirante, c'est-à-dire au travail. Or, la reprise du travail est absolument incompatible avec la mise sur le pied de guerre de tous les citoyens de la grande cité.

Le blé ne mûrit pas sans que la main de l'agriculteur n'ait ouvert le sillon et semé le grain ; et quoi qu'on fasse, il faudra toujours que l'agriculteur reçoive de l'artisan, de l'ouvrier des villes la rénumération de ses peines. Or, où les villes trouveront-elles de quoi payer aux campagnes le prix de leurs peines, sinon dans l'activité industrielle et commerciale ?

Proclamation du général Cathelineau.

Le général Cathelineau vient d'adresser à ses volontaires la proclamation suivante :

« Mes enfants,

« Autorisé par le chef du pouvoir exécutif, je vous rappelle. Nous avons combattu contre l'étranger ; nous ne nous sommes séparés qu'après la paix, et je ne comptais pas vous rappeler aussi vite. Des Français égarés, que dis-je ? des hommes qui ne sont de notre pays ni par le cœur ni par le patriotisme, se sont oubliés au point d'assassiner des généraux, de tirer sur des hommes sans armes. Ce sont des lâches ; ils vont attirer sur nous une seconde invasion prussienne, si vous ne vous hâtez de venir m'entourer de nouveau, afin qu'ensemble nous prouvions une fois de plus que, fidèles à notre patrie, nous respectons ses lois et ses droits, et que nous sommes prêts à les défendre et à faire respecter les hommes que la confiance publique a choisis pour gouverner la France.

« Encore une fois, prouvons à notre patrie que nous sommes de vrais Français ; sachons, pour notre pays, nous sacrifier, et mourir s'il le faut, au cri mille fois répété : « Dieu et la France! » Ce fut notre cri d'adieu ; que ce soit celui de notre ralliement.

« Le rendez-vous est à Rambouillet.

« Si vos frères, vos parents, vos amis vous suivent, vos rangs peuvent s'élargir : il y a place pour tous. »

L'affiche suivante a été apposée hier sur les murs de Paris :

« Citoyens,

« Notre mission est terminée ; nous allons céder la place dans votre Hôtel-de-Ville à vos nouveaux élus, à vos mandataires réguliers.

« Aidés par votre patriotisme et votre dévoûment, nous avons pu mener à bonne fin l'œuvre difficile entreprise en votre nom. Merci de votre concours persévérant ; la solidarité n'est plus un vain mot : le salut de la République est assuré.

« Si nos conseils peuvent avoir quelque poids dans vos résolutions, permettez à vos plus zélés serviteurs de vous faire connaître, avant le scrutin, ce qu'ils attendent du vote aujourd'hui.

« Citoyens, ne perdez pas de vue que les hommes qui vous serviront le mieux sont ceux que vous choisirez parmi vous, vivant de votre propre vie, souffrant des mêmes maux.

« Défiez-vous autant des ambitieux que des parvenus ; les uns comme les autres ne consultent que leur propre intérêt, et finissent toujours par se considérer comme indispensables.

« Défiez-vous également des parleurs, incapables de passer à l'action ; ils sacrifieront tout à un discours, à un effet oratoire ou à un mot spirituel. — Évitez également ceux que la fortune a trop favorisés, car trop rarement celui qui possède la fortune est disposé à regarder le travailleur comme un frère.

« Enfin, cherchez des hommes aux convictions sincères, des hommes du peuple, résolus, actifs, ayant un sens droit et une honnêteté reconnue. — Portez vos préférences sur ceux qui ne brigueront pas vos suffrages ; le véritable mérite est modeste, et c'est aux électeurs à connaître leurs hommes, et non à ceux-ci de se présenter.

« Nous sommes convaincus que, si vous tenez compte de ces observations, vous aurez enfin inauguré la véritable représentation populaire ; vous aurez trouvé des mandataires qui ne se considéreront jamais comme vos maîtres.

« Hôtel-de-Ville, 25 mars 1871.

« *Le comité central de la garde nationale,*

« Avoine fils, Ant. Arnaud, G. Arnold, Assi, Andignoux, Bouit, Jules Bergeret, Babick, Baroud, Billioray, L. Boursier, Blanchet, Gastioni, Chouteau, C. Dupont, Fabre, Ferrat, Fleury, Fougeret, C. Gaudier, Gouhier, H. Geresme, Grélier, Grolard, Josselin, Fr. Jourde, Lavalette, Henri (Fortuné), Maljournal, Edouard Moreau, Mortier, Prudhomme, Rousseau, Ranvier, Varlin. »

L'avis suivant a été publié par le comité central dans la journée du 26 :

AVIS AUX ÉLECTEURS.

« Le comité central rappelle aux électeurs que le scrutin ne doit être clos qu'à minuit.

« Les électeurs qui seront de service hors de leur arrondissement devront se réunir, soit par compagnie, soit par bataillon, constituer un bureau électoral, procéder au vote, et en envoyer le résultat à la mairie de leur arrondissement.

« Les électeurs de service dans leur arrondissement devront voter dans leurs sections respectives.

« Les chefs de poste sont chargés de délivrer les permissions nécessaires à cet effet, de manière à ne pas entraver le service.

« Hôtel-de-Ville, le 26 mars 1871.

« *Pour les membres du comité,*
« CHOUTEAU, BOUIT, MOREAU. »

28 mars. — Versailles regorge de troupes de toutes armes, et il en arrive continuellement. Les marins sont en nombre considérable et se font remarquer par leur tenue ferme et décidée.

RÉSUMÉ DU DISCOURS PRONONCÉ PAR M. THIERS A L'ASSEMBLÉE NATIONALE A LA SÉANCE DU 27 MARS 1871.

« .... Je vous l'ai dit, et je le répète devant cette Assemblée, devant le pays et devant l'histoire, car jamais l'histoire n'a eu les yeux plus ouverts ni plus attentifs qu'aux événements immenses qui se passent en ce moment, j'affirme qu'aucun parti ne sera trahi par nous ; que, contre aucun parti, il ne sera préparé de solution frauduleuse. Nous n'avons accepté que cette mission : défendre l'ordre et réorganiser en même temps le pays, de manière à lui rendre la vie, la liberté de ses opérations, le commerce, la prospérité, s'il se peut, après de si grands malheurs ; et quand tout cela sera rétabli, la liberté de choisir comme il le voudra, en ce qui concerne ses futures destinées.

Voilà la seule mission que nous avons acceptée ; nous manquerions à nos devoirs si nous préparions frauduleusement une solution quelconque, qui serait la déception de tous les partis au profit d'un seul.

« Il y a des ennemis de l'ordre qui disent que nous nous préparons à renverser la République. Je leur donne un démenti formel. Ils mentent à la France; ils veulent la troubler et l'agiter en tenant un pareil langage! (Très-bien! très-bien!)

« Nous avons trouvé la République établie comme un fait dont nous ne sommes pas les auteurs, mais je ne détruirai pas la forme du gouvernement dont je me sers maintenant pour rétablir l'ordre. (Vives marques d'approbation. — Applaudissements.) Je ne trahirai pas plus les uns que les autres. Je le jure devant Dieu! La réorganisation du pays nous occupera, et nous occupera uniquement. Ils mentent cent fois les misérables qui répandent contre nous des accusations calomnieuses de trahison, afin d'ôter au pays toute paix et tout repos! (Très-bien! — Bravo! bravo!)

« Certainement la situation est très-grave; mais soyez-en bien convaincus, cette grande et noble nation, qui est encore si puissante malgré tous ses malheurs, ne laissera pas triompher dans son sein les misérables qui voudraient la couvrir de sang, de confusion et de ruines! Non : la France restera maîtresse d'elle-même, digne de ses destinées, digne de son passé, et digne aussi, je l'espère, de son avenir. Oui, cet avenir sera conforme à tout ce que la Providence a donné à la France dans tous les temps et qu'elle ne lui refusera pas, pour la première fois, dans ces jours de calamités où nous sommes. Elle aura eu ses épreuves douloureuses à traverser; mais elle les traversera, et j'espère qu'elle en sortira avec sa grandeur immortelle, que rien n'a encore atteint sérieusement. (Sensation profonde.) »

29 mars — Hier, la Commune de Paris a été proclamée du haut d'une estrade, construite à cet effet sur la place de l'Hôtel-de-Ville.

Les barricades qui environnaient la place avaient disparu, et les canons qui défendaient les abords de la maison commune avaient été rangés le long des grilles. Devant la grande porte, il avait été élevée une estrade couverte d'une tenture rouge. Un voile rouge couvrait la statue équestre de Henri IV, et des fauteuils de même couleur étaient placés sur l'estrade. Dès deux heures, les bataillons de la fédération se sont mis en marche pour se rendre à l'Hôtel-de-Ville; ils avaient été appelés à se réunir au son de la générale battue par les tambours de la garde nationale de Paris.

A quatre heures, des salves d'artillerie, tirées par les canons relégués sur le Pont-au-Change, ont annoncé le commencement de la cérémonie. Au même moment, les membres du comité prenaient place sur l'estrade. Les bataillons de fédérés chantaient la *Marseillaise*.

30 mars. — Le comité central a remis ses pouvoirs à la Commune.

COMMUNE DE PARIS.

La proclamation de la Commune se termine ainsi :

« Citoyens,

« Vous venez de vous donner des institutions qui défient toutes les tentatives. Vous êtes maîtres de vos destinées. Forte de votre appui, la représentation que vous venez d'établir va réparer les désastres causés par le pouvoir déchu : l'industrie compromise, le travail suspendu, les transactions commerciales paralysées vont recevoir une impulsion vigoureuse. Dès aujourd'hui, la décision attendue sur les loyers; demain celle des échéances; tous les services publics rétablis et simplifiés; la garde nationale, désormais seule force armée de la cité, réorganisée sans délai.

« Tels seront nos premiers actes.

« *La Commune de Paris.* »

« La Commune de Paris décrète :

« 1° La conscription est abolie.

« 2° Aucune force militaire, autre que la garde nationale, ne pourra être créée ou introduite dans Paris.

« 3° Tous les citoyens valides font partie de la garde nationale.

« Hôtel-de-Ville, 29 mars 1871.

« *La Commune de Paris.* »

« La Commune de Paris,

« Considérant que le travail, l'industrie et le commerce ont supporté toutes les charges de la guerre; qu'il est juste que la propriété fasse au pays sa part de sacrifices;

« Décrète :

« Art. 1er. — Remise générale est faite aux locataires des termes d'octobre 1870, janvier et avril 1871.

« Art. 2. — Toutes les sommes payées par les locataires pendant les neuf mois seront imputables sur les termes à venir.

« Art. 3. — Il est fait également remise des sommes dues pour les locations en garni.

« Art. 4. — Tous les baux sont résiliables, à la volonté des locataires, pendant une durée de six mois, à partir du présent décret.

« Art. 5. — Tous congés donnés seront, sur la demande des locataires, prorogés de trois mois.

« Hôtel-de-Ville, 29 mars 1871.

« *La Commune de Paris.* »

« Citoyens,

« La Commune étant actuellement le seul pouvoir, décrète :

« Art. 1er. — Les employés des divers services publics tiendront pour nuls et non avenus les ordres ou communications émanant du gouvernement de Versailles ou de ses adhérents.

« Art. 2. — Tout fonctionnaire ou employé qui ne se conformerait pas à ce décret sera immédiatement révoqué.

« Pour la Commune, par délégation :

« *Le président,* Lefrançais. »

31 mars. — La Commune de Paris décrète :

« ART. 1er. — Les membres de la Commune ont la direction administrative de leur arrondissement.

« ART. 2. — Ils sont invités à s'adjoindre, à leur choix et sous leur responsabilité, une commission pour l'expédition des affaires.

« ART. 3. — Les membres de la Commune ont seuls qualité pour procéder aux actes de l'état-civil.

« *La Commune de Paris.* »

La Commune ne se contente pas de revendiquer les franchises municipales de la ville de Paris; elle se pose en hostilité ouverte vis-à-vis de l'Assemblée nationale, dont elle demande la dissolution. Elle s'empare de tous les services publics. Elle menace la liberté de la presse, la liberté des citoyens, et installe dans les vingt mairies, dont on devait renouveler les administrateurs par des élections libres, des commissions nommées par elle.

Si encore les membres de la Commune s'entendaient entre eux ! Mais non, les uns donnent leur démission, et les autres s'injurient et s'incarcèrent.

Tout n'est plus que désordre et confusion.

Voici les bâtiments de la poste aux mains des bataillons du comité; tous les employés supérieurs sont en route pour Versailles. Les lettres ne partent pas pour la province, et celles de la province n'arrivent pas à Paris. Les populations sont réduites au point où elles étaient il y a quelques mois, lorsque l'armée allemande investissait Paris; elles n'auront même pas les ballons ni les pigeons voyageurs.

1er avril. — Les portes de Paris sont fermées depuis hier soir. Les communications entre Versailles et la capitale sont interrompues. Paris se trouve, par le fait de son insurrection, séparé du reste du pays.

La Commune a expulsé M. Rampont de la direction des postes, et le délégué qu'elle a nommé s'est installé à sa place. M. Rampont est parti pour Versailles, en emmenant avec lui le matériel et une partie du personnel administratif.

2 avril. — Paris est ému, ou pour mieux dire indigné de l'interruption du service des postes. La Commune essaie de se justifier de cette mesure arbitraire et d'en rejeter la responsabilité sur le gouvernement, mais en vain.

Le ministre de la guerre et le président du pouvoir exécutif ont eu hier un long entretien; on assure que cette entrevue a eu lieu à la suite de l'arrivée des nouvelles de Paris. On disait, entre autres choses, que les bataillons du comité avaient reçu l'ordre de marcher sur l'Assemblée.

Les dispositions sont prises d'ailleurs, du côté de Versailles, pour prévenir toute espèce de coup de main. Tous les jours il arrive des forces nouvelles; on attend du Nord un corps d'armée composé de soldats rentrant d'Allemagne et de Belgique, et placés sous les ordres du général Clinchamp.

AUX LECTEURS.

Ma tâche est remplie......

J'ai même dépassé le but que je m'étais proposé. L'insurrection de Paris en est cause.

Ce n'était pas assez de la guerre étrangère, de l'invasion, de Paris assiégé, des provinces dévastées, d'une paix douloureuse et nécessaire au prix d'un démembrement ; il fallait qu'un désastre nouveau et plus poignant vînt couronner nos humiliations. Où tout cela peut-il nous conduire ? Nous marchons dans l'aventure et dans l'inconnu.

Le mouvement du 18 mars, date à jamais mémorable, a commencé par un effroyable meurtre, par l'exécution de deux hommes qui ont été les premières victimes de l'insurrection, le général Lecomte et le général Clément Thomas ! Le premier était un vieux soldat qui venait de faire son devoir contre l'ennemi ; le deuxième avait dignement commandé la garde nationale pendant le siége. Tous deux ont été fusillés sans pitié.

Paris en ce moment se déchire de ses propres mains ! Des canons sont placés en batterie sur ses places publiques ; dans ses rues s'élèvent des barricades et se creusent des fossés.

Souhaitons ardemment le rétablissement de la paix et la fin de la guerre civile. Nous trouvons qu'il n'a été que trop versé de sang, qu'il n'a été que trop fait de veuves et d'orphelins. Voilà cependant où conduisent les passions de guerre civile.

Paris n'a qu'à déposer les armes, rouvrir ses ateliers et ses boutiques ; alors le calme et la tranquillité renaîtront pour longtemps dans ses maisons et dans ses rues.

www.ingramcontent.com/pod-product-compliance
Lightning Source LLC
Chambersburg PA
CBHW071241160426
43196CB00009B/1145